智能驾驶

科技创新引发的
行业变革

黄震

著

ZHEJIANG UNIVERSITY PRESS
浙江大学出版社

图书在版编目（CIP）数据

智能驾驶：科技创新引发的行业变革 / 黄震著. —
杭州：浙江大学出版社，2022.5
ISBN 978-7-308-22466-6

Ⅰ. ①智… Ⅱ. ①黄… Ⅲ. ①汽车驾驶—自动驾驶系
统—研究—中国 Ⅳ. ①U463.61

中国版本图书馆CIP数据核字(2022)第051833号

智能驾驶：科技创新引发的行业变革

黄 震 著

责任编辑	顾 翔
责任校对	陈 欣
封面设计	VIOLET
出版发行	浙江大学出版社
	（杭州市天目山路148号　邮政编码　310007）
	（网址：http://www.zjupress.com）
排 版	杭州林智广告有限公司
印 刷	杭州钱江彩色印务有限公司
开 本	710mm×1000mm　1/16
印 张	21.5
字 数	264千
版 印 次	2022年5月第1版　2022年5月第1次印刷
书 号	ISBN 978-7-308-22466-6
定 价	68.00元

智能驾驶技术发展简史

◎ 1956 年

达特茅斯会议举行，人工智能开始萌芽

◎ 1960 年

詹姆斯·亚当斯搭建"斯坦福推车"

◎ 1969 年

斯坦福国际研究院基于 Shakey 进行移动机器人实验

◎ 1979 年

汉斯·莫拉维克基于"斯坦福推车"进行自动驾驶实验

◎ 1986 年

杰弗里·辛顿发表"反向传播"的论文

◎ 1993 年

黄仁勋创办英伟达

◎ 2004 年

第一届 DARPA 无人驾驶挑战赛举行

◎ 2005 年

"斯坦利"成为第一辆完成 DARPA 无人驾驶挑战赛的汽车

◎ 2009 年

谷歌自动驾驶项目"车伕"正式启动

◎ 2011 年

百度在库比蒂诺成立百度美国研究院

◎ 2012 年

AlexNet 赢得计算机视觉大赛 ImageNet，深度学习开始发展

◎ 2014 年

吴恩达加盟百度，担任百度首席科学家

◎ 2015 年

谷歌自动驾驶汽车在美国得克萨斯州奥斯汀载人运行

优步在匹兹堡设立优步先进技术集团

谷歌成立的新的无人驾驶公司 Waymo 独立运营

余凯创立地平线

◎ 2016 年

谷歌的 AlphaGo 战胜世界围棋冠军李世石，AI 开始风靡世界

Velodyne 推出激光雷达

通用汽车宣布收购 Cruise

宝马汽车、英特尔和 Mobileye 达成战略合作伙伴关系，合作开发自动驾驶汽车

优步在匹兹堡开展自动驾驶出租车测试

百度在乌镇展示无人驾驶车队

滴滴开始组建自动驾驶技术研发团队

彭军和楼天城创办小马智行

◎ 2017 年

陆奇加盟百度，担任 CEO

福特汽车宣布收购 Argo AI

禾赛推出激光雷达 Pandar40

大众汽车"2025 战略"，目标是 20 世纪 20 年代初期，在每个细分市场推出自动驾驶汽车

奔驰汽车与博世宣布开展基于自动驾驶汽车的合作

英特尔收购 Mobileye

◎ 2018 年

Waymo 在美国凤凰城推出叫车服务 Waymo One

小马智行在广州南沙推出自动驾驶出租车服务

沃尔沃汽车发布 360c 自动驾驶概念车

◎ 2019 年

特斯拉举办第一次自动驾驶投资者日，展示自研芯片

滴滴设立自动驾驶子公司滴滴沃芽

中国开始发布 5G 牌照

华为正式成立智能汽车解决方案事业部

◎ **2020 年**
Waymo 和沃尔沃汽车达成全球战略合作
梅赛德斯 – 奔驰汽车集团和宝马集团暂停下一代自动驾驶技术合作
华为发布智能汽车解决方案品牌 HI
国家发改委等 11 部委联合印发《智能汽车创新发展战略》

◎ **2021 年**
Waymo CEO 克拉夫富克宣布辞职
滴滴和沃尔沃汽车达成战略合作协议
中国正式将"碳中和"理念纳入顶层布局
美国加州机动车辆管理局向 Cruise 颁发向公众提供自动驾驶服务收费许可
高通收购维宁尔
元宇宙概念的提出

从世界第一辆汽车发明到现在，全球汽车产业发展已经超过百年。福特汽车通过大规模流水生产方式使 T 型车进入大众市场，推动了汽车产业的第一次变革；欧洲的汽车厂商通过多品种生产的方式，打破了美国汽车公司的垄断地位，开启了第二次变革；日本汽车厂商通过完善生产管理体制，在汽车制造领域推进精益生产，使经济型汽车进入千家万户，成就了汽车产业历史上的第三次变革。三次变革对汽车产业的发展意义深远，奠定了汽车产业在制造业中的核心地位。经历三次变革后，汽车产品的创新进程逐步放缓，汽车产业竞争格局趋于稳定。直到近些年，电动化、智能化、网联化、共享化的"新四化"浪潮席卷整个汽车行业，重构了汽车产业的发展格局，开启了新一轮的创新变革，为汽车产业带来了新的活力。新能源汽车和智能网联汽车蓬勃发展已是大势所趋，新能源汽车已经从起步阶段跨入快速发展阶段，智能化发展虽然刚刚起步，但增长迅猛，科技和产业资源快速集聚，未来增长可期。

2010 年，我国发布了《国务院关于加快培育和发展战略性新兴产业的决定》，将新能源汽车列为七大战略性新型产业之一，重点培育，加快推进。我有幸参与了我国汽车产业转型方向和战略的相关研究工作，深刻体会到这次产业变革背后蕴藏的机遇与挑战。汽车产业，这个稳定了几十年的传统产业体系被解构、重构，给我国带来了弯道超车的机会。

1

新能源汽车补贴政策、智能汽车创新发展战略、车联网标准体系建设指南等相关政策文件适时出台，全力支持产业发展。"十三五"期间，我国新能源汽车销量稳步增长，智能网联汽车渗透率快速提升，我国汽车产业转型成绩斐然。目前，我国汽车产业发展已经形成了清晰的战略方向：在"双碳"目标的背景下，大力推动新能源汽车发展，增强产业链全球竞争力；发挥汽车产业对国民经济的带动作用，推动新能源汽车与能源、交通和信息通信的融合发展；将智能汽车发展作为国家战略，同步推进单车智能与车路协同技术路线。智能驾驶是汽车行业与电子信息、人工智能、信息通信、智慧城市等多个行业深度融合的产物，引入了多种新的技术与生产要素，同时也为商业模式创新奠定了基础。智能驾驶引发的行业变革，无论是深度还是广度，已经远超传统的汽车行业。

在发展机遇面前，我们同样也应看到面临的巨大挑战。从汽车芯片到电子电气架构，从车辆本身的智能化发展到跨行业的融合发展，这些都成为我国智能汽车产业发展需要跨越的一道道鸿沟，需要全行业的共同努力。

本书作者黄震曾经供职于沃尔沃汽车亚太区，负责自动驾驶在中国的产品落地和业务拓展。我在调查和研究新能源汽车以及智能汽车创新发展的过程中与他相识，我们就一些话题进行了共同的研究，他的努力和思考让我印象深刻。之后的几年，我也关注到他在 FT 中文网等媒体上发表的多篇关于自动驾驶、智能网联的文章，他在工作之余继续进行着自己感兴趣的话题的研究，很是勤奋。并且由于他工作的变动——他经历了从主机厂到供应商的角色变化——他可以从汽车行业供应链的角度出发，更为全面地思考和研究智能驾驶。

作为此次变革的亲历者，作者结合自己的所见、所闻、所想，为我们梳理了智能驾驶的起源、发展以及对行业带来的变革影响，语言生动，细节丰富。出于工作原因，我一直站在国家层面进行汽车产业战略研究工作，而现在我又从另一个维度了解到产业变革下不同企业的应对策略。以前从上到下以宏观的视角思考问题，再到阅读本书之后，从下到上从微观的角度进行复盘，我收获颇丰。

本书开头的时间线浓缩了智能驾驶的关键节点事件，可以帮助我们从整体上把握智能驾驶的发展演变。从人工智能技术进入汽车行业开始，智能驾驶发展正式拉开序幕，随后半导体行业、信息技术行业均参与了此次变革。作者从汽车行业出发，跨界分析了多个行业，并且精准捕捉到不同行业的发展问题及未来机遇，实属不易。现在，汽车产业再也不是一个独立的产业，除了上述行业对汽车产业的赋能外，汽车产业本身还融入了城市的建设与管理中。只有系统地分析汽车产业的发展问题，才能够准确把握不同环节的定位和趋势。对于这点，相信不管是智能驾驶行业的入门者还是资深的从业者，都能够从本书中获得新的收获。沿着前人探索出来的方向扬帆起航，无疑更容易抓住时代浪潮带来的发展机遇。

最后，期待更多的读者能够通过本书了解智能驾驶产业的变革与趋势，一起加入这场变革，成为时代的推动者。

王晓明博士

中国科学院科技战略研究院科技发展战略研究所副所长、研究员

汽车产业的"新四化"浪潮正在重塑汽车这个百年产业的发展格局与人们的出行方式。围绕智能驾驶这一最具颠覆性的技术方向，本书作者黄震用一连串的故事，将其发展由表及里娓娓道来，毫无距离感，却深刻而通透。一日通读全著，余音绕梁，意犹未尽。

这是一本有人情味的书。作者以小见大，从一场无人驾驶车竞赛开始，围绕行业大事件，构建了整个智能驾驶技术从萌芽到起飞的编年史。且每一个片段，都从"人"的视角，讲述了行业发展过程中的甜酸苦辣。有取得突破时的欣喜狂欢，有竞争对抗中的针尖麦芒，有面对抉择时的困惑迷失，更有遭遇瓶颈时的失落沮丧，为读者生动地展现了智能驾驶这项"无人技术"背后的"深深人情"。

这也是一本有跃动感的书。作者颇有心思地将每一个章节以"从……到……"的句式命名，且大量运用了"进击""逐鹿"等富有画面感的词将智能驾驶技术不断加速突破的发展历程生动地展现在读者面前，以极强的代入感，将一个技术话题描绘得引人入胜。随着感知、算法、5G等相关技术的全面发展和配套政策的加速落地，智能驾驶技术的商用化也在真正意义上驶入了快车道。

这更是一本有立体感的书。作者基于研究与自己的亲身经历，从整车、雷达、芯片、算法、运营和政府等诸多视角为读者展现了全面的智能驾驶行业生态。从技术到整车，从出行到生活，从交通到城市，由小及大，本书为读者构建了完整的产业纵深与场景延展。当今时代，先进的技术发展与科技革命早已不是单个企业，甚至单个行业能够塑造的——政策搭台、资本织网、技术串联，最终构建解决商业和民生实际问题与痛点的应用场景，只有如此，方能真正实现科技的商业化落地，进而推动人类社会大变革。知易行难，面对商业社会的骨感现实，从业者必须不断通过自身的突破，带动每一个新圈层的加入与支持，在不同路线、不同标准间不断博弈与试错，方能实现当前的行业进展。

很高兴我与作者在众多观点上取得了共鸣。智能驾驶远远不是某一项技术的具体落地，它将最终深刻改变未来人们出行的场景与方式。在座舱层面，由于解放了驾驶环节，司机与乘客的角色也将突破司乘的边界，人与人之间、人与车之间，以及人与移动互联网之间的交互得到大幅强化，为智能座舱的场景拓展打开无限可能；在交通层面，无人驾驶出租车（Robotaxi）的发展也将大幅度缓解城市交通的拥堵，提升出行的效率，降低出行的成本；在货运物流方面，高阶智能驾驶或将更早落地，从而大幅降低整体劳动密度与强度，提升运输安全性与精准度……

与此同时，我们也欣喜地看到，中国正在且已经成为推动全球智能驾驶行业发展突破的重要力量，除了资本投入、技术突破与政策扶持，中国消费者有着全球最高的对智能驾驶技术的支持态度和支付意愿。因此，我们也有理由相信，中国这片广袤的市场，也将成为智能驾驶落地的重要助推器。

最后，正如作者留给大家的开放式结尾所描绘的那样，我相信，智能驾驶技术和其商业化场景的落地最终还是需要行业里的每一个参与者共同努力才能实现。事在人为，未来究竟如何，我们需共同努力，携手塑造，作为行业的观察者与推动者，我同样翘首期盼，拭目以待。

方寅亮

汽车市场资深专家，国际领先管理咨询公司全球董事合伙人

2005 年 10 月 8 日，美国加利福尼亚州，莫哈韦沙漠。

伴随着一辆蓝色的大众途锐 R5 缓缓开过终点线，现场的掌声、尖叫声、喝彩声，此起彼伏。主持人也在激动地说，这是第一辆完成 DARPA（美国国防部高级研究计划局）无人驾驶①挑战赛的汽车，它是"斯坦利"，来自斯坦福大学。

斯坦利团队的领袖塞巴斯蒂安·特伦挥舞双拳，然后和团队成员麦克·蒙特梅洛、亨德里克·达尔坎普、大卫·斯塔文斯等紧紧拥抱。而在离他不远的地方，来自卡内基梅隆大学的克里斯·厄姆森还在不断地摇头，对于这场失败他难以接受。他已经打出了最好的牌，派出了

---

① 伴随着汽车智能化的发展，新技术的开发和应用日新月异，相关的概念也层出不穷。长期以来，智能驾驶、自动驾驶和无人驾驶常常被混用。我认为，如果仔细推敲，从智能驾驶到自动驾驶，再到无人驾驶，所指范围是依次缩小的，而技术难度则是依次推进的。

智能驾驶，主要是指通过车端、路端以及云端等的传感器和处理器收集和处理信息，并进行直接和间接的车辆控制。智能化、网联化、自动驾驶、车路协同等概念都可以被归入智能驾驶这个比较宽泛的概念中。

国际汽车工程师协会分 6 个级别描述自动驾驶系统的能力。其中 L3 级至 L5 级被视为"自动驾驶系统"。L3 级和 L4 级自动驾驶系统可以在有限的条件下驾驶车辆，除非满足所有条件，否则不会运行自动驾驶系统。L5 级自动驾驶系统可以在所有条件下驾驶车辆。

无人驾驶，指的是 L4 级以及 L5 级完全可以由机器代替人来进行操作，无须人类干预的情况。无人驾驶是自动驾驶的子集，也可以被认为是自动驾驶的终极目标。

在本书中，我从以上划分角度来描述智能驾驶、自动驾驶和无人驾驶。同时需要说明的是，由于在发展的过程中，许多机构和组织的命名已经成为行业习惯，本书沿用行业习惯来描述这些机构和组织的命名，不再做进一步概念上的区分。

H1ghlander 和"沙暴"双保险，并且 H1ghlander 在前半程一直保持领先优势，在后半程也长时间和斯坦利形成胶着的状态，但是在最后的 1/3 赛段被斯坦利超过，之后再也没有实现超越。

在厄姆森身后的，是他的导师威廉·惠特克，他走上前去拍了拍他的肩膀，拉着他一起朝特伦走去。特伦转身看到厄姆森和惠特克，也朝他们快步走来，拉着厄姆森的手和他紧紧拥抱。

科技精英的狂欢

三年之后的 2008 年 10 月，这两位老对手一起坐在特伦在加利福尼亚州太浩湖的度假屋里。在座的还有达尔坎普、厄姆森参加 DARPA 无人驾驶挑战赛时的左膀右臂布莱恩·萨尔斯基，以及曾经参加 DARPA 无人驾驶挑战赛的、来自加州大学伯克利分校的安东尼·莱万多夫斯基。

寒暄后不久，特伦问厄姆森，是否可以加入这个新的团队。厄姆森沉思了很久，然后点点头。

时间又过去了 7 年，2015 年 10 月 20 日，在美国得克萨斯州的奥斯汀，一辆形似豆荚的汽车缓缓开上了街头。在城市中心穿过之后，汽车在公园旁的路边停了下来，车上的一位老人走下汽车，对着等候多时的谷歌无人驾驶团队的工作人员说，我是盲人，现在，不是我在驾驶车辆，而是车辆在自动行驶！

这一刻，距离时任 DARPA 主任的托尼·特瑟提出举办无人驾驶挑战赛的构想，已经过去了 12 年。2003 年，美国国防部对于美国国防承包商开发自动驾驶技术，以减少美军在阿富汗和伊拉克的伤亡的研究进展非常不满，希望特瑟提出新方案。

特瑟觉得高校和研究机构应该有富有创意的年轻人，可以加快自动驾驶技术的研究进程。而且他想起在斯坦福大学曾经看到的"斯坦福推车"（Stanford Cart），从詹姆斯·亚当斯、汉斯·莫拉维克，到塞巴斯蒂安·特伦，斯坦福大学对于移动机器人的研究已经在理论研究和实践中取得了成果，而且斯坦福大学的研究者已经做出了可以自动行走的机器人 Shakey，并总结归纳出了后来很长时间自动驾驶关键技术的运行逻辑："环境感知"—"规划决策"—"执行控制"。

让我们回到 2005 年在莫哈韦沙漠的现场。在特伦和厄姆森紧紧拥抱的时候，边上庆祝的人群中，有一个人在思索，似乎想做出什么决定。几个月之前，他敲响了特伦的办公室的门，自我介绍说，他叫拉里·佩奇，谷歌的联合创始人。在那个夏日的斯坦福校园，佩奇对特伦说，他想知道无人驾驶的技术是否能应用，多久可以应用。

2007 年，佩奇邀请特伦加入谷歌，不久之后，谷歌正式推出街景项目。两年之后的 2009 年 1 月 17 日，经过特伦在太浩湖的邀请，谷歌群英汇聚，"车伕"（Chauffeur）项目正式启动。佩奇和谷歌的另一位联合创始人谢尔盖·布林，为车伕团队设计了 10 条总里程约 1000 英里（相当于 1609 公里）的颇具挑战性线路，并且希望团队在两年之内可以完成。

距离两年期限还有三个月的时候，车伕团队完成了挑战。特伦在他位于旧金山湾区洛斯阿尔托斯山的家中，和团队一起举行了派对。"速度快得令人难以置信"，特伦刚刚说完，就被一旁的厄姆森和莱万多夫斯基，还有萨尔斯基扔进了游泳池。

多年之后，不知道厄姆森和莱万多夫斯基是否还会想起当年的这一幕。在特伦淡出车伕项目之后，两人明争暗斗，使得车伕团队陷入了权力斗争的危机之中。2015 年 9 月，谷歌宣布，聘请约翰·克拉富西克担任谷歌无人驾驶团队的负责人。在和底特律的汽车行业巨头们交手几次之后，佩奇选择了兼有汽车行业和科技行业管理经验的克拉富西克来掌舵，推进无人驾驶技术的商业化。

就在 60 多年前的 1957 年 9 月，罗伯特·诺依斯、戈登·摩尔等 8 人向 1956 年诺贝尔物理学奖获得者、晶体管的发明人——威廉·肖克利递交了辞职信，至此开始了"八叛逆"与仙童半导体的传奇，并至此奠定了之后硅谷的模式。但是这一幕似乎如同诅咒，这一次降临到了谷歌的无人驾驶团队身上。

克拉富西克到任后，厄姆森和莱万多夫斯基双双离开，之后戴夫·弗格森和朱佳俊离开并创办了 Nuro，布莱恩·萨尔斯基出走并创办了 Argo AI……莱万多夫斯基之后加入优步成为其无人驾驶团队的负责人，至此拉开了谷歌和优步长达三年时间的诉讼，最终双方达成和解，莱万多夫斯基因为盗窃商业机密，锒铛入狱。

就在群雄在硅谷乱战的时候，在 2011 年萌芽于硅谷的百度美国研究院，年轻的华人精英们也开始了对自动驾驶的探索。彭军成为百度美国研究院的第一位员工；余凯协助李彦宏在北京设立了深度学习实验室，推动自动驾驶在百度的发展；之后韩旭放弃美国密苏里大学的教职，加盟百度美国研究院；在 2014 年，吴恩达加盟百度；再后来，2017 年，陆奇加盟百度……一时间风起云涌，华人的科技精英集结。

但是如同发生在硅谷谷歌无人驾驶团队的故事一样，伴随陆奇的加盟及其之后一系列大刀阔斧的改革，王劲、吴恩达、韩旭等百度无人驾驶早期团队的核心力量纷纷离开。在此之前，余凯、彭军、楼天城等，已经离开百度选择创业。在大刀阔斧改革了 1 年 4 个月之后，陆奇也离开了百度。风雨飘摇之中，百度的"老人"李震宇选择坚守至今。

而离开的曾经的百度精英们，也将自动驾驶的种子在中国播下，使之萌芽。地平线、文远知行、小马智行，包括从出行领域进入自动驾驶领域的滴滴，共同组成了后来在全球自动驾驶领域内受人尊敬的中国力量。从硅谷的萌芽起步，10年的时间，中国的自动驾驶军团成建制地出现，和硅谷的领先科技公司一起，竞合于山巅。

现代技术史学家托马斯·休斯在他1983年出版的名著《电力网络：1880—1930年西方社会的电气化》中提出了"反向凸角"的概念，意指在技术系统发展的过程中，关键构件发展的滞后将对整体发展形成阻碍。后来的研究者继续发展其学说，认为这个阻碍会引起参与者们的关注，从而导致所有的努力都会往那里集中。

从"斯坦福推车"到DARPA无人驾驶挑战赛，再到硅谷对于自动驾驶的研究，在自动驾驶的早期发展过程中，"反向凸角"就是算法。随着人工智能以及深度学习的逐步完善，算法的突破成为自动驾驶技术的起飞点。就如查尔斯·汉迪在2016年出版的《第二曲线：跨越"S型曲线"的二次增长》中提到的，技术演化通常要经历四个阶段（技术出现、快速增长、缓慢增长、技术极限，呈现出S形的曲线），自动驾驶的探索者们不断致力于算法的演化和精进，算法展现出日新月异的澎湃之态。也是在此期间，像极了19世纪40年代中期英国对于铁路的狂热，投资疯狂涌入自动驾驶领域，在塑造新的投资范式和商业模式的同时，也在考验着人性，从而在硅谷以及后来在全球自动驾驶领域上演了太多充满江湖恩怨情仇的故事。

但是，随着时间的推移，早期的狂热复归于平静，之前充满热情和期待的投资者开始逐渐变得焦躁不安，他们都提出了相同的问题——自动驾驶汽车何时可以大规模驶上路面，并且产生商业价值？即使对于技术发展充满热情的佩奇，也在谷歌财务官露丝·波拉特的劝说下，开始考虑谷歌内部研究的商业化。最后，他望着特伦、厄姆森和莱万多夫斯基，依然把电话打给了克拉富西克。

新旧势力的交锋

早在 2010 年 10 月，当马尔科夫在《纽约时报》第一次报道谷歌"车伕"项目的无人驾驶测试时，通用、宝马和丰田等 12 家汽车制造商组成的美国汽车制造商联盟就发表声明，反对谷歌用非预期的方式对汽车进行改装。之后厄姆森和莱万多夫斯基多次前往底特律，接触各大汽车制造商、配套零部件的一级供应商，但总是感觉和底特律的汽车人谈不到一起。曾经担任通用汽车副总裁，后来在谷歌担任顾问的劳伦斯·伯恩斯在《自动时代：无人驾驶重塑世界》这本书中也提到说，他认为自动驾驶技术在安全性、效率、汽车对环境的影响方面非常具有变革性，底特律正确的做法是尽快接纳，但是底特律唯一做的事情却是批评这项努力。

但是，拥有百年历史的汽车行业在碳达峰、碳中和以及数字化转型的巨大洪流下，的确在面临着对于汽车——这项工业革命最伟大作品——基石假设的颠覆与重构。以特斯拉以及作为中国造车新势力的理想、蔚来、小鹏等为代表的电动汽车生产商，以富有科技感的体验以及新的营销打法，切入壁垒森严的汽车行业；优步和滴滴在全球的狂飙突进刷新了人们对于汽车使用的传统思维，一度震撼了汽车终端的销售形态；而自动驾驶成为汽车行业被动或主动寻求改变的最后一把令人痛苦的推动力。

2016 年和 2017 年，在全球竞争中显出明显疲态甚至在捍卫美国本土市场时都遭到狙击的、底特律汽车产业曾经的荣耀——通用汽车和福特汽车，以两个 10 亿美元的收购，吹响了反击的号角。之后大众、宝马、奔驰、沃尔沃、丰田等众多传统的汽车企业纷纷走上前台，或强强联手，或千金求马，试图攻克自动驾驶堡垒，加快汽车行业的转型。

技术的组合演化

复杂性科学的奠基人、圣塔菲研究所外聘教授布莱恩·阿瑟在2009年出版的巨著《技术的本质：技术是什么，它是如何净化的》中提到："即将到来的新技术不是仅仅打破静态，比如说发现比我们现在用的产品或方法更好的新的组合，它需要一系列安置新技术的条件，并解决由此产生的另外一些新问题。"

当科技公司的年轻极客们原本以为，通过算法的优化就可以在短时间内彻底颠覆拥有百年历史的汽车行业，但是现实却给了他们重重一击。在 Waymo 位于底特律霍尔布鲁克的全球第一个完全为 L4 级以上级别自动驾驶汽车的改造工厂落成后，工程师们抱怨说，一条电线的错放，就可以让工程师们白忙活几天，依靠现在的工艺，自助驾驶汽车还无法进行批量化的改装并保证一致性和可靠性。

在汽车的零部件领域，现有的摄像头、毫米波雷达和超声波雷达，都有着各自的优劣势，但是都无法达到自动驾驶对于感知的要求。由此，激光雷达伴随着自动驾驶而快速发展。但由于其一般需要搭配其他传感器，由此产生了多传感器融合的问题。

伴随传感器数量的成倍提升，自动驾驶汽车相比较于传统的汽车，其产生的数据量呈现出几何级别的增长，传统的电子控制单元[①]、传感器和通用 CPU 芯片已经难以适应自动驾驶的计算需求，于是，GPU

---

① 电子控制单元（Electronic Control Unit，简称 ECU），在汽车中，是指由微控制器（Microcontroller Unit，简称 MCU）、存储器、输入/输出接口等组成的汽车专用微机控制器。ECU 对于输入信号进行加工处理，并且进行信号输出。

（Graphics Processing Unit, 图形处理器），包括后来的 FPGA（现场可编程门阵列）、ASIC（专用集成电路）等异构芯片也随之发展起来。

而这些领域是传统的汽车工业产业链的空白，于是，门外的维京人开始涌入。黄仁勋的英伟达在 GPU 领域的市场占有率达到了 70%；芯片时代的王者英特尔希望通过收购 Mobileye 重返巅峰；高通也在虎视眈眈，通过自研以及收购维宁尔进入自动驾驶芯片市场；余凯在离开百度之后创立了地平线，通过在中国市场的深耕，正在和国际顶尖玩家展开对决……值得关注的是，以上这些因为自动驾驶而新进入汽车工业链的玩家，无一例外都来自计算机、通信、半导体等行业。他们以降维打击的姿态直面传统的汽车生产商和供应商，在自动驾驶领域开创出了一个全新的赛道。

激光雷达的市场更是充满硝烟，又一位 DARPA 无人驾驶挑战赛的老兵大卫·霍尔开创性地研发出用于自动驾驶的激光雷达，第三届 DARPA 无人驾驶挑战赛城市挑战赛中，跑完全程的 6 支参赛队中，有 5 支队伍使用了他创立的公司 Velodyne 的激光雷达，后来其一度垄断了激光雷达的市场。但是伴随禾赛等中国公司的发展和兴起，Velodyne 在 2020 年败走中国市场。他的竞争对手禾赛，是 3 位在硅谷的中国博士生在 2013 年创立的公司，其第一款产品是获得美国棱镜奖（Prism Awards）的利用激光检测天然气泄露情况的产品，之后进入激光雷达领域，并很快崛起。

面对来势汹汹的新的竞争对手，传统的汽车行业供应商在某些领域败退于千里之外，但是在有些领域依然坚守住了阵地，而且伺机反击。目前市场上最早也是唯一量产的车规级激光雷达，是来自法国的汽车零部件供应商法雷奥的 SCALA 激光扫描仪；恩智浦、英飞凌、瑞萨电子等传统 MCU 玩家也在寻找新的突破点，发布自动驾驶平台，并且寻求兼并收购的可能性，来整合优势。

在实现自动驾驶的最后一公里，线控底盘控制组件的领域还是传统的汽车行业供应商绝对垄断的市场，博世、大陆等依旧保持着王者的姿态。需要我们值得关注的是，最为关键的线控转向和线控制动，目前依然没有一套可以完全适用于L4级及以上级别的稳定的量产产品。

在科技行业和汽车行业不停地碰撞、交流和融合的过程中，自动驾驶已经不只是简单的算法突进，而是成为技术集成的域，呈现出由硬件、系统软件、功能软件和算法三个部分组成的、非常复杂的系统集成特征。

技术的外延与拓展

技术扩散是复杂的技术与市场、社会生活等相结合的过程，并且在整个过程中呈现出不断演化的态势。"创新之父""创新理论鼻祖"约瑟夫·熊彼特在其于1912年发表的《经济发展理论》中提出，技术进步可以被分为发明、创新和技术扩散三个阶段，其中技术扩散指的是技术创新通过市场进行传播的过程。之后经济学家们对于技术扩散理论的研究逐步精进。

在自动驾驶领域，技术扩散不仅仅呈现出技术的复杂性进步和系统性演化，同时不断地向外延伸和拓展。伴随着自动驾驶的发展，原本默默无闻的地图行业开始走向前台，高精度地图正在成为自动驾驶的核心部件，并且在中国市场上形成了科技巨头与传统图商混战的局面，在硝烟之中孕育着新的商业机会。

而自动驾驶的到来也在促使人们思考一个问题，当双手离开方向盘之后，现在的座舱结构，还是一个最优选项吗？在汽车从传统交通工具向未来自动驾驶座舱，甚至所谓的第三生活空间的转移过程中，智能座舱由于实现难度相对较小，成果易感知，并且可以成为人机交互（HMI）的空间域，越来越受到业内的关注。

与此同时，由于5G的发展，以及中国通信行业的基础设施的完善，车路协同也成为中国企业探索自动驾驶的新的技术路线和发展思路，并在此基础上促进了传统的ICE（汽车内燃机，此处指代传统汽车行业）与ICT（通信技术行业）的深度结合，车路协同对这两个行业的产业价值链进行了进一步的延伸和拓展。

融入城市与生活

发展至此，自动驾驶已经不再是单一的技术突进，或是单一的产业革新，不同行业以及其内生的技术不断加入发展的浪潮，在汽车这个载体上不断进行着解构和重组。汽车已经不再是单纯的交通工具，而是开始深度融入城市的演化进程，并作为载体与居民、与社区、与城市，形成不断变化和繁衍的共同体，成为"第三空间"，进而演化为智慧城市的重要节点。

也因为自动驾驶自身的延展性，其发展和其对于经济以及社会生活的影响，早就吸引了决策者的注意。2016年，国务院发布了《"十三五"国家科技创新规划》和《"十三五"国家战略性新兴产业发展规划》，提出"重点发展电动汽车智能化、网联化、轻量化技术及自动驾驶技术"，"加速电动汽车智能化技术应用创新，发展智能自动驾驶汽车"。这是政策第一次直接使用"自动驾驶"这个词，并且将"自动驾驶"作为国家发展战略。自从"自动驾驶"被纳入国家层面的发展战略之后，这个词就开始频繁出现在政策文件中，特别是在2020年的一系列文件中都可以见到"自动驾驶"。

伴随自动驾驶成为国家战略的一部分，自动驾驶在中国获得了更好的成长土壤。这不仅仅体现在中国的自动驾驶玩家在加州机动车辆管理局（DMV）每年发布的"自动驾驶系统脱离报告"上的越来越杰出的成果上，更体现在，在地方政府的支持下、在资本和营商环境的加持下人才、技术、资金的聚集上——筑巢引凤栖，花开蝶已来！

美国《大西洋月刊》的著名记者富兰克林·福尔在 2017 年出版的《没有思想的世界：科技巨头对独立思考的威胁》一书中提到，工程学以及算法的思维模式，对文字和图像、对艺术的神秘之处、对道德的复杂之处和情感表达，都没有什么耐心。这种思维把人当成数据，当成系统的组成部分，当成抽象的东西。

但是当自动驾驶开始融入整个智慧城市的浪潮之中时，一些更为底层的机制也开始变化。具有一定稳定性和概括性的法律规定也在应对着自动驾驶的发展以及由此产生的新的变化。在中国，在某些法律规定中，我们还看到了具有前瞻性和适当模糊性的表述，以此来向前一步，从法律规定的高度来创造适合自动驾驶发展的底层机制。

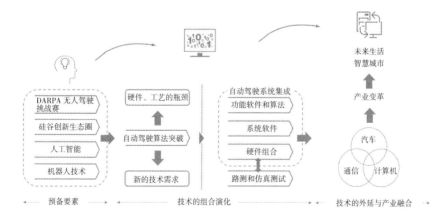

智能驾驶：科技创新引发的行业变革

科技的发展

基础科学的发展推动着科技的加速发展，各学科的融合以及不同领域的技术之间的嫁接、组合和融合更是为科技的发展加入跃迁的催化剂。回望自动驾驶的发展，从 1960 年詹姆斯·亚当斯搭建"斯坦福推车"，到 2005 年斯坦福大学的斯坦利成为第一辆越过 DARPA 无人驾驶挑战赛终点线的无人驾驶汽车，中间经历了 45 年的波折；但是从莫哈韦的硝烟到 Waymo 在 2015 年 10 月驶上奥斯汀的街头，间隔只有 10 年；到本书形成的 2021 年，时间仅仅过去了 6 年，但是自动驾驶的整个生态已经发生了天翻地覆的变化。

当然，技术的发展，也不是一帆风顺的，自动驾驶汽车又一次令人无可奈何地遵循着技术成熟度曲线（The Hype Cycle），从 2015 年到 2019 年，很快地度过"过高期望的峰值"，近年来正在快速坠入"泡沫化的谷底"。但是，参考人工智能的发展，从 1950 年艾伦·图灵在《思维》杂志上发表了其著名论文《计算机器与智能》，并提出了如今广为人知的图灵测试，一直到谷歌的 AlphaGo 在 2016 年震惊世人，其间人工智能几起几落，最后终于守得云开见月明。我看到一张照片，上面是 2006 年人工智能的奠基之石——达特茅斯会议的 50 周年纪念日上，摩尔、麦卡锡、明斯基、赛弗里奇、所罗门诺夫再次聚首，并合影留念。当时，50 年前的 10 位与会者中，已经有 5 位仙逝，所以在达特茅斯会议 50 周年纪念日上合影的只有 5 位。而到了 2016 年年初，在那张达特茅斯会议 50 周年纪念日合影中位列 C 位的马文·明斯基也离开了人世。非常遗憾他们都没有看到人工智能的旋风刮起，令人唏嘘。

我们都怀着忐忑不安、憧憬的心情期盼这自动驾驶落地时机的到来。曾经在 2015—2016 年，业内把目标设定在 2020 年，到了临近的

2019 年，大家又悄悄地把时间调整到了 2025 年。在 2020 年的北美国际消费类电子产品展览会（CES）上，许多从业者都在私下场合沟通说，其实他们预计自动驾驶的落地，还需要 10 年的时间。

　　而伴随突如其来的新冠肺炎疫情在全球的肆虐，整个世界的经济都进入了新的调整期，汽车行业也因为产业链的重塑，以及无法预知的地缘政治方面的纠葛，开始进入动荡和调整时期。2021 年全球汽车市场因为芯片短缺，预计累计减产量将超过 1000 万辆，其中中国市场就将达到 200 万辆。汽车产业链的阶段性重塑也影响了汽车价值链，预计诸多汽车生产商和汽车零部件生产商都将面临利润缩水的窘境。在这样的背景下，还有多少资源会被投入自动驾驶的相关研究呢？也许，自动驾驶的真正落地，还需要比我们想象中更长的时间。

　　亚马孙雨林的一只蝴蝶，扇动几下翅膀，引发了几千公里之外的一场风暴。也许我们已经出发了太久，是时候回到这场精彩旅程的起点。

　　在 2019 年 11 月，我走进了美国加利福尼亚州山景城的计算机历史博物馆，一番搜寻之后，我站在一辆简陋的推车前，看了很久，很久……

CONTENT | 目　录

第三章

从算法突破到系统提升

第四章

从汽车行业到跨界融合

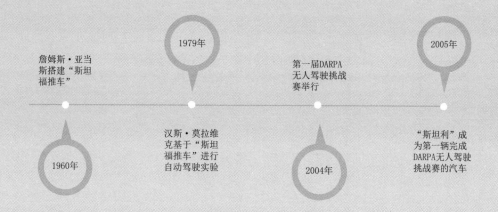

1979年

詹姆斯·亚当斯搭建"斯坦福推车"

1960年

汉斯·莫拉维克基于"斯坦福推车"进行自动驾驶实验

第一届DARPA无人驾驶挑战赛举行

2004年

2005年

"斯坦利"成为第一辆完成DARPA无人驾驶挑战赛的汽车

第一章

从极客科技竞赛到人工智能风口

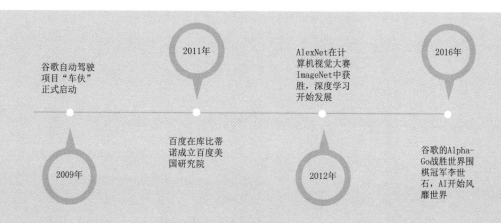

2011年

谷歌自动驾驶项目"车伕"正式启动

2009年

百度在库比蒂诺成立百度美国研究院

AlexNet在计算机视觉大赛ImageNet中获胜,深度学习开始发展

2012年

2016年

谷歌的Alpha-Go战胜世界围棋冠军李世石,AI开始风靡世界

1. 斯坦福大学的萌芽

20世纪60年代发生的事，动摇、改变了世界的根基。

——法国后现代主义哲学家雅克·德里达

2019年11月，美国加利福尼亚州，山景城。

在计算机历史博物馆的一个角落，我终于找到了"斯坦福推车"。

四个轮子，支撑起长方形的两层实验台。实验台的下层放置着一块黑色的电池，上层的中央放置着白色的支架以及摄像头，在前端设有一个红色的警示灯。虽然"四轮漫游者"是许多文章描述它的浪漫文字，但是真正看到时，感受真的就如同它"推车"的本名，我微笑和同行人说，"好简陋啊"。

但就是这辆简陋的推车，开启了人类关于自动驾驶的探索旅程！

看着"斯坦福推车"，我在想，如果我可以回到1960年见到詹姆斯·亚当斯，告诉他这辆"推车"会在几十年后被溯源为第一辆"自动驾驶车"，不知道他会是如何的表情。

极有可能亚当斯会惊讶地说："什么？自动驾驶车？我研究的可是航天工程啊！"

1961 年的"斯坦福推车"

资料来源：Adams J L. Remote Control with long transmission delays [M]. Palo Alto: Stanford University, 1961.

詹姆斯·亚当斯和"斯坦福推车"

1960 年，现在是斯坦福大学机械工程系荣休教授的詹姆斯·亚当斯，当时还是机械工程系在读的博士生，研究的方向是如何用视觉信息远程控制车辆。因为之前在美国空军以及美国国家航空航天局（NASA）的喷气推进实验室的服务经历，詹姆斯选择的研究方向是，在探索月球的背景下，如何通过在月球表面的车辆发回的图片，在地球上远程操纵该车。

在 1961 年发表的论文中，詹姆斯的研究表明，由于地球和月球之间的通信延迟有约 2.5 秒，如果车辆在月球上的行进速度超过 300 米 /

时，在操作上可能会产生风险。

一年之后的 1962 年，后来被誉为"人工智能之父"的约翰·麦卡锡创建了斯坦福人工智能实验室（SAIL）。1966 年，担任斯坦福人工智能实验室主任的莱斯·欧内斯特发现了詹姆斯搭建的这辆"推车"。在获得詹姆斯的许可之后，他接手了"斯坦福推车"并对其进行改装，将其用于研究如何利用视觉实现车辆的自动行驶。

汉斯·莫拉维克的实验

时间来到了 1979 年，后来担任卡内基梅隆大学移动机器人实验室主任的汉斯·莫拉维克当时正在斯坦福大学攻读博士学位，主要研究视觉导航。汉斯将摄像机安装在"斯坦福推车"车顶的栏杆上，在行进过程中从几个不同的角度拍摄照片，并将其传送到电脑。通过自动计算"斯坦福推车"和周围障碍物之间的距离，电脑远程操控"斯坦福推车"绕过障碍物行进。

在 1979 年 10 月 25 日进行的一场实验中，在一间 200 多平方米，摆放了许多椅子和障碍物的房间里，"斯坦福推车"成功进行了穿越。

只是，整个穿越时间，耗了 5 小时！

在历史文献中我们还可以找到一段 3 分 26 秒的视频，它记录了这场 5 小时实验的片段。在视频中我们可以看到，"斯坦福推车"行进之前，摄像机从五六个角度拍摄照片，然后"斯坦福推车"稍稍停顿，之后稳步行进。当然这个视频是进行加速处理的。当时现场的真实情况是，"斯坦福推车"每行进 1 米之后，就要停止 10~15 分钟的时间，进行照片的拍摄、远程传输，然后电脑分析、进行路径规划，再远程控制"斯坦福推车"行进。

在这样的缓慢行进中，自动驾驶开始萌芽。2019 年 3 月 18 日，斯坦福大学成立了名为"以人为本人工智能研究院"（HAI），由斯坦福大学人工智能科学家李飞飞和哲学教授约翰·埃切曼迪联合担任院长。随后在官网上线的第二篇文章中，以人为本人工智能研究院梳理了人工智能发展过程中的大事。其中1979年汉斯·莫拉维克在"斯坦福推车"上进行的实验，被认为是人工智能发展过程中的里程碑事件。"斯坦福推车"也被认为是早期的"自动驾驶汽车"。

1979年10月的这场实验之后，"斯坦福推车"在斯坦福人工智能实验室的库房内一直闲置到1987年，之后被送到波士顿的计算机历史博物馆，2011年随博物馆一起搬迁到目前所在的美国加利福尼亚州山景城。

现在，这辆记录着自动驾驶萌芽的"斯坦福推车"被安静地陈列在计算机历史博物馆内，也就在博物馆的外面，不断有自动驾驶的测试车辆快速驶过。我想，它们正在用越来越快的速度，向"斯坦福推车"致敬，更向许多自动驾驶领域早期的开拓者和研究者们致敬！

詹姆斯·亚当斯1966年回到了斯坦福大学机械工程系任教，在工程机械、产品等专业领域内著作等身。2001年，他跨界出版了《突破思维的障碍》，从心理学和社会学角度讨论了阻碍创造力产生的因素，引起广泛的关注。

汉斯·莫拉维克在1980年来到卡内基梅隆大学移动机器人实验室，这个实验室于1979年由拉吉·瑞迪创立，他同样曾经就读于斯坦福人工智能实验室。

2003年，卡内基梅隆大学移动机器人实验室的教授塞巴斯蒂安·特伦加盟斯坦福人工智能实验室。

两年后的2005年10月8日，塞巴斯蒂安·特伦在内达华州的沙漠深处，心情复杂地看着不远处来自卡内基梅隆大学的克里斯·厄姆森。

军用直升机在头顶上盘旋，风沙扬起，一场已经被载入史册的比赛，马上要开始了……

2. 在莫哈韦沙漠的 12 公里

2005 年 10 月 8 日，美国内华达州普里姆。

来自卡内基梅隆大学的克里斯·厄姆森坐在导师威廉·惠特克的边上，他们刚刚做完决定，让 H1ghlander 以 48 公里 / 时的配速前进，而"沙暴"作为另一个保险，以 43 公里 / 时的配速前进。坐在标记着"卡内基梅隆大学"的帐篷里，厄姆森想起了 2003 年的 4 月，在智利的阿塔卡马沙漠，惠特克在他面前第一次提到这场比赛：DARPA 无人驾驶挑战赛。

DARPA 无人驾驶挑战赛

DARPA 的全称是美国国防部高级研究计划局。1958 年 2 月，时任美国总统的艾森豪威尔依然沉浸在 1957 年 10 月苏联发射人类历史上首颗人造地球卫星"斯普特尼克一号"所带来的震撼和恐慌中，并由此批准组建 DARPA。作为在美国国防部内拥有特殊地位的独立机构，DARPA 从设立之初就聚焦尖端的科技研发，直接向美国国防部高层汇报。时至今日，互联网、个人计算机操作系统 UNIX、全球定位系统 GPS、隐形战斗机等都来源于 DARPA 启动的科研项目。

2001 年"9·11"事件之后，美军先后发动了对阿富汗和伊拉克的战争。在阿富汗崎岖的山路上，在从伊拉克巴格达到提克里特的公路上，简易爆炸装置让美军伤亡惨重，成为美军在这些地区所面临的最致命的威胁之一。美国国防部一直在推动美国国防承包商开发自动驾驶技术，当时美国国会的一项授权把目标设定为：到2015年，1/3的美国军用车辆可以实现自动驾驶。

到了2003年，美国国防部对于研发进度非常不满，希望时任DARPA主任的托尼·特瑟提出新的方案。经过思考，在2003年2月，特瑟宣布，由DARPA举办无人驾驶挑战赛，允许任何美国团队参赛。比赛路线穿越莫哈韦沙漠，从加利福尼亚州的巴斯托向东到达内华达州的普里姆，全程142英里（约229公里）。第一个到达终点的团队将获得100万美元的奖金。

后来，特瑟在接受采访的时候回忆道，一开始他预计，有5到10支队伍参赛就蛮不错了。结果在报名开放日的早上，当他在8时30分——计划正式接受报名的前半小时来到办公室的时候，他发现年轻的人们已经摩肩接踵地排起了长队。

硅谷创新生态圈的崛起

在特瑟思考举办DARPA无人驾驶挑战赛的2003年，政府、大学、企业在市场化运作中形成的"共生"的相互依存的关系，已经在美国逐步成形，其代表就是硅谷的创新生态圈。在之后的自动驾驶发展进程中，硅谷都扮演了特别重要的角色。

20世纪90年代，随着互联网的发展，知识的流动和发展不再局限于企业的研发中心，大学和科研机构成为崛起的新势力。象牙塔之中原本就聚集了太多的知识精英和行业专家，当教授们借助互联网更加方便地阅读最新的期刊论文，更加快捷地进入数据库时，大学的研究进度开始加快。除此之外，美国国家科学基金会（NSF）对于科研的支持，还有 1980 年制定的《专利和商标修正案》（又称《拜杜法案》），允许大学和公司合作，将发明专利商业化推向市场。

目前美国大学的技术转移模式主要分为三种：技术转移办公室模式（以下简称 OTL 模式），由斯坦福大学首创；研究公司模式（RC），由加州大学伯克利分校教授弗雷德里克·科特雷尔首创；校友研究基金会模式（WARF），由威斯康星大学哈里·斯汀博克教授首创。从 20 世纪 90 年代开始，OTL 模式受到大多数美国大学的认可，成为当代美国大学技术转移的主流模式。

在 OTL 模式中，专利发明人向 OTL（技术转移办公室）提交"发明和技术披露表"，之后技术经理就将负责此后的全过程，包括是否要为此发明申请专利，以及之后的技术评估、申请专利、营销谈判等一系列过程。1989 年，北美大学技术经理人协会（以下简称 AUTM）也应运而生，技术经理人成为推动技术转移的主要操作方。

从美国 OTL 模式的实践以及研究来看，技术经理人往往都是具有较强专业技能的博士、工商管理硕士等，并且通过 AUTM 进行广泛的合作与联系。技术经理人既有技术背景，又了解法律、经济和管理，同时在专利营销和专利许可谈判方面有很强的能力。

在技术经理人如此丰富和精深的技能要求下，激励措施就是其中重要的组成部分。在 OTL 模式的利益分配中，OTL 一般占 15%（自收自支），学校占 85%，其中技术发明人、院系和学校各占 1/3。合理的利益分配和激励机制既吸引了许多技术专才和工商管理人才加入 OTL 成为技术经理人，也促进了科技成果转化的良性循环。

由于科技的发展以及政策的支持，传奇正在硅谷孕育。斯坦福大学在 20 世纪初并不像现在这般赫赫有名，名声远不及波士顿的哈佛大学和麻省理工学院（MIT），甚至比起邻近的加州大学伯克利分校也要稍逊一筹。1951年，时任工程学院院长的弗雷德·特曼与校长华莱士·斯特林商定，将学校附近的土地以极低的价格出租、兴建工业区，吸引了不少企业入驻，解决了许多学生的就业问题。20世纪60年代中期，特曼邀请"晶体管之父"威廉·肖克利到斯坦福任教并建立实验室。不久冷战爆发，美国政府对于军事技术的投入大大增加，斯坦福以及附近的初创企业因此获益。

早在1938年，特曼就投资583美元资助了他的两位学生比尔·休利特以及戴维·帕卡德，将他们发明的音频振荡器产业化。两位学生后来在一间车库里创办了惠普。作为回报，休利特和帕卡德连同他们的家族基金以及惠普公司，向斯坦福大学捐赠的金额超过3亿美元，并在1977年捐赠建立弗雷德·特曼工程学中心。在这样的带动下，硅谷的产学研体系开始逐渐成熟。

肖克利之前与罗伯特·诺依斯、戈登·摩尔等"八叛逆"的恩怨情仇，以及之后"八叛逆"开创的仙童半导体的传奇，奠定了融合合作和竞争的硅谷的模式，这种模式或者说生态体系，非常鼓励尝试、冒险、分享成功和失败的经验和教训。硅谷著名的投资人，同时也是优步的早期投资人贾森·卡拉卡尼斯在2017年出版的《富人思维》中提到："硅谷打造的最伟大的产品就是硅谷本身。在这里，一代又一代公司及创始人都在积极推动和刺激自己在效率等方面比前人做得更好。"

顶级专家，周围的诸多创业企业、联邦政府投入的资金，加上《拜杜法案》的支持，政府、大学、企业在市场化的运行中形成了"共生"的相互依存关系，此时风险投资（VC）也在硅谷开始发展。在多方利好的形势下，许多科技青年不再把大企业的研发部门作为自己的首选，他们或者留在高校继续研究，或者就在车库和伙伴共同创立公司，发展技术和产品。亨利·切萨布鲁夫在 2003 年出版的《开放式创新：进行技术创新并从中赢利的新规则》中提出了"开放式创新"的理念，为硅谷创新生态圈的进一步演化奠定了理论基础，受到学术界和企业界的广泛关注。

在不断的演化和发展过程中，创新的技术不再仅仅留在高校研究机构或是大公司的研发中心，它们扩散到了整个硅谷。

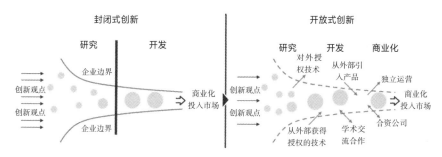

从封闭式创新到开放式创新

"沙暴"

回到 2003 年 4 月在智利的阿塔卡马沙漠的现场。厄姆森当时还是卡内基梅隆大学移动机器人实验室的博士生，当他看到惠特克时，满是疑惑，心想为什么自己的博士生导师、美国最著名的机器人专家会万里迢迢来到这个沙漠。几小时后，惠特克拍了拍厄姆森的肩膀，他们将一同参加首届 DARPA 无人驾驶挑战赛。

从智利回到美国匹兹堡后，惠特克密集拜访了英特尔、波音、卡特彼勒和谷歌，拿到了一些赞助，但是这和他计划的改造车辆所需要的 73 万美元的材料费用相比，还有不小的缺口。2003 年 9 月，厄姆森和团队看到惠特克带来的、一辆已经使用了 17 年的悍马 M998 时，都

11

大感意外，但也无可奈何。

为了让这辆老式的悍马实现自动驾驶，厄姆森带领团队借鉴汉斯·莫拉维克在"斯坦福推车"上的实验，模仿人类驾驶时所使用的感官能力进行了类似"逆向工程"的操作。例如，人类需要用眼睛观察道路状况，于是他们配备了激光雷达和摄像机。同时他们预想到在沙漠道路上，光线很难穿透尘埃，所以还购买了雷达系统，利用声音来探测障碍物。同时，人类需要大脑来判断外部环境，并进行决策。厄姆森和团队利用了几台电脑来模拟。首先由几台电脑对激光雷达、摄像机和雷达采集的外部环境信息进行融合，建立起周围环境的模型。接着另外由一台电脑使用 GPS 和运动跟踪装置计算车辆的位置。基于周围环境和自身位置的综合信息，电脑就可以判断，应该朝哪个方向、如何行进。最后，人类需要用手和脚控制方向盘和油门、刹车、离合器等，厄姆森和团队购置了提供扭矩、推力或者拉力的电机，基于电脑决策产生的信号，让车辆前行、加速、转弯和刹车。

惠特克和厄姆森将组装场地安排在卡内基梅隆大学机器人大楼的一个大车间里。这里有几层楼高，还有工作桥、小型起重机、车床、钻床、各种工具和计算机诊断设备。当上述这些硬件组合在一起之后，团队想到，莫哈韦沙漠的岩石和山脊会导致震动，影响计算机的硬盘，轻则导致读写错误，重则导致读写头碰到旋转的圆盘从而损坏硬盘。于是他们用弹簧和减震器支撑起巨大的金属箱，放置在车顶上，将最精密的设备，例如激光雷达、电脑、GPS 等放置其中。

硬件设备安装布置完成，连通电脑，这辆无人驾驶车初具雏形。惠特克和厄姆森将其命名为"沙暴"，希望这辆车能在莫哈韦沙漠掀起风暴。

时间来到了 2004 年的 1 月，距离比赛还有两个月的时间。厄姆森有一天顿悟说，为什么不给"沙暴"绘制一张准确的地图呢？之前的所有逻辑假设是说，"沙暴"可以探测周边环境，能在沙漠中辨识道路，然后进行判断并行进。但是如果提前有了地图，就可以告知"沙暴"道路在哪里，指导它如何行进，这样可以从计算任务中省略掉一个耗时的步骤，可以让"沙暴"跑得更快。

　　一开始，团队准备购买整个莫哈韦沙漠的高分辨率地图，然后派两位工程师开着车，在莫哈韦沙漠中行驶，并用摄像头捕捉图像。他们显然低估了工作量，最后只能改为，在 DARPA 公布路线之后，基于高分辨率地图规划出最佳的路径。

在莫哈韦沙漠

　　2004 年 3 月初，所有参赛队都来到加利福尼亚州丰塔纳的赛车场进行资格赛，最后包括"沙暴"在内的 15 支队伍脱颖而出，进入在莫哈韦沙漠的决赛。来自加州大学伯克利分校的安东尼·莱万多夫斯基领导的团队带来了参赛车辆中唯一的一辆两轮车。

　　2004 年 3 月 13 日上午，在加利福尼亚州的巴斯托，15 辆车在发车位一字排开，媒体和军用直升机在空中盘旋，数百名观众顶着风沙观战。特瑟宣布，比赛开始！

　　上午 11 点，特瑟搭乘直升机来到终点处的普里姆，面对来自全美各地的记者，特瑟简短地说，比赛结束了，走得最远的汽车"沙暴"行进了大概 12 公里，然后冒烟起火。面对记者们的喧哗，特瑟接着说，比赛将在第二年（即 2014 年）再次举办，奖金会翻倍，达到 200 万美元。

　　后来，在 2017 年的初春，特瑟在接受采访时最后感慨道，之后（自动驾驶）的一切都始于 2004 年，一群疯狂人，一场疯狂的挑战赛。

3. DARPA 无人驾驶挑战赛双星闪耀

2004 年 8 月 14 日，美国加利福尼亚州阿纳海姆。

第一届 DARPA 无人驾驶挑战赛，在近半年前的 3 月 13 日在巴斯托尴尬收场后，美国媒体对 DARPA 和比赛发出了各种冷嘲热讽。当 DARPA 在阿纳海姆举办第二届比赛的参赛动员会时，来自 7 个国家以及全美 42 个州的 500 多人前来参会，最终，有 195 支队伍确定报名参赛。

厄姆森和惠特克也来了，在现场他们不出意外地碰到了最熟悉的陌生人，塞巴斯蒂安·特伦和麦克·蒙特梅洛。他们刚刚从卡内基梅隆大学移动机器人实验室转会，来到斯坦福人工智能实验室。

特伦与厄姆森的暗战

特伦在斯坦福大学招募了 20 多人加入团队，并且在大众汽车的支持下获得了一辆新的途锐 R5，更重要的是，大众汽车的工程师还帮助特伦的团队接入车辆的计算机系统。因为特伦和蒙特梅洛都是软件方面的专家，所以他们考虑发挥自身特长，将市场上量产的合适的传感器装配到车上，从而将大部分时间用在系统的架构和调试上，让系统变得更加智能。特伦后来表述说，他的目标就是，打造一台能够依照设定路线行驶的机器人。

20 多人的团队在特伦的领导下，分为 3 个小组进行工作：一个团队负责传感器的安装，以及与车辆计算机系统的连通，由大众汽车美国电子研究实验室的工程师们带队；一个团队负责软件，包括导航软件以及安全系统等；一个团队负责软硬件的测试。后两个团队都由斯坦福大学的研究者们带队。学期结束后，特伦和团队前往莫哈韦沙漠进行实车测试，他们把这辆汽车称为"斯坦利"。

之后，特伦精选了四人团队不断改进软件。他们每周前往莫哈韦沙漠进行测试。一开始，他们让车自己行驶，直到遇到一些程序无法应对的问题，然后团队进行编码改进算法。在迭代了几百次之后，整个软件系统变得非常复杂，并且开始实现自学习。

在测试的过程中，机器学习的想法开始在特伦的脑海中萌芽。他认为，自动驾驶车辆的处理器，应该具有拥有自我意识的算法，来自行判断许多不完整和模糊的数据。

在蒙特梅洛的帮助下，特伦开始做这样的改善：首先命令计算机处理传感器采集到的每一个像素，然后特伦和团队根据人类驾驶的情况，为数据分配数值。这样，计算机就可以将自身的判断与人类的经验进行对比，舍弃一些错误的信息和方法。同时，特伦引进激光雷达与摄像头在不同距离区间内的不同样本，让计算机通过两组传感器不同的数据进行自我学习。

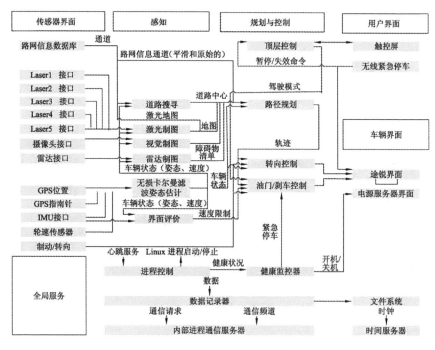

斯坦利的软件系统流程图

资料来源：Thrun S, Montemerlo M, Dahlkamp H, et al. Stanley: The robert that won the DARPA Grand Challenge[J]. Journal of field robotics, 2006, 23(9): 661−692.

厄姆森在卡内基梅隆大学的团队也变得更强。他们从悍马公司获得了两部车的赞助，并且新型悍马的控制器内置了电控驱动设备。厄姆森的团队在悍马公司的帮助下可以为车辆接入计算机系统，新型悍马使车辆能够以电子方式控制油门，而不是像"沙暴"那样依靠安装电机和推杆来按压油门和踏板。同时，他们对从 GPS 系统制造商艾普兰尼克斯那里获得的定位系统也进行了极大的改进。2005 年 8 月，卡内基梅隆大学的团队提前三个月来到内华达汽车测试中心进行测试。团队把两辆车分别命名为"H1ghlander"和"沙暴"。

第一支越过终点线的队伍

2005 年 10 月 8 日，第二届 DARPA 无人驾驶挑战赛在内华达州的普里姆开赛。厄姆森和惠特克决定采用双保险的策略，让 H1ghlander 以 48 公里 / 时的配速前进，而"沙暴"以 43 公里 / 时的配速前进。

在行驶到 87 公里的时候，H1ghlander 遭遇严重挫折，发电机无法为传感器供电，导致主激光雷达失灵。在行驶到 118 公里时，斯坦福大学的斯坦利超过了 H1ghlander，经过几次交替，在行驶到 163.5 公里时，斯坦利再次超过了 H1ghlander，并且一路向前冲向终点。

2005 年 10 月 8 日 13 时 40 分，斯坦利冲过了终点线，用时 6 时 53 分 58 秒！

"沙暴"在发车 7 小时 4 分之后完成了比赛，排名第二。H1ghlander 用时 7 时 14 分完成比赛，排名第三。最终，总共 5 辆汽车完成了比赛。

目睹特伦和他的团队聚集在领奖台上，领取了 200 万美元的支票，厄姆森和惠特克显得非常失望。几年后厄姆森接受采访，回忆那时的场景感慨道，团队齐心协力完成了不可能完成的任务，做到了不可能做到的事情，但是，输了……

厄姆森最后的机会

面对第二届 DARPA 无人驾驶挑战赛的巨大成功，特瑟并没有满足，因为还没有在阿富汗或者伊拉克繁杂的街巷环境下，还能自动行驶的车辆。因此特瑟在 2006 年 4 月宣布，将在 2007 年 11 月 3 日举行第三届 DARPA 无人驾驶挑战赛，这次的比赛有了新的名字——"城市挑战赛"。

在城市挑战赛中，DARPA 将在赛道上设置移动障碍物，并且参赛车辆将同时在赛道上行驶。DARPA 要求车辆在 6 小时内在城市中无人驾驶行驶 100 公里，并且可以完成十字路口同行、停车场内停车等动作。

厄姆森第三次出征 DARPA 无人驾驶挑战赛，他似乎也感受到，这可能是他最后的一次机会。在惠特克的牵线搭桥下，通用汽车向卡内基梅隆大学的团队提供了 200 万美元的资助，提供了 2007 年款雪佛兰，并冠名"博斯"。通用汽车的工程师也来到匹兹堡加入了厄姆森的团队。

在资金和技术的双重支持下，"博斯"的整体配置相比较 H1ghlander 和"沙暴"，有了极大的提升。"博斯"配备了包括激光雷达、摄像头和雷达在内的十余个传感器。整车的软件系统有超过 50 万行代码，采用分布式架构，由感知、运动规划、路径规划、行为规划等系统组成。

为了实现高速计算，"博斯"搭载由 10 个 2.16 GHz Intel Core 2 Duo 处理器组成的 Compact PCI 机箱，每个处理器具有 2GB 的内存和一对千兆位以太网端口，并且每个处理器都从 4GB 闪存驱动器启动，从而降低磁盘发生故障的概率。此外，通过电脑与车辆的计算机系统的连接，"博斯"能够借助线控驱动系统实现自动转向、刹车和换挡。

2007 年 11 月 3 日，经过多轮预选赛的选拔，11 支队伍来到了加利福尼亚州胜利谷乔治空军基地。上午 8 时，比赛开始，原先排在首位发车的"博斯"竟然失去了 GPS 信号，全部接收器都出现了问题。半小时后，经过排查确定是发车杆位上方的巨型屏幕的电磁干扰影响了"博斯"接收 GPS 信号，故障排除后，"博斯"顺利发车。

比赛开始后 4 小时 29 分，斯坦福团队的"初中生"首先越过终点线。厄姆森感到非常沮丧，不久"博斯"越过终点线，厄姆森和团队才意识到他们晚出发了半小时，"博斯"的用时其实只有 4 小时 10 分。第二天早上，特瑟宣布，根据比赛用时、安全驾驶等诸多比赛要求，卡内基梅隆大学的"博斯"获得第一名，斯坦福大学的"初中生"获得第二名，此外，弗吉尼亚理工大学、麻省理工学院、宾夕法尼亚大学和康奈尔大学的无人驾驶车也跑完了全程，总共 6 支参赛队跑完了全程。

厄姆森和惠特克长舒了一口气，他们终于赢了！

当人群安静下来，不再喧哗时，特瑟说道，真正的赢家是技术！然后，他挥手离开。

没有人想到，这是 DARPA 无人驾驶挑战赛目前为止留给世界最后的背影。截至本书完稿时，DARPA 再也没有组织新的无人驾驶挑战赛。

我在通用汽车前副总裁劳伦斯·伯恩斯写的《自动时代：无人驾驶重塑世界》一书中，读到这样的一个细节。在 2007 年的城市挑战赛结束之后，劳伦斯问特瑟，下一场比赛什么时候举行，特瑟回答道，不会有了，我们的任务完成了。

此时，次贷危机已经开始在欧美蔓延，石油价格也开始慢慢爬升。2008 年 7 月 14 日，纽约商品交易所原油期货价格达到 147.27 美元 / 桶的历史最高点。9 月 15 日，雷曼兄弟申请破产，成为美国历史上规模最大的投资银行破产案，恐怖的全球金融海啸拉开序幕。2009 年 4 月，美国三大汽车巨头之一的克莱斯勒提出破产；同年 6 月，通用汽车提出破产。时任美国总统的奥巴马决定支持通用和克莱斯勒，调整公司业务，执行复兴计划……

底特律的汽车巨头们陷入无穷的烦恼之中，也就在此时，远在加利福尼亚的斯坦福大学，一阵敲门声响起。几年之后，让世界惊讶的一幕在美国得克萨斯州的奥斯汀上演，而这幕大戏的序曲，就来自这一声声的敲门声……

4. 来自谷歌的旋风刮起

2005 年的夏天，美国加利福尼亚州帕罗奥多市，斯坦福大学。

一阵敲门声，特伦打开自己在斯坦福大学办公室的门，一位头发略显灰白的年轻人打招呼说："嗨，您好，我是拉里·佩奇。"

特伦当然知道这位年轻人，拉里·佩奇和谢尔盖·布林于 1998 年创立了谷歌。

佩奇和特伦聊了两个多小时。佩奇解释说，他当时在搜索方向和机器人方向徘徊，最后导师建议他选择搜索方向，他开玩笑说，如果没有创办谷歌，他应该会攻读机器人的博士学位。佩奇向特伦提出了许多问题，他想知道无人驾驶的技术是否能应用，多久可以应用……

特伦没有想到，2005 年的夏天和佩奇的见面，会在之后改变他的职业生涯。

特伦与谷歌"车侠"项目

在测试斯坦利的过程中，特伦觉得车顶的摄像头收集的图像非常有趣。正好那一年特伦在斯坦福大学开设了一门讲授计算机视觉的课程，于是特伦指导了当时还是本科生的乔金·阿维德森，来创建一个程序，将所有照片拼在一起，形成无缝的视图，并且能让人感到身临其境。

基于这个创意，特伦在 2006 年创立了 VueTool 公司，团队包括阿维德森，以及在第一届 DARPA 无人驾驶挑战赛中给大家留下深刻印象的、来自加州大学伯克利分校的安东尼·莱万多夫斯基。莱万多夫斯基组建了一支车队，花了两周时间拍摄了整个洛杉矶的街景。2007 年 4 月，佩奇看过特伦和莱万多夫斯基的演示之后，印象深刻，因为当时谷歌已经开始启动"街景"项目，但是 VueTool 的团队取得了更大的成就，而且更便宜，时间也更短。

第二天，谷歌的团队打电话给特伦，谷歌同意收购 VueTool，作为交易的一部分，特伦、莱万多夫斯基以及其他团队成员加入谷歌，推进街景项目。2007 年 5 月 30 日，谷歌正式推出街景项目。

2008 年秋天的一天，佩奇和特伦正在讨论下一步的行动方案，佩奇说，我们应该研究自动驾驶汽车，这值得我们投入。

经历了两次 DARPA 无人驾驶挑战赛的特伦认为，将一个测试项目升级为商业化项目特别困难，办不到。

第二天，佩奇来找特伦，说："给我一个技术上的理由，解释为什么做不到。"特伦有些无可奈何地说："相信我，我是这个领域最好的专家，这不可能。"

一周后，佩奇又来找特伦，说："我想告诉布林和埃里克，这不可能，但是他们也想知道技术上的理由。"特伦想了好久，依然没有找到一个拒绝佩奇的理由。佩奇鼓励特伦说，"也许我们可以做到"。

2009 年 1 月 17 日，谷歌的自动驾驶项目"车伕"正式启动。特伦聘请了十几名工程师组成团队来推进"车伕"项目，他们几乎都参加过 DARPA 无人驾驶挑战赛。站在今天的时点，回看当时特伦组建的豪华阵容，我都不由得感叹，星光璀璨！厄姆森，来自卡内基梅隆大学，负责软件开发；蒙特梅洛，来自斯坦福大学，负责电子地图；莱万多夫斯基，来自加州大学伯克利分校，负责硬件采购、开发和建造……

佩奇和布林为特伦团队设计了 10 条总里程约 1000 英里（约 1609 公里）的挑战性线路，作为第一个里程碑；以在公共道路上自动驾驶里程达到 10 万英里（约 16 万公里），作为第二个里程碑。

蒙特梅洛在后来接受采访时表示，谷歌的街景以及后续项目代表了自动驾驶技术发展的重要一步，其作用被大家所接受和认可。首先，高分辨率的三维地图数据，为车辆提供了准确定位的能力；其次，汽车可以将先前存在的静止物体列表与其周围的真实物体进行对比，从而辨别出哪些物体可能会移动，这有助于汽车辨别行人，以及道路中间的实线和虚线；最后，高精度地图也为车辆提供了一种极为可靠的方法，来预测环境中重要但是很难判断的部分，比如交通灯等。

"车伕"项目的第一代测试汽车是由丰田的普锐斯改造而来的，车顶上安装了威力登（Velodyne）64 线的激光雷达，在前保险杠外壳和前翼子板上安装了毫米波雷达，在挡风玻璃下面安装了摄像头。

到了 2010 年夏天结束的时候，10 条线路只剩下最后一条了。这时候，《纽约时报》资深科技记者马尔科夫把邮件发给了佩奇和布林。原来，高度机密的"车伕"项目被泄露了。

新老势力的第一次交手

厄姆森后来回忆道，我们很担心，不知道会发生什么，最担心整个项目会被取消。

在谷歌管理团队与马尔科夫沟通的时候，"车伕"项目团队立即采取了行动。9 月 27 日，最后一段路线测试完成。同时，佩奇和布林也决定和马尔科夫合作，邀请他体验"车伕"无人驾驶汽车。

2010 年 10 月 9 日，马尔科夫的报道登上了《纽约时报》，文章中写道，方向盘后面坐了人，准备在出现异常时接手控制，一名技术人员在乘客座位上监控无人驾驶系统，7辆测试汽车已经在无人干预的情况下行驶了1600公里，累计20多万公里的行驶里程中偶尔有人接手控制……

这篇报道震惊了美国！随即，由通用、宝马和丰田等12家汽车制造商组成的美国汽车制造商联盟发表声明，表示反对谷歌用非预期的方式对汽车进行改装。与此同时，谷歌在政府游说专家的协助下，于2012年5月7日，获得了内华达州颁发的第一张自动驾驶汽车的测试牌照。

也就在同一时期，厄姆森和莱万多夫斯基前往底特律，接触各大汽车制造商，以及配套零部件的一级供应商，收获了无数微笑、嘲笑和冷笑……厄姆森后来回忆道，自己好像和底特律的汽车人真心谈不到一起。

那么，就自己来做！

2014年5月27日，谷歌宣布推出纯电动的自动驾驶汽车"萤火虫"（Firefly），昵称为"豆荚车"。它没有方向盘、没有刹车和油门踏板。

一年后，这辆"豆荚车"悄悄出现在了得克萨斯州奥斯汀的街头……

5. 狂飙突进的前夜

2015年10月20日，美国得克萨斯州奥斯汀。

63岁的史蒂夫·马汉走上一辆车坐好，关上门。汽车开始慢慢地启动，行驶在奥斯汀的街头。周围时不时有其他车辆和自行车经过。汽车从一位医生的办公室出发，经过好几个街区，最后在公园旁的路边停下了车。

马汉在车里讲了几句话，他说："之前我从未来到过奥斯汀，今天我行驶在奥斯汀。"然后他停了一下，又说道："我已经12年没有独自在车上了，我是盲人，现在，不是我在驾驶车辆，而是车辆在自动行驶！"

这是人类历史上第一次真正的无人驾驶旅程！十几分钟后，马汉独自坐在车内的照片传遍了全世界，引起了极大的关注和震惊。这辆车，正是谷歌的"萤火虫"。

"萤火虫"

2012年12月的一天，厄姆森召集团队来到会议室，讨论为自动驾驶专门打造一款车。刚刚结束的底特律之行让厄姆森感到了和传统汽车行业的鸿沟。同时，厄姆森也在思考谷歌无人驾驶团队下一步的发展。

厄姆森认为，从DARPA无人驾驶挑战赛开始，工程师们都是以现有的车辆为基础，进行自动驾驶的设计和车辆改造，其中难免会有很多的妥协。在和谷歌的工业设计师安永珺和系统工程师杰米·维多讨论之后，他们希望车可以有以下特征和内容。

首先，车辆离地的间隙要小，这样乘客上下车比较方便；其次，没有方向盘、没有刹车和油门踏板；最后，车内有一个启动按钮，一个紧急情况下的停车按钮，还有一个屏幕能显示当前时间，以及乘客到达目的地所需的时间。

安永珺和维多经过苦苦思索，用便利贴折出来一些纸质模型，然后给出了一款简单、有趣的设计，车辆从前面来看很像一张脸，车内可以容纳两名乘客，最高时速限定在 40 公里。

几年之后，安永珺和维多在接受采访时表示，一开始只是希望搭建一个实验和学习的平台，谷歌的团队通过从头开始设计和建造一辆车，一辆真正的自动驾驶汽车，可以攻克一些早期的自动驾驶问题，比如，传感器应该放置在哪里，计算机应该如何集成，自动驾驶车辆的乘客应该有哪些控制权等。

2015 年的奥斯汀，那个上午，阳光灿烂，似乎每个人都在享受这个历史时刻带来的喜悦。但没有人想到，两场战斗都在悄无声息地进行着，几年以后，谷歌的超豪华团队宣布解体，留下许多唏嘘。这两场战斗，都有一个人的身影——安东尼·莱万多夫斯基。

他和他的暗战

2003 年时任 DARPA 主任的托尼·特瑟，多年后在回忆第一届 DARPA 无人驾驶挑战赛时专门提到了"幽灵骑士"。他说："加州大学伯克利分校的安东尼·莱万多夫斯基领导的团队带来了参赛车辆中唯一的一辆两轮车。"

在比赛中，莱万多夫斯基启动马达，走开……然后，摩托车立刻翻倒，他的比赛结束了。事后发现，莱万多夫斯基竟然忘了启动保持摩托车平衡的陀螺仪。尽管比赛的过程有些让人忍俊不禁，但莱万多夫斯基被许多人记住了。

2006 年，特伦创立 VueTool 公司，立刻招募了莱万多夫斯基。伴随谷歌收购 VueTool 的交易，特伦、莱万多夫斯基以及其他团队成员加入谷歌，推进街景项目。之后在"车伏"项目中，莱万多夫斯基主要负责硬件采购、开发和建造。

2010 年，顺利完成佩奇和布林为团队设计的 10 条总里程约 1609

公里的挑战性线路后，特伦升任谷歌最机密的 X 实验室的主任，工作重心转向谷歌 X 的运营。渐渐地，厄姆森和莱万多夫斯基开始明争暗斗。2015 年 8 月，厄姆森甚至写邮件给谷歌的人力资源部门，坦言应该解雇莱万多夫斯基，因为他从两个不同的渠道获悉，莱万多夫斯基正在从公司挖人，试图跳槽到优步。虽然早已知道莱万多夫斯基过往"吃里爬外"，但佩奇依然袒护他，命令一定要留住这位"宠臣"。

而在洛杉矶，另外一个男人，正在虎视眈眈。

对簿公堂

2009 年，特拉维斯·卡兰尼克在洛杉矶创立优步。2012 年，约翰·齐默创立来福车，提出要"取代汽车拥有权"。之后的 2013 年 1 月，优步也推出拼车服务 UberX。共享出行从湾区、洛杉矶快速扩张到全世界。

2015 年"萤火虫"在奥斯汀惊艳亮相之后，"车伙"项目再一次被放大在聚光灯下。佩奇在接受采访时，只是笼统地介绍了"萤火虫"，对于未来的长期计划三缄其口。但是优步的卡兰尼克坐不住了，他找到佩奇询问答案。根据后来公布的相关证词，佩奇表示谷歌确实是在考虑提供某种出行服务，和优步有竞争则是之后的事情。

但是马尔科夫在《纽约时报》上的一篇文章再次让卡兰尼克忧心忡忡，他在文章中评论"萤火虫"时提到，一个可能的用途是"无人驾驶出租车"。2015 年 1 月在底特律的北美国际汽车展上，厄姆森在接受媒体访问时公开谈论谷歌对于自动驾驶拼车服务的兴趣。几个月后，卡兰尼克和佩奇会面的时候，佩奇明确表示，谷歌正在考虑将自动驾驶汽车的机会变现，拼车服务是谷歌正在考虑的选项之一。

2015 年 2 月，优步与卡内基梅隆大学的国家机器人工程中心

（NERC）结成战略联盟，随后的半年内将其6名研发领军人物和34名工程师集体挖走，在匹兹堡设立了优步先进技术集团（ATG）。

2016年1月，莱万多夫斯基从谷歌离职，随后创办了自己的自动驾驶卡车公司。仅仅半年后，他就把公司卖给了优步，并且成为优步无人驾驶团队的负责人。谷歌随后将优步告上法庭，并且拿出证据说，莱万多夫斯基在离职之前，下载了大约14000份文档，而优步的供应商帮助其生产的电路板设计与谷歌自己的设计极其类似，而电路板设计的相关文件就在莱万多夫斯基下载的文档中。

最终，谷歌和优步选择和解，优步解雇莱万多夫斯基，美国联邦检察官指控莱万多夫斯基犯有盗窃商业机密罪，最后他被判入狱18个月。

在谷歌和优步上演江湖恩怨情仇期间，自动驾驶产业正在酝酿一场狂飙突进的活动，资本和人才都已经集结完毕。万事俱备，只欠东风，大家翘首以盼，等待大幕开启！

这场积蓄了半个多世纪的科技旋风，伴随着棋子在棋盘上的落下，开始刮起来了。

6. 人工智能风起云涌

2015年10月20日，谷歌的"萤火虫"在得克萨斯州奥斯汀的街头惊艳亮相，震惊世界；而就在五个月之后，在韩国首尔举行的一场比赛，如同那只亚马孙雨林的雨蝶，轻轻地扇动了翅膀，然后引起了一场风暴，甚至可以说，开启了一个新的纪元。

2016 年 3 月，谷歌的 AlphaGo 战胜世界围棋冠军，来自韩国的李世石。从此之后，全世界都在说着同一个单词：AI，人工智能！

人工智能早期的曲折发展

1950 年，时任曼彻斯特大学计算机实验室副主任的艾伦·图灵在《思维》杂志上发表了其著名论文《计算机器与智能》，并提出了如今广为人知的图灵测试。同年，克劳德·香农提出计算机博弈，让机器产生智能的这一想法开始进入人们的视野。

1955 年的夏天，后来被称为"人工智能之父"的约翰·麦卡锡，当时还是美国达特茅斯学院数学系的助理教授，利用暑期的时间来到 IBM 做学术研究，结识了 IBM 第一代通用机 701 的主设计师纳撒尼尔·罗切斯特。两人对于神经网络都表现出浓厚的兴趣，决定第二年夏天在达特茅斯搞一次活动。

于是麦卡锡联系了当时已经在贝尔实验室的克劳德·香农，还有当时在哈佛大学担任初级研究员的马文·明斯基，一起给洛克菲勒基金会写了项目建议书，希望得到支持。这个活动的名称叫作"人工智能夏季研讨会"（Summer Research Project on Artificial Intelligence）。

麦卡锡在晚年时候也坦承，人工智能这个词最早也是从别人那里听来的，但记不清是谁了。当时更多的是想让活动看起来别出心裁，于是写上了"人工智能"这个名字。

1956 年，达特茅斯会议举行。参会的摩尔、麦卡锡、明斯基、塞弗里奇、所罗门诺夫等，作为人工智能的开创者，后来都成为各自领域的领军人物。其实当时，大家对于"人工智能"还没有特别一致的认识。10 年后的 1965 年，加州大学伯克利分校的休伯特·德雷弗斯发表了《炼金术与人工智能》一文之后，"人工智能"的名字才逐渐被广泛认可。

1959 年，麦卡锡发明的函数式处理语言 LISP 成为人工智能程序设计的主要语言。1968 年，爱德华·费根鲍姆提出首个专家系统DENDRAL，并对知识库给出了初步的定义。1975 年，马文·明斯基在论文《知识表示的框架》中提出人工智能知识表示的框架理论。到了1980 年，卡内基梅隆大学为 DEC 公司开发了一个名为 XCON 的专家系统，取得巨大成功。1985 年，朱迪亚·珀尔提出贝叶斯网络……

但是受制于学科经费、人工智能学科研究的单一性，以及数学工具，早期的人工智能一直在波折中发展。

以环境感知的"有限"应对"无限"难题

作为人工智能的落地场景之一，20 世纪的七八十年代，机器人和早期人工智能的结合，有力地推动了移动机器人的研究进入崭新的纪元。

人类一直在对移动的机械构造进行孜孜不倦的探索。古希腊数学家亚历山大曾经留下对自动装置的运算推导，多才多艺的文艺复兴巨匠达·芬奇曾经留下一张看起来像骑士的机器人设计草图，现在推测大约在 1495 年完稿。达·芬奇将机器人设计成一个骑士的模样，身穿中世纪盔甲，可以做出坐起、摆动双手、摇头、张开嘴巴等动作。

进入现代工业时代之后，用机器人代替人进行劳动，成为学科研究和发展的重要推动力。1954 年，第一台现代可编程的"机械手"由美国发明家乔治·德沃尔注册专利，之后他还制造了世界上第一台可编程的机械手"Unimate"，后来被广泛应用到机械和汽车行业。

1961 年，斯坦福国际研究院（SRI）的查理·罗森提出移动机器人的构想，并获得了 DARPA 的资金支持。1969 年，斯坦福国际研究院发布了一段 24 分钟的视频，名为"Shakey：机器人学习和计划中的实验"。

在影片中，Shakey 装备了电子摄像机、三角测距仪、碰撞传感器以及驱动电机，通过无线通信系统由两台计算机控制、感知和分析环境并规划行动路径。虽然当时的 Shakey 行进速度非常缓慢，往往一个动作需要数小时进行决策，但是"环境感知"—"规划决策"—"执行控制"的关键技术以及架构，已经完成。

同时我们也发现，1979 年，汉斯·莫拉维克在斯坦福大学进行的"斯坦福推车"实验，也是依靠视觉导航，通过计算和周围障碍物之间的距离，由电脑远程操控"推车"绕过障碍物行进。后来在 DARPA 无人驾驶挑战赛，无论是卡内基梅隆大学的厄姆森及其团队，还是斯坦福大学的特伦团队，都延续了汉斯·莫拉维克对于移动机器人的研究思路，通过传感器采集外部信息，建立起对于周围环境的模型，然后根据地图进行路线规划，最后给予汽车行进指令，使汽车完成驾驶行为。

在自动驾驶早期的探索过程中，"环境感知""规划决策""执行控制"中最难的，就是"环境感知"，或者说，如何以车辆自身为中心，建立起三维坐标。人类的大脑可以通过学习、抽象思考、联想、自我学习等，以并行结构进行信息处理。但是早期的人工智能，是无法做到自我学习和提升的，而算法也无法覆盖道路上无穷无尽的可能性。如何在人工智能底层逻辑上取得突破，在"环境感知"以及定位技术方面取得进展，成为发展智能驾驶技术遇到的重大课题。

这个难题，在 21 世纪进入第一个 10 年的初期，终于被破解了。

深度学习的出现

改变和影响整个人工智能产业的深度学习和神经网络，曾经并不是主流的研究领域。

早在 1957 年，弗兰克·罗森布拉特就在一台 IBM-704 计算机上模拟实现了一种他发明的叫作"感知机"（Perceptron）的神经网络模型。该模型使用一个穿孔卡片计算机，面积大到占满了整个房间。在经过了 50 多次尝试之后，计算机学会了分辨左边标记记号，以及右边标记记号的图片。

1969 年，麻省理工学院的马文·明斯基和西摩·帕尔特发表论文，用数学的方法证明这种神经网络只能实现最基本的功能，在应用领域作用有限。他们认为，这种神经网络模型只有两层神经元，一个输入层和一个输出层。如果在输入层和输出层之间加上更多的网络，理论上可以解决大量不同的问题，但是没人知道如何训练它们。

但是，杰弗里·辛顿（Geoffrey Hinton）偏偏不信。1986 年，辛顿和多伦多大学的同事大卫·鲁姆哈特和罗纳德·威廉姆斯，发表了一篇后来被认为具有突破性的论文，详细介绍了一种叫作"反向传播"的技术。神经网络虽然能通过非线性激活函数解决理论上的异或问题，而反向传播算法也使得训练浅层的神经网络变得可能，但由于受到计算资源和技巧的限制，当时无法训练更深层的网络，实际的效果依然非常一般。

当大数据蓬勃发展之后，反向传播的作为才得以彰显。一直到 26 年之后，2012 年 10 月，斯坦福人工智能实验室主任、著名的计算机视觉大赛 ImageNet 创始人李飞飞教授，公布了比赛结果：辛顿和他的学生亚历克斯·克里泽夫斯基设计的卷积神经网络 AlexNet 以错误率比第二名低了整整 10% 的优异成绩获胜。在 2012 年之前，前五名参赛队错误率都在 25% 以上，而 AlexNet 取得了 16% 的错误率。之后，深度学习在计算机视觉和语音识别方面产生了巨大的影响，错误率呈现出陡然下降的态势。以计算式视觉为例，ImageNet 的前五名的错误率已经降低到了 3% 以内。

创办 ImageNet 的李飞飞教授，后来也成为人工智能领域最具盛名的专家之一，曾经担任过谷歌人工智能首席科学家。2019 年 3 月 18 日，斯坦福大学成立了以人为本人工智能研究院，李飞飞教授成为创院院长。

李飞飞出生于北京，童年生活在成都，15 岁时全家移民美国，在普林斯顿大学本科毕业后，李飞飞没有接受高盛的工作邀请，而是去西藏进行了一年多藏药的研究。之后才回到美国，在加州理工学院攻读博士学位，研究神经科学和计算机科学的交叉融合。

2006 年，李飞飞教授研究认为，人工智能的重要课题是视觉学习，而当时的进展有限，不是在模型上，而是在数据上。她在想，是否可以让计算机实现对各式各样的图像以及它们彼此之间的联系的学习，最后以此来识别物体。正是基于这样的思考，李飞飞教授创立了包含 1500 万幅图像的 ImageNet。

神经网络常常被比喻成许多层的三明治，以 HBO 的电视剧《硅谷》中的一个场景举例：团队需要开发一款程序，能够辨认图片中有没有热狗。

需要一张图片（例如 100×100 像素），神经网络通过算法读取照片，输入层每一个模拟神经元的兴奋值就是每一个像素的明亮点。于是，在三明治的底层，神经元的总数（100×100）代表图片中每个像素的明亮度。这一层结构被称为"特征提取层"。每个神经元的输入与前一层的局部接受域相连，并提取该局部的特征。当局部特征被提取之后，其与其他特征间的位置关系也随之确定。

然后，将这一层的神经元，与另一层神经元连接，最后推导到输出层，就出现了两个神经元，一个代表"热狗"，一个代表"没有热狗"。通过这样的训练，当图片中有热狗时，信号将仅传导到一个神经元，而没有热狗的时候，则仅传导到另一个神经元。这种训练方法，就是辛顿教授发明的反向传播技术。

反向传播的原理非常简单，但是需要大量的数据才能达到效果。刚刚创建神经网络的时候，神经元之间的连接强度是随机的，即每个连接传导的兴奋值也是随机的，我们可以将之类比为人脑的突触还没有完全成形。反向传播的目标就是通过不断的训练，改变数值，让神经网络发挥作用，并且在过程中，修正网络在特定训练数据中的错误。

首先，神经网络会分析最后两个神经元的错误程度；其次，分析传导至倒数第二层神经元中每个连接对该误差的作用大小，通过重复这些步骤，直至网络最底层的神经元连接；最后，通过改变每一个数字，将整体误差降至最低。这一方法被称为"反向传播"，因为误差是从网络的输出层逆向传播的。

辛顿教授后来接受采访时提到，当使用数百万甚至数十亿张图片进行训练时，神经网络会逐步提升其对于物体的准确度，而且在未经变成的情况下能够自行演变为上下多层结构。辛顿教授认为，神经网络可以抓取图像、文字、语音等数据，将它们放到（数学家所说的）高维矢量空间，使得这些事物之间的距离远近能反映真实世界的一些重要特点。

万事俱备，深度学习在聚光灯下，只需要一个场合，一个隆重登场的场合。2016 年的 3 月，这个历史机缘来到了。自从 1997 年，IBM 的深蓝战胜国际象棋棋王卡斯帕罗夫之后，围棋成为"人类智慧最后的堡垒"，但我们似乎已听到这堡垒摇摇欲坠的声音。

击破人类智慧最后的堡垒

2016 年 3 月，Deep Mind 创始人，AlphaGo 以碾压性的 4：1 的优

势战胜围棋世界冠军、韩国棋手李世石。曾经被认为是"人类智慧最后的堡垒"的围棋，也被人工智能攻陷，《自然》杂志悲观地说道，"人类最后的智力骄傲，崩塌了"。之后许多悲观的言论甚嚣尘上，2017 年《纽约客》的杂志封面漫画甚至预言，人类未来终有一天要向人工智能乞讨。悲壮程度，好似弗兰克·赫伯特笔下《沙丘》中的巴特勒圣战。

为何围棋会如此困难呢？首先，在围棋中，平均每一个棋子有两百个可能的位置；其次，更重要的是，几乎没有一个合适的评价函数来定义谁是赢家，赢了多少；最后，只是双方数一下各自的棋子圈出的空间，比较而得出最后的结果。所以在许多研究文章中，围棋被称为一个靠直觉和灵感，而非计算的游戏。

AlphaGo 是一款由四个模块组成的人工智能程序，其中包括：策略网络、快速走子、价值目标以及蒙特卡洛树搜索。其中，策略网络主要是结合给定的当前局面，预测并进行下一步的走棋；快速走子的目标和策略网络一样，但是在适当牺牲走棋质量的条件下，其速度要比策略网络快 1000 倍；价值目标用来估算当前局面的胜率；最后的蒙特卡洛树搜索用于估算每一种走法的胜率。

AlphaGo 首先通过学习上百万份棋谱，来了解在棋盘上任何一个落子点人类棋手将会做出的决定，然后再次通过学习，来了解出现类似落子情况的时候，更有可能获胜的走法。策略网络主要用于减少搜索的宽度（使搜索朝着几个恰当的候选项集中）；价值目标和快速走子主要用于减少搜索的深度（评估节点的质量，决策搜索是否继续往下进行）；蒙特卡洛树搜索选择节点质量度最高的子节点，作为 AlphaGo 下一步落子的位置。

于是，在接连战胜欧洲 60 多位围棋大师之后，AlphaGo 对战李世石一战成名，举世震惊。2018 年"AlphaGo 之父"杰米斯·哈萨比斯在英国《金融时报》撰文，写道，人工智能将成为科学家可以部署的解决方案，进而提升日常生活质量，使得所有人都能更快、更高效地工作。哈萨比斯进一步写道，如果可以广泛、适度地部署人工智能工具，创造一种生机勃勃的环境，让每个人都能参与并从中受益，那么就有机会丰富和推进人类的整体发展。

人工智能的旋风从 2016 年开始席卷全球，而且快速全面覆盖学术界、产业界和投资界，成为最热的方向。自动驾驶作为人工智能的落地场景之一，更是受到了极大的追捧。而深度学习证明了在某些领域，计算机已经可以战胜人脑，更是让许多人非常乐观地相信，自动驾驶在"环境感知"以及定位技术方面的障碍，可以尽快被突破，于是聚光灯再次来到硅谷。

但是在聚光灯下，超豪华的谷歌团队开始逐步解体，而许许多多新的势力，正在崛起。

7. 群雄逐鹿在硅谷

2015 年 2 月，美国宾夕法尼亚州匹兹堡。

厄姆森再一次走出他熟悉的卡内基梅隆大学，但是这一次，他脸上满是失望。刚刚结束与卡内基梅隆大学国家机器人工程中心的交流，他很清楚地知道，优步与中心结盟之后，一定会大举招募中心的重要人才。谷歌在这场人才的争夺战中，落后了。

厄姆森在给佩奇的邮件中，提到优步正在招募人才，同时他提到，交通运输行业即将迎来下一次革命，而现在，谷歌还拥有选择权。厄姆森最后说道，谷歌可以选择成为历史的主角，也可以成为历史的注脚，现在是需要做出选择的时候了。

这封邮件迟迟没有得到回复。半年后，佩奇和布林告诉厄姆森，他们聘请了克拉富西克，担任谷歌无人驾驶团队的负责人。厄姆森的脸上，满是失落……

来自底特律的声音

早在 2010 年，谷歌的"车伕"项目团队刚刚完成 10 条总里程约 1609 公里的挑战性线路后，厄姆森和莱万多夫斯基就前往底特律，接触各大汽车制造商，以及配套零部件的一级供应商。底特律与硅谷之间的分歧，开始慢慢显现。汽车厂商的高管们对于无人驾驶的安全性始终抱有疑虑，而谷歌的工程师们希望快速推进无人驾驶的技术落地，对于底特律的决策速度也忍无可忍。

收集的信息显示，谷歌曾经邀请菲亚特克莱斯勒旗下的道奇品牌的高管，试乘谷歌的无人驾驶汽车，结束试乘之后，那位高管拒绝评论，转身离去。

此外，谷歌与通用汽车在技术展示的过程中也发生了很多不愉快的事件，曾经有传言说，在封闭车道驾驶期间，谷歌的员工试图展示漂移技术，但是最后却让汽车撞翻了安全锥筒。通用汽车的一位经理非常生气，当即要求谷歌的团队离场。事后雪佛兰的团队也终止了与谷歌的进一步合作。

此外，谷歌的团队也和福特汽车进行过接触，资料显示，福特汽车的团队希望和谷歌在地图、音乐等领域开展合作，而谷歌团队只想谈论无人驾驶汽车，最终双方的谈判不欢而散。

谷歌和日本汽车厂商的沟通更是困难重重，本田汽车硅谷办事处的杉本事后接受采访时表示，日本汽车厂商（本田汽车）和谷歌，双方都不知道自己要什么，也没有听懂对方想要什么。

2015年10月20日，"萤火虫"在得克萨斯州奥斯汀的10分钟无人驾驶，更是给了底特律明晰的信号，谷歌希望和底特律在汽车产业一较高下。也是在2015年，苹果"泰坦计划"也被科技媒体曝光。不久，通用汽车和福特汽车明确表示无意在未来与无人驾驶汽车有牵连。

厄姆森后来回忆道，自己好像和底特律的汽车人们，真心谈不到一起。所以他想到了"萤火虫"，希望由自己造出无人驾驶汽车。而佩奇和布林却有着不同的观点，他们希望与底特律和平共处。另外，佩奇也已经在考虑无人驾驶技术的商业化了。2015年8月，谷歌新任财务管理露丝·波拉特走马上任，更是进一步加大了谷歌内部研究项目商业化的压力。

连接底特律和硅谷的克拉富西克

2015年9月，谷歌宣布，聘请约翰·克拉富西克，担任谷歌无人驾驶团队的负责人。克拉富西克从麻省理工学院毕业后，曾经访问了15个国家的90多家汽车工厂，研究日本公司为什么比美国公司更善于制造汽车。后来，克拉富西克曾经担任现代汽车美国公司的首席执行官，并帮助公司在2008年金融危机之后，逆势取得销售额的增长，一时间轰动底特律。最高峰的时候，克拉富西克曾经被认为是福特汽车和通用汽车的首席执行官继任人选。之后，克拉富西克担任了在线汽车购买网站TrueCar的总裁，所以他也被硅谷当作科技圈人士。

克拉富西克上任，向底特律传递了非常清晰的信号，即他想要打造更好的驾驶体验，而不是汽车，不会和底特律进行竞争。克拉富西克曾经用 3 万亿和 1700 万两个数字来阐释他的理念，他说，3 万亿指美国的汽车在一年中行驶的总路程是 3 万亿英里，而 1700 万是美国一年的新车销量，如果汽车公司平均每卖出一辆车，可以获得 1400 美元的利润，那相当于一辆行驶 15 万英里的汽车，每英里仅能带来 1 美分的收益。

所以，克拉富西克总结道，汽车行业在 100 年历史中，关注的都是汽车的产量，而他认为，现在是需要聚焦于汽车行驶总路程的时代。

2015 年 12 月，谷歌无人驾驶团队从谷歌 X 实验室剥离，成为新的无人驾驶公司 Waymo 独立运营。在 Waymo 成立的声明中，克拉富西克也提到，Waymo 是无人驾驶技术公司，而不是无人驾驶汽车公司。他希望帮助司机更好地驾驶车辆，而不是制造更好的汽车。

不久，克拉富西克与菲亚特克莱斯勒的首席执行官塞尔吉奥·马尔乔内宣布，Waymo 将和菲亚特克莱斯勒合作，将其硬件和软件算法，整合到 100 辆大捷龙厢式旅行车内。这也间接宣布了谷歌无人驾驶团队曾经震惊世界的"萤火虫"退役。同时，克拉富西克还宣布和全球知名的汽车租赁服务商安飞士·巴吉集团合作，让后者维护 Waymo 的车队。

出走谷歌，群雄逐鹿

2016 年 1 月，莱万多夫斯基写邮件给佩奇，说谷歌正在以很快的速度丧失技术优势，而且抱怨克拉富西克过度关注与外部汽车厂商的合作。之后不久，莱万多夫斯基辞职，并且很快成立了无人驾驶卡车公司 Otto。2016 年 8 月，厄姆森也辞职离开谷歌。就在同月，优步宣布收购 Otto。

几个月后，厄姆森创立了一家自动驾驶公司 Aurora，而谷歌也向优步提起诉讼。明争暗斗了许久的莱万多夫斯基和厄姆森，最终全部离开了谷歌。之后，戴夫·弗格森和朱佳俊创办 Nuro，布莱恩·萨尔斯基创办 Argo AI……

在克拉富西克到来的 18 个月内，谷歌无人驾驶团队的诸多创始元老们开始自立门户。曾经的无人驾驶"梦之队"，伴随着特伦的离开，以及克拉富西克到来后诸多元老们的离开，成为历史。而谷歌也因此成为无人驾驶行业的"西点军校"。

虽然人来人往以及创始元老之间明争暗斗，加速了谷歌无人驾驶"梦之队"的解体，但同时我们也应该看到，从 2016 年开始的人工智能狂潮，使得深度学习，特别是在计算机视觉方面的技术突飞猛进，无人驾驶 / 自动驾驶已经从一个安静的专注于研发的行业，变成了一场资本、商业化与速度的竞赛。

硅谷钢铁侠剑走偏锋

2003 年，美国两位工程师马丁·埃伯哈德和马克·塔本宁，在硅谷创立了特斯拉。2004 年进行 A 轮融资的时候，他们遇见了"硅谷钢铁侠"埃隆·马斯克。马斯克投入了远超过两位创始人意愿的资金，成为特斯拉的大股东和董事长。2008 年之后，马丁和马克都不再于特斯拉任职。

早在 1999 年，马斯克就创办了 X.com，解决网上快捷转账的问题，之后 X.com 与 Confinity 公司合并为 PayPal，PayPal2002 年上市。实现财务自由的马斯克，随即投资了特斯拉。2008 年，特斯拉交付第一款产品，Roadster，百公里加速仅需 4 秒，引起轰动。在新闻发布会上，马斯克发出豪言壮语，从今天起，所有其他的电动汽车都玩不下去了。伴随一阵笑声，马斯克的个性也在后来的时光中越来越被人所熟知。

2012 年，特斯拉推出了 Model S，刷新了市场对于电动汽车的认识。百公里加速仅需 4.2 秒，续航里程 400 公里，而且配备有隐形式门把手，最为吸引人的还是，车内巨大的触控屏控制台，非常酷！ 2013 年的 9 月 18 日，马斯克发布了一条推特，表示特斯拉要为 Model S 开发自动辅助驾驶系统（Autopilot），之后的 2015 年 11 月，马斯克表示要实现全面自动化，并且承诺在 2016 年，为所有的量产车型配备全自动驾驶系统（Full Self-Driving，FSD）。

2019 年，特斯拉举办第一次自动驾驶投资者日，马斯克在三小时的演讲中，详细展示了特斯拉自研的自动驾驶芯片，以及在自动驾驶方面的规划。其中，马斯克发布了不依赖激光雷达的方案，即通过收集自己的汽车以及车主在道路上的行驶数据，进而利用这些数据训练自动驾驶软件系统的"影子模式"，令硅谷的科技圈大感意外。这意味着，特斯拉与以谷歌和 DARPA 体系为代表的自动驾驶公司，走上了不同的技术路线。"硅谷钢铁侠"又一次剑走偏锋，为之后的争议以及惊讶，都埋下了伏笔。

桑尼威尔的暗流涌动

就在谷歌无人驾驶创始团队纷纷自立门户的同时，硅谷的桑尼威尔也发生着许多人来人往的故事。当时在硅谷，这些年轻的华人科技精英们并不在聚光灯下，有关他们的故事，更多是华人科技圈以及留学生茶余饭后的笑谈。但是十多年后，他们带着中国市场的耀眼成绩单，重新回到了硅谷。

而故事的开始，在 2011 年年初的库比蒂诺。

那一年，包括百度董事长兼 CEO 的李彦宏在内的百度高管们一致认为，需要进军硅谷了。百度需要在硅谷设立研发机构，招募最好的研发人员，给到他们最具挑战性的项目，进一步加速百度的发展。2011 年 7 月，百度美国研究院（以下简称百度美研）在苹果公司的总部所在地库比蒂诺，设立了第一个办公室。

百度美研的第一个员工就是人力资源总监，招募到的第一个员工就是彭军（James），彭军主要担任主任架构师。彭军曾经在谷歌广告团队工作过 8 年。库比蒂诺的办公室很快就坐满了，百度美研于是在 2013 年搬到了桑尼威尔，之后吸引了许多来自谷歌、微软、亚马逊、摩托罗拉等美国科技公司的专家。在 2014 年，人工智能领域的顶尖专家，斯坦福大学计算机科学教授吴恩达受聘成为百度首席科学家，负责百度的整个研发体系。

人工智能的高速发展，以及 DARPA、谷歌为整个自动驾驶行业奠定的人才优势和技术积累，在 2015—2016 年达到引爆点，最为顶尖的人工智能专家和工程师齐聚硅谷，许多自动驾驶的初创企业在软银、YC（Y Combinator）孵化器等资本的加持下，快速发展，像极了领英创始人里德·霍夫曼的著作《闪电式扩张：不确定环境下的急速增长策略》中描绘的场景。

当自动驾驶在硅谷发展得风起云涌的时候，远在底特律的汽车厂商也在进行着布局。虽然说着不想和自动驾驶有牵连，但是变革的声音已经逐渐清晰，它们不会坐等变革的到来。

通用汽车公司，出手了！

谷歌自动驾驶汽车在美国得克萨斯州奥斯汀载人运行

2015年

通用汽车宣布收购Cruise

2016年

百度在乌镇展示无人驾驶车队

2015年

谷歌成立新的无人驾驶公司Waymo

2016年

优步在匹兹堡开展自动驾驶出租车测试

2016年

第二章

从狂飙突进到冬去春来

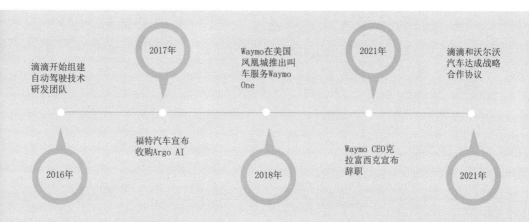

滴滴开始组建自动驾驶技术研发团队

2017年

Waymo在美国凤凰城推出叫车服务Waymo One

2021年

滴滴和沃尔沃汽车达成战略合作协议

2016年

福特汽车宣布收购Argo AI

2018年

Waymo CEO克拉富西克宣布辞职

2021年

1. 渐进演化与一步直达

早在 2014 年，国际汽车工程师协会（以下简称 SAE）就对自动驾驶制定了 6 个级别的标准，描述了驾驶员辅助系统和自动驾驶系统的能力。级别范围为从 L0 级辅助驾驶到 L5 级完全自动化。在 2021 年，SAE 更新了对自动驾驶的等级定义，作为新的通用准则。

在 SAE 的新规则中，从 L0 级到 L2 级系统被命名为"驾驶员辅助系统"。在辅助系统框架范围内，仅限于提供警告和瞬间帮助（L0 级）、提供车道居中或自适应巡航控制（L1 级），同时提供车道居中和自适应巡航控制（L2 级）。驾驶员辅助系统要求驾驶员不断监督，并根据需要进行转向、制动或加速。在驾驶员辅助系统框架内，驾驶员是驾驶的主体，必须作为主体进行全程的驾驶。

而 L3 级至 L5 级则被视为"自动驾驶系统"。L3 级和 L4 级自动驾驶系统可以在有限的条件下驾驶车辆，除非满足所有条件，否则不会开启自动驾驶系统。L5 级自动驾驶系统可以在所有条件下驾驶车辆。SAE 规定，对于 L3 级，当车辆达不到自动驾驶要求时，必须由人类来驾驶。对于 L4 级和 L5 级，自动驾驶车辆将不要求人类接管。在自动驾驶系统框架内，当自动驾驶功能开启后，驾驶员不再是驾驶的主体。

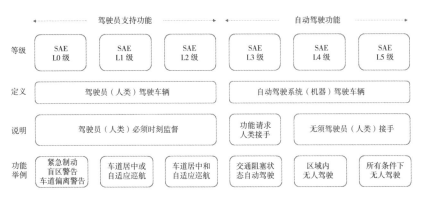

SAE 驾驶自动化分级说明

渐进演化：从 ADAS 开始过渡

根据 SAE 公布的新规则，L0—L2 级系统，其实就是汽车厂商已经提供的非常成熟的高级驾驶辅助系统（Advanced DRIVE Assist System，以下简称 ADAS）。基于主要应用的摄像头和雷达，ADAS 的常用功能可以分为三类。

首先，预警类，包括车道偏离预警（LDW）、前方碰撞预警系统（FCW）等；其次，主动控制类，包括自适应巡航（ACC）、自动紧急刹车（AEB）、车道保持系统（LKS）等；最后，其他辅助类，包括盲区检测系统（BSM）、行人检测系统（PDS）、汽车夜视系统（NVS）等。

根据罗兰贝格的研究，在 2020 年，中国和美国 ADAS 仍然以 L0 级和 L1 级为主，L2 级及以上的 ADAS 渗透率都不足 10%。而欧盟因为从 2013 年开始，要求新车必须装配电子稳定控制（ESC）与防锁死刹车系统（ABS），并且从 2014 年开始，欧盟将 ADAS 中的部分功能纳入其安全评级系统，所以欧盟在 L2 级及以上级别 ADAS 的渗透率达到 14%。

在全球的 ADAS 市场，市场集中度较高的头部企业均为传统的零部件巨头企业，例如博世、大陆、安波福等；在国内，华域汽车、德赛西威、均胜电子等也具有一定优势。正是因为拥有比较成熟的产品体系，以及与供应商建立了长期合作，大部分汽车生产企业主机厂，都希望采用渐进演化的方式，来逐步从 ADAS 过渡到自动驾驶。

同时，中国消费者对于 ADAS 的接受程度也逐步提升。《2021 麦肯锡汽车消费者洞察》显示，九成消费者认为 ADAS 具有意义，而且 10%~35% 的消费者愿意为 L2 级的 ADAS 支付 2200~4100 元的价格。

一步直达：直接研发自动驾驶系统

相比较传统的汽车生产企业，主机厂通过自研以及与供应商长期合作，逐步从 L2 级过渡到 L3 级甚至更高级别的自动驾驶；以 Waymo 为代表的高科技公司，则另辟蹊径，研究一步直达的自动驾驶系统，对应 SAE 等级划分中的 L3 级甚至更高级别。而且，许多科技企业都具备从底层多传感器融合，一直到自动驾驶核心算法模块的完整布局。

但是正如 SAE 规定的，对于 L3 级，在自动驾驶功能无法实现的情况下，必须由人类来驾驶。从 L2 级到 L3 级是一个非常大的技术飞跃。全球知名的汽车零部件供应商，法雷奥的中国区 CTO 顾剑民博士在演讲中曾经分享道，目前的难点还不在 L4 级，而在实现从 L2 级到 L3 级的非常大的技术飞跃，其中有性能、鲁棒性，以及验证的工作量和时间上的增加。此外，冗余性也是一个重要的指标。在从 L2 级跃进到 L3 级时，需要传感器增加冗余的感知。

底层逻辑的不同

传统汽车企业选择渐进演化，从 ADAS 开始过渡；而科技公司则希望一步直达，直接研发自动驾驶系统，背后最大的底层逻辑的不同在于：传统汽车企业还是依靠销售车辆取得收入的，因此安全性是它们永远放在第一位的；而科技公司更多依靠销售软件和服务取得收入，因此技术的领先性是它们的第一追求。

我在汽车企业负责自动驾驶项目时，曾经和国内诸多科技企业有过合作。我们和科技企业的法务部门在侵权的法律责任方面有过长时间的讨论和交流。因为自动驾驶的算法属于"黑箱"，决策过程很难为外界所知悉，技术壁垒以及保密性使得举证存在极大困难。此外，自动驾驶的主体涉及汽车生产商、系统集成商，以及汽车使用者，这使得损害责任承担也存在问题。因此汽车企业常常要求科技企业承担更多的义务，例如购买大额的保险等。

从这个底层逻辑出发，我们可以推导，传统汽车企业因为需要考虑车辆的销售，所以需要在量产时间、成本控制、产品配置、技术需求等诸多条件中达成最佳的平衡，所以很多时候会放弃使用过于领先的技术。同时，传统汽车企业在技术储备、量产经验上其实是具有超过几个身位的优势的。

而科技公司更多需要考虑技术的领先性，所以在没有物理生产、量产要求的情况下，可以更加自由地依赖完善的软件开发、测试流程以及人才储备，从高阶的自动驾驶技术起步。但是因为科技公司不具有量产整车的经验，同时软件很难直接接入车辆的底盘控制器算法。

正是因为底层逻辑的不同，所以长时间以来，底特律和硅谷似乎自说自话，很难走到一起。也正是出于这样的原因，厄姆森需要带领谷歌的"车伕"团队开发"萤火虫"；同样是出于这样的原因，克拉富西克上任伊始就传递出清晰的信号，即谷歌致力于打造更好的驾驶体验，而不是汽车，他不会和底特律进行竞争，反而会增进双方的合作。

硅谷已经向底特律递上了橄榄枝，而底特律也在悄悄地发生变化，并且一出手，就给了整个世界一个大大的感叹号。

2. 两个 10 亿美元的收购案

2015 年 12 月，美国密歇根州底特律。

曾经担任通用汽车副总裁的劳伦斯·伯恩斯，在浏览网页时看到了通用汽车 CEO 玛丽·巴拉在领英上发表的一篇文章，在文中玛丽谈到，未来 5 年到 10 年汽车工业将比之前的 50 年有更多的变化，她承诺将带领通用汽车引领行业的转型。

让伯恩斯更加感兴趣的是这篇文章的标题——《2016 年：底特律与硅谷相遇的一年》。伯恩斯隐约感觉到，有些重要的事情应该会马上发生。

2016 年 3 月 11 日，通用汽车宣布收购 Cruise 公司，加速研发自动驾驶汽车。根据事后公布的消息，通用汽车收购 Cruise 的价格是：10 亿美元！

Cruise？谁是 Cruise？

当特伦与厄姆森在 DARPA 无人驾驶挑战赛双星闪耀时，也许没有人注意到来自麻省理工学院团队的一位本科生，他叫凯尔·沃特。聚光灯下的是卡内基梅隆大学以及斯坦福大学，麻省理工学院团队的成绩非常一般，但是在沙漠的风暴中，沃特一发不可收拾地爱上了自动驾驶汽车。

但是他的第一桶金却来自游戏直播平台。2006 年，贾斯汀·坎和埃米特·希尔萌生了搭建流媒体直播平台的想法，于是发了一封"寻找硬件黑客"的邮件给麻省理工学院的列表服务器。一个大三学生马上回复了他们。贾斯汀和埃米特在麻省理工学院的咖啡店里简单告诉了这个大三学生他们的想法，然后飞往旧金山。但是他们在刚刚着陆时候，就收到了一封电子邮件，里面详细说明了如何构建这个直播平台。

这个大三学生，就是凯尔·沃特。

于是，沃特来到了硅谷，领导了 Justin.tv 的开发，Justin.tv 后来在此基础上发展成为 Twitch。2014 年，亚马逊以 9.7 亿美元收购 Twitch。

实现财务自由的沃特，放不下对自动驾驶的热爱，在 Twitch 如日中天的时候选择了离开，然后用三个月的时间完成了从 Cruise 的项目立项到车辆改造。在 YC 孵化器的展示日，沃特的奥迪 S4 在 101 高速上完成了自动驾驶。

YC 孵化器之前从来没有参与过自动驾驶相关项目的孵化，这是他们第一次投资此类项目。YC 孵化器的创始人萨姆·奥特曼后来接受采访时谈道，投资 Cruise 就是选择沃特，因为他是非常难得的天才，是他见过的唯一一个在三个月内可以为一个完全空白的项目制作出完整的软硬件原型的企业家。

借助在 YC 孵化器展示日上的惊艳表现，Cruise 成功拿到了 430 万美元的融资。成立初期，Cruise 希望直接为消费者提供车辆改装套件，使得普通的车辆也具有有限的自动驾驶能力。但是随后他们发现，为如此多型号的车辆定制自动驾驶套件，是个相当复杂的事情，这项业务在一年多的时间内也没有什么起色。

2015 年，沃特决定改变策略，将业务重点转移到为汽车公司提供自动驾驶汽车的软件开发服务，并且在当年的 6 月，获得了美国加州机动车辆管理局的自动驾驶车辆路测牌照。在这个阶段，谷歌的自动驾驶汽车已经开始悄悄地上路测试，底特律的汽车巨头们也开始悄悄地关注这些正在蓬勃发展的自动驾驶初创公司。

在 YC 孵化器安排的商业对接会议上，沃特见到了通用汽车的总裁丹·阿曼。之后通用汽车的高层频繁造访 Cruise，丹·阿曼后来接受采访时表示，通用汽车的高层领导人不仅对 Cruise 以及沃特团队的技术非常感兴趣，而且也非常爱惜这些人才。

2016 年 3 月通用汽车官方宣布后，许多科技媒体才后知后觉地聚焦 Cruise，他们发现这家价值 10 亿美元的公司，全部员工仅有 40 人，而且手上连个真正成形的产品都没有。

玛丽：学会与科技公司合作共存

Cruise 被通用汽车收购后，通用汽车 CEO 玛丽·巴拉表示，传统汽车行业应该学会如何与硅谷科技公司合作，她并不希望通过技术控制和企业整合来扼杀硅谷企业的创新基因。在这样的大背景下，Cruise 在通用汽车体系内部，基本上作为一个独立的部门来运行。

一年之后，Cruise 的员工规模就达到了 200 人，但是丹·阿曼希望速度更快。他希望 Cruise 尽快落地自动驾驶出租车业务，推出一个打车软件，同优步、来福车、Waymo 等出行公司、自动驾驶科技公司同台竞技。

在磨合的过程中也会遇到许多问题，Cruise 重视速度，而通用汽车更加重视产品的安全性和耐用性。但是互相学习也在融合过程中渐渐开展。通用汽车自动驾驶技术部门开始学习 Cruise，每天只安排 15 分钟的电话会议，安排解决团队遇到的关键问题。同时 Cruise 也开始感受到通用汽车品牌所带来的优势，以及工程师资源的重要性。

2017 年，科技媒体曝光了 Cruise 基于雪佛兰 Bolt EV 开发的自动驾驶汽车，车内没有方向盘和刹车油门踏板，而且配备了多达 21 个测距雷达、16 个摄像头以及 5 个激光雷达。加州机动车辆管理局近年来发布的报告显示，Cruise 在平均脱离行驶里程中，已经在逐步缩小和 Waymo 的差距，并且遥遥领先于后来的追赶者。

在成绩的背后，是 Cruise 不断增长的研发费用，公开资料显示，Cruise 在 2018 年亏损 7.28 亿美元，2019 年亏损超过 10 亿美元。为了继续保持 Cruise 的创新发展，软银的愿景基金向其投资 22.5 亿美元，随后，本田汽车也宣布向其投资 7.5 亿美元，并且承诺在未来 12 年内再投资 20 亿美元。

但是 2018 年 11 月，通用汽车宣布，丹·阿曼将担任 Cruise 的 CEO，沃特将担任总裁兼首席技术官。这个业内罕见的做法，显示了 Cruise 在通用汽车未来技术体系中的核心作用。而丹·阿曼入主 Cruise 之后，也在积极尝试并加快推进商业化。

又一个 10 亿美元公司

就在通用汽车以 10 亿美元收购 Cruise 之后的一年多，2017 年 2 月，北美又一家汽车巨头，福特汽车宣布，收购自动驾驶初创企业 Argo AI。收购金额也是惊人的 10 亿美元。

此时，距离 Argo AI 成立，仅仅三个月的时间，Argo AI 完全没有发布任何正式产品。

翻看 Argo AI 有限的介绍，我们才恍然大悟，福特汽车根本不是冲着什么公司或者产品去的。给到 10 亿美元的投资，福特汽车就是希望锁定两位自动驾驶的顶尖人才，即 Argo AI 的两位创始人，布莱恩·萨尔斯基，以及彼得·兰德。

萨尔斯基来自谷歌，曾经是"车伏"的早期创始团队成员，负责硬件开发。他也是 2007 年获得 DARPA 无人驾驶挑战赛城市挑战赛冠军的团队成员之一。兰德来自优步，曾经担任工程主管，负责项目的商业化，同样来自卡内基梅隆大学。

除了两人能力的全面性和互补性，更重要的是，萨尔斯基和兰德在学术界、科技界的双重背景和人脉，可以帮助福特汽车吸引更多的自动驾驶人才。在福特汽车收购 Argo AI 之后，时任福特汽车 CEO 的马克·菲尔兹，也谈到希望 Argo AI 快速扩张团队，使团队总人数达到 200 人。

两年之后的 2019 年 7 月，全球汽车巨头，大众汽车和福特汽车共同宣布，进一步强化、扩展双方在全球的联盟。其中大众汽车向 Argo AI 投资 26 亿美元，包括 10 亿美元的投资以及估值 16 亿美元的自动驾驶子公司 AID。

目标: 2020 年

时间回到 2017 年，在福特汽车收购 Argo AI 之后，福特汽车对外公布了其在自动驾驶方面的计划，短期计划是在 2021 年实现 SAE L4 级的自动驾驶，未来也考虑向其他公司出售技术许可。更为激进的计划来自通用汽车，在收购 Cruise 之后，通用汽车的计划是在 2019 年，实现 L4 级的自动驾驶。

在通用汽车和福特汽车之后，众多传统汽车企业也纷纷走上前台，公布在自动驾驶领域的计划。例如，宝马宣布在 2021 年推出 L3 级自动驾驶、沃尔沃宣布在 2021 年实现 L4 级自动驾驶、本田宣布在 2020 年实现 L3 级自动驾驶……在从 2017 年到 2019 年的全球各大汽车展、北美国际消费类电子产品展览会等展会上，自动驾驶几乎是汽车企业无法避免的关键词。汽车企业开始全面拥抱自动驾驶，属于自动驾驶的黄金年代，正在开启。

也许回望历史我们才发现，2015 年 10 月 20 日，"萤火虫"在奥斯汀的街头慢慢开过，这短暂的 10 分钟，其实是划时代的。当自动驾驶以这样一种很可爱，但又很激进的方式出现在众人的视线中时，科技行业开始狂欢，而汽车行业开始陷入徘徊和震惊之中。

于是，有了 2016 年和 2017 年两次不可思议的 10 亿美元投资。从 2015 年之前的漠视和冷笑，到 2017 年开始全面拥抱自动驾驶，时间仅仅过去了两年而已。而且更加令人兴奋和不安的是，当这些汽车巨头加入战局之后，自动驾驶的实现，有了一个非常清晰的时间节点：2020 年。站在当时来看，就是在 3 年到 4 年之后，自动驾驶就会实现！

每个人都在等待，这奇迹到来的那天！

3. 来自汽车行业的追赶步伐

2017 年 3 月 6 日，瑞士日内瓦。

"汽车行业的未来，是乐观还是悲观？"

这个掷地有声的问题，来自时任大众汽车 CEO 的马蒂亚斯·穆勒。2017 年 3 月 6 日是日内瓦车展前的"大众之夜"。穆勒用这样一个问题开始了他的演讲。在 45 分钟的陈述中，穆勒几乎花了 1/3 的篇幅来介绍大众汽车在自动驾驶领域的实践。演讲结束后，大幕拉开，备受瞩目的无人驾驶概念车 Sedric 展示在大家的面前。

穆勒说道，Sedric 是一款面向未来的纯电动无人驾驶汽车，可以实现 L5 级自动驾驶。这款概念车将为大众汽车今后几年推出更多类似的车型开辟道路……

我隔着屏幕观看穆勒演讲，窗外已是北京的清晨，屏幕中蓝色背景下的 Sedric，不由让我想到那张拍摄于 2005 年 10 月 8 日的照片，在美国内华达州的莫哈韦沙漠，一辆大众途锐冲过了终点线。这是第一辆完成 DARPA 无人驾驶挑战赛的汽车，来自斯坦福大学的斯坦利。

"未来几年内，大众汽车将在自动驾驶领域投入几十亿欧元的资金用于研发。"穆勒在现场表示道。

Sedric 与大众的"2025 战略"

在 Sedric 的内部，看不到方向盘和油门踏板，也没有仪表盘。车内空间很大，在前后各设有两个座位，可以让乘客面对面沟通交流。最大的亮点，是在座舱内只设置了启动、停止以及呼叫三个按键，所有的功能都通过这三个键来实现。Sedric 搭载了语音交互系统，乘客可以通过其告诉汽车目的地，同时可以和汽车互动，了解路线及其行驶时间。

内外饰方面还有一个有意思的方面在于灯光显示。汽车外部的挡风玻璃，采用了整块大面积的 OLED 屏幕，Sedric 在行驶中可以通过外部的灯带和其他交通参与者进行沟通，从而保障安全。当汽车到达目的地时，内部的灯带可以通过颜色告知乘客，车辆已经到达。

Sedric 没有采用大众汽车旗下 12 个车标中的任何一个，因为这是大众汽车内部跨品牌、跨部门协作生产的概念车，主要的设计和研发团队来自波茨坦和沃尔夫斯堡。

Sedric 概念车，是大众汽车在自动驾驶领域，实现"携手共进——

2025 战略"的第一步。在 2016 年 6 月，大众汽车发布了该战略，将电动化、数字化和自动驾驶三个领域列为重点。在自动驾驶方面，大众汽车将为研发提供独立的资源，目标是在 10 年内完成具有竞争力的自动驾驶系统（SDS）的自主研发，并取得许可。

穆勒在介绍 2025 战略时候提到，大众汽车将在 21 世纪 20 年代的初期，在每个细分市场都推出全自动驾驶汽车。

2019 年 7 月，大众汽车与福特汽车宣布，将进一步强化双方的全球战略联盟关系，同时加强与 Argo AI 的合作，让自动驾驶汽车技术同时进入欧洲和美国。大众将向 Argo AI 注资 26 亿美元，其中包括 10 亿美元的投资，以及估值为 16 亿美元的自动驾驶子公司 AID。

VISION NEXT 100 与宝马汽车的"第一战略"

2016 年 3 月 7 日，宝马汽车 100 周年庆典活动上，宝马汽车发布了一款 VISION NEXT 100 概念车。这款概念车融合了双门轿跑车的运动风格以及轿车的动态优雅的特性。内部还是简约风格，但是在操控模式上，它支持驾驶员选择"悦驾"和"悦享"两种驾驶模式。

在"悦驾"模式下，车辆以驾驶员为中心，提供智能化支持以提升驾驶体验。例如，挡风玻璃上会利用增强现实技术投射出驾驶员需要知道的信息，包括驾驶速度、动力信息、建议的驾驶路线，以及车辆在行驶路径上需要注意的其他车辆、人与物体等。特别值得注意的是，这些需要驾驶员注意的车辆和行人，即使在被其他车辆或者建筑物遮挡时，也会显示出虚拟的轮廓。

在"悦享"模式下，方向盘会自动收回，提供更大的乘坐空间和视野。VISION NEXT 100 的方向盘也采用了新的设计，更像是两个操控手柄。在内饰方面，驾驶座椅旁边的中央扶手也可以收起，同时前排座椅可以旋转 180°，变成前后排座椅相对的模式，方便乘客们交流。

VISION NEXT 100 的中控台中央位置，有一个外形酷似宝石雕塑的装置，这就是车辆搭配的"数码助手"，它会逐渐了解车辆使用者偏好的行驶风格，并给予建议。另外"数码助手"还是车辆与外界沟通的窗口，例如当前方有行人准备过马路时，它会以语音的形式告知行人可以过马路。

在宝马汽车 100 周年庆典活动，以及 VISION NEXT 100 概念车发布会上，时任宝马汽车集团董事长的哈拉尔德·科鲁格表示，概念车应用了宝马汽车集团着眼于未来的领先技术，包括自动驾驶、辅助驾驶、智能互联、人工智能和未来共享等，体现了宝马汽车集团未来创新和技术的发展方向等。

同样也是在宝马汽车 100 周年庆典活动上，科鲁格发布了全新的"第一战略"，其中数字化和智能化是重要的组成部分，例如，2016 年 4 月，位于慕尼黑郊外的宝马汽车自动驾驶研发中心正式启用。

时间到了 2016 年的 7 月，宝马汽车、英特尔和 Mobileye 达成战略合作关系，三方将基于宝马汽车 iVision Future Interaction 概念车，合作开发自动驾驶汽车，并且在新闻发布会上提出，量产版将在 2021 年正式推出。

2017 年 1 月，三方共同宣布，大约 40 辆宝马全自动驾驶汽车将于 2017 年下半年开始路测。在拉斯维加斯的联合新闻发布会上，3 家公司进一步说明，这些宝马 7 系测试车辆将采用英特尔和 Mobileye 的技术。在这次合作中，宝马汽车将负责驾驶控制和动态表现、整体功能的安全性评估、模拟高性能发动机的设置、整体组件集成、原型车生产以及最终通过合作伙伴部署实现平台的扩展。英特尔所带来的创新的高性能计算能力，从汽车一直覆盖到数据中心。此外，Mobileye 则贡献其专有的 EyeQ5 高性能计算机视觉处理器，提供汽车功能安全和低功耗性能。在新闻发布会上，3 家公司表示，计划在未来的几年陆续发布硬件样品和进行软件更新。

奔驰：徘徊于激进与保守之间

2015 年的北美国际消费类电子产品展览会上，奔驰发布了概念车 F015 Luxury in Motion。这辆无人驾驶的汽车，座舱内布置有 6 台大型的高分辨率显示器，分别装置在前、后以及左、右侧的车门板内，乘客除了可以直接以触控的方式来控制系统，系统也可以侦测乘客的手势或者眼球移动位置，来执行动作。前后 LED 车灯可以基于驾驶状态改变颜色。

也就是在一年之后，奔驰又发布了 Vision Van 概念物流车。这款概念物流车，座舱内没有方向盘、踏板和中控台，所有的操作完全依靠驾驶者座位左边的操纵杆完成。车辆会在指定路线自动行驶，驾驶者只需要监控整个配送过程，确保将包裹交付给用户。当紧急事态出现时，驾驶者可以接过控制权。

此外，Vision Van 还配置了一套先进的装货系统，还配有专用的货架传送车，实现自动化分拣包裹以及装车。车厢内被间隔成若干个小的隔间，由计算机控制自动摆放。除此之外，这辆概念物流车还配备了无人机送货。当进行包裹配送时，车辆顶部的无人机，会预先设置地址，然后车厢内的自动运输架就会将包裹送到车顶的无人机上，由无人机进行派送。

两架装载重量为 2 公斤的无人机，可以送货至 10 公里之外，然后飞回车顶。当无人机起飞送货，或者货车停车卸货时，车身的 LED 信号灯就会亮起。

当时间来到 2019 年的北美国际消费类电子产品展览会，奔驰带来了 Vision Urbanetic 自动驾驶概念车。这款概念车创造性地提出底盘车身分离的概念，自驱动底盘可以与不同的车厢结合：当需要拼车或者搭载中小型自动巴士的时候，概念车能实现各种载客的功能；而当需要在城市中运输，概念车就可以实现载物的功能。

不断在车展上发布自动驾驶概念车的奔驰，其实早在 20 世纪八九十年代，就开展过一个名为"普罗米修斯"的自动驾驶项目。从 1987 年到 1994 年，奔驰联合慕尼黑联邦国防军大学，总共花费超过 7.49 亿欧元。其间，奔驰在车辆自动加速、刹车、转向等过程中进行技术测试。在 1995 年的实验中，改装自动驾驶功能后的奔驰 W140 S 级进行了从德国慕尼黑到丹麦哥本哈根总里程 1678 公里的自动驾驶测试，该车在路测中，已经可以识别其他车辆以及车道线，并能在实验情况下，达到 185 公里 / 时并实现超车。

1995 年之后，奔驰开始对无人驾驶技术进行独立研究，制动辅助（BAS）、自适应巡航、自动紧急刹车等技术，都在奔驰的自动驾驶实验内得到测试，而后被陆续应用到量产车中。

2017 年，奔驰宣布与博世展开合作，并宣布未来 10 年内将合作开发自动驾驶汽车，双方的重点在于提供自动驾驶系统和可预测性的软件及其系统算法。2019 年，双方的合作结出硕果，双方联合打造的自动泊车（AVP）功能获得巴登 - 符腾堡州的批准，搭载自动泊车功能的车辆，可以在梅赛德斯 - 奔驰博物馆停车场使用。体验用户可以通过专门的手机 App，进入自动泊车服务，并且整个自动泊车过程，无须安全驾驶员的主动介入。试点项目中还包括车灯理念测试。蓝绿色车灯表明车辆正处于自动驾驶模式，以告知行人以及其他的道路使用者该车的状态。

除此之外，奔驰和博世合作，在 2019 年 12 月，在美国硅谷圣何塞市启动自动驾驶出租车项目的试点。在测试阶段，参与者可以通过奔驰母公司戴姆勒股份公司开发的手机 App 预订行程，搭载了自动驾驶技术的奔驰 S 级轿车，就可以在安全员的监控下，将乘客从指定的乘车点，送到目的地。

在 2021 年 12 月 9 日，德国联邦汽车运输管理局（Kraftfahrt Bundesamt，KBA）认为奔驰的新版 Drive Pilot 符合 UN-R157《自动车道保持系统》的规定，批准其上路。奔驰汽车 CTO 马库斯·谢弗随后表示，这一成就将使得奔驰汽车成为德国第一家量产有条件的高级别自动驾驶系统的公司。

根据 UN-R157《自动车道保持系统》，符合规定的汽车在最高速度不超过 60 公里 / 时的情况下可以开始高级别自动驾驶，此时驾驶员可以进行非驾驶活动（可以认为是符合 L3 级的自动驾驶）。当超过这一速度后，车辆将退回需要驾驶员关注和干预的自动驾驶模式（可以认为是 L2 级的驾驶员辅助系统）。此外，当处于 L3 级自动驾驶的汽车无法继续处理和运行驾驶动作，汽车将发出预警，并提示驾驶员接管。

2022 年 3 月，奔驰汽车在新款的 S 级和 EQS 两款旗舰级轿车上将率先配备经过德国联邦汽车运输管理局批准的 Drive Pilot，可以在汽车最高速度不超过 60 公里 / 时的情况下，在经过认证的德国境内其中 1.3 万公里的道路上使用。同时奔驰宣布，在车主应用 Drive Pilot 的过程中，他们对于汽车的运行不再负有法律责任。这也是全球第一家车企做出如此的表态，明确了自动驾驶状态下的责任划分。

合纵联盟，合作共赢

2019 年 2 月 22 日，在豪华车领域激烈拼杀了一个世纪的两位伟大的对手，奔驰和宝马的两位话事人，时任戴姆勒股份公司董事会主席、梅赛德斯－奔驰汽车集团全球总裁蔡澈，时任宝马汽车集团董事长哈拉尔德·科鲁格，破天荒地联合出席新闻发布会，宣布双方围绕出行用车领域，联合投资 10 亿欧元，成立 5 家合资公司，之后，双方签订谅解备忘录，共同研发自动驾驶技术。

如前文所述，2019 年 7 月，大众汽车与福特汽车宣布，将进一步强化双方的全球战略联盟关系，同时加强与 Argo AI 的合作。在 2018 年 10 月，本田汽车向通用汽车的 Cruise 投资 7.5 亿美元，并且承诺未来 12 年内将先后投入约 20 亿美元。同时，通用汽车、本田汽车和 Cruise 联合宣布，三方将合作，专门开发一款针对全球市场的自动驾驶汽车。该专属车型可以应对多样化的应用模式。

至此，经过三年多时间的行业整合，三大联盟已经悄然兴起。首先是通用汽车和本田汽车的联盟，在 2016 年 3 月 11 日，通用汽车宣布收购 Cruise 公司之后，通用汽车和本田汽车都加快了自身研发自动驾驶汽车的进度；此外，大众汽车与福特汽车签订协议共同加强与 Argo AI 的合作；宝马汽车和奔驰汽车更是握手言和，共同研发自动驾驶技术。

建立联盟从本质上讲，是为了参与的多方以最少的投入，在最短的时间内力争比竞争对手获得更多的产出，争取最大的回报。联盟的建立，同时也标志着传统汽车厂商通过独立的研发，从而获得自动驾驶的竞争优势，这条技术路线的式微。因为自动驾驶在发展初期，更为注重软件和算法的发展，而这是传统汽车厂商相对薄弱的环节。

在独立研发路线式微的背景下，兼并收购以及通过企业风险投资基金（Corporate Venture Capital，CVC）投资科技公司，成为传统汽车厂商退而求其次的选择。在自动驾驶发展的初期，这些以自动驾驶为主要发展方向的科技公司，10 亿美元估值只是一个起步。随着市场的发展，从 2018 年到 2019 年，进入一线阵营的自动驾驶科技公司，估值已经超过 100 亿美元。在这样的背景下，越来越多的传统汽车厂商无法直接通过单打独斗的方式进行投资，转而选择加入联盟，以抱团取暖的方式和这些估值百亿美元的企业开展合作。

除此之外，如上文所述，由于自动驾驶的高难度，任何一个单一的玩家，随着时间的进展，研发的进度都远远落后于几年之前的期望，而且多少都面对许多暂时无法克服的困难。在这样的背景下，组成联盟，共享数据和研究成果，也是传统汽车厂商在面对自动驾驶大潮时的一个选择。

当传统汽车厂商通过投资科技公司、通过合作与联盟来发展自动驾驶时，已经在自动驾驶领域深耕多年的领先的科技公司，正在继续一路狂奔，拉开自己作为领先者与其他同行的差距。其中来自谷歌的 Waymo，以及优步和特斯拉，已经开始建立起很强的竞争优势。而另外一股新势力来自中国，曾经求学和工作在硅谷的中国年轻科技精英们，正在以令人惊讶的速度，让自动驾驶在中国走出更为陡峭的上升曲线。

自动驾驶从硅谷的一骑绝尘，开始进入太平洋两岸彼此合作、竞争的双轮驱动时代。

4. Waymo 的荣光时刻

2018 年 8 月，一份来自全球顶尖投资银行摩根士丹利的分析报告，震惊了美国华尔街和硅谷。在分析报告中，大摩的著名分析师布莱恩·诺瓦克研究得出两个数字，1515 美元和 1750 亿美元。

1515 美元是诺瓦克对于谷歌母公司 Alphabet 的最新股价预测，这个目标价格比当时 Alphabet 的股价高出 20%，并且这个目标价格也是当时华尔街各大分析师给出的最高的价格。

支持诺瓦克乐观估计的就是，他对于谷歌子公司 Waymo 正在进行的无人驾驶业务的信心。1750 亿元的估值，相当于著名的 3 家独角兽优步、爱彼迎和 WeWork 的估值总和，仅仅低于全球最大的汽车生产厂商丰田汽车的市值。一年之前，诺瓦克对于 Waymo 给出的估值还仅仅只有 700 亿美元。

在诺瓦克的报告发布之后，华尔街的其他分析师也纷纷调高了对于 Waymo 的估值，其中瑞银集团把估值提升到 1350 亿美元，加拿大皇家银行资本市场（RBC Capital Markets）把估值提升到 1190 亿美元。

1750 亿美元的估值

Waymo 的负责人克拉富西克，看到报告后长舒了一口气。2015 年 9 月，谷歌出人意料地聘请克拉富西克担任谷歌无人驾驶团队的负责人。之后的一年多时间，以 Waymo 作为公司主体独立运营的谷歌自动驾驶业务，经历了创始元老莱万多夫斯基、厄姆森、萨尔斯基等的离开，同时 Waymo 和优步关于莱万多夫斯基的官司也是一地鸡毛。

但是缓过一口气的 Waymo 在 2017 年年底到 2018 年年初，通过一系列的动作向市场表明克拉富西克对于公司新的目标定位，即他和 Waymo 想要打造更好的驾驶体验，而不是汽车，不会和底特律进行竞争。

克拉富西克设计的宏大的市场化策略，也体现在了诺瓦克的报告之中。诺瓦克在报告中详细陈述了他对于 Waymo 涉及的三块业务的思考和具体估值。

首先，对于自动驾驶出租车业务，诺瓦克给出的估值是，800 亿美元。诺瓦克解释道，他相信 Waymo 在 2018 年有能力在美国亚利桑那州的凤凰城推出自动驾驶出租车业务，并且在他的预测模型中，假设 Waymo 的无人驾驶出租车业务在未来的 20 年内，达到全球出租车运营里程（不包括中国市场）的 4%，并且每英里收费 0.9 美元，那就可以得出 800 亿美元的估值。

其次，对于自动驾驶在物流、递送和快递服务上的表现，诺瓦克更是给出了 900 亿美元的估值。诺瓦克解释道，自动驾驶汽车最终将带来更快而且性价比更高的最后一公里递送服务解决方案。这样的方案可以在一小时之内完成从本地商户到用户家门口的递送服务，并且这样的方案比中央仓储配送的模式体验更好，此外还能缩减线上线下的利润差距。诺瓦克还提到，Waymo 最近与沃尔玛、不动产投资信托公司 DDR 和卡车公司 Peterbilt 的合作表明，自动驾驶的递送服务解决方案，可以帮助零售商从成本和服务的角度更好地与亚马逊开展竞争。

最后，对于自动驾驶软件和技术授权，诺瓦克给出了 70 亿美元的估值。诺瓦克解释道，未来会有一部分传统汽车厂商向 Waymo 购买自动驾驶技术的授权，并且估算，如果 Waymo 技术驱动的 L4 级以上的车型，在 2040 年可以达到全球汽车保有量的 7%，那 70 亿美元的估值是一定可以达到的。

进军自动驾驶出租车业务

诺瓦克报告中提到的自动驾驶出租车业务，是克拉富西克完成内部整合之后，推出的第一个宏大的市场化项目。在 2018 年的 3 月，Waymo 与捷豹路虎达成协议，将向其采购 2 万台捷豹 I-PACE 纯电动汽车，并且在改装之后将这2万台捷豹I-PACE投入自动驾驶出租车业务的运营中。之后的5月，Waymo又宣布与菲亚特克莱斯勒达成合作，将向其订购6.2万台大捷龙，在改装之后，将这些大捷龙全部投入自动驾驶出租车业务的运营中。

一年之后的2019年4月，Waymo宣布，将与汽车零部件厂商美国车桥（American Axle Manufacturing，AAM）合作，将该公司位于底特律霍尔布鲁克的总部，改造成为全球第一个完全为L4级以上自动驾驶汽车的改造工厂，全球领先的零部件厂商麦格纳将成为Waymo的改造、制造合作伙伴。

克拉富西克正在以非常底特律的方式，集合北美最好的生产、制造和供应链，试图实现自动驾驶的量产，而之后的里程碑，便是全面推进自动驾驶出租车业务的开展。

似乎是为了回应前文提到的大摩的分析师诺瓦克在2018年8月的报告中提到的，Waymo在2018年有能力在美国亚利桑那州的凤凰城推出自动驾驶出租车业务，Waymo在2018年的12月，卡着时间节点在凤凰城正式推出小规模的叫车服务Waymo One，仅限于早鸟项目所覆盖的数百名志愿者乘客。在2019年4月17日，Waymo正式将自己的打车软件App，Waymo One，上传到了谷歌Play网上商店，供所有的外部客户进行下载。两个月之后的6月20日，Waymo与雷诺-日产-三菱联盟达成战略合作协议，双方将在日本和法国共同探索运营自动驾驶出租车业务，并且探索自动驾驶在物流、递送和快递服务上的应用。

克拉富西克的高光时刻

从现在的时间节点来看，从2019年的6月到2020年的6月，克拉富西克迎来了他在Waymo的最为高光的时刻。在与雷诺-日产-三菱联盟宣布战略合作之后，2019 年 6 月 27 日，Waymo 宣布与北美排名第二的出行服务公司来福车合作，在来福车的调度网络中上线一些自动驾驶出租车，允许用户通过来福车的 App 叫无人驾驶出租车。

作为 Waymo 转型成为 Alphabet 独立子公司的重要步骤，2020 年 3 月，Waymo 在首轮外部融资中，获得了高达 22.5 亿美元的融资，银湖资本、阿联酋国有控股公司阿布扎比投资局、加拿大退休金计划投资委员会、麦格纳等投资者竞相参与其中。

2020 年 6 月，Waymo 与沃尔沃汽车达成全球战略合作，Waymo 的自动驾驶技术将被搭载到一个出行服务专属的全新的纯电动汽车的平台上，共同推进 L4 级及以上的自动驾驶服务的落地。在这之前，沃尔沃汽车曾经与优步、百度等在自动驾驶出行服务上达成战略合作，这家以"安全"闻名世界的汽车制造企业，通过系列的合作和内部研发，已经成为传统汽车公司中最懂自动驾驶的企业之一。通过与沃尔沃汽车的战略合作，Waymo 也对与汽车公司的合作做了进一步的延伸，从菲亚特克莱斯勒、捷豹路虎和雷诺 – 日产 – 三菱联盟，到沃尔沃，非常接近德国、美国和日本的头部汽车生产企业。

2021 年 2 月，加州机动车辆管理局发布了 2020 年度的"自动驾驶系统脱离报告"，报告显示，Waymo 的自动驾驶汽车，每行驶 29945 英里（约 48191 公里），才需要人工介入一次，高居榜首，排名第二的是通用汽车的 Cruise，需要人工介入的行驶里程是 28520 英里（约 45898公里），Waymo 继续保持领先。

曾经被技术团队诟病为不懂技术，曾经为了了解技术把自己的办公桌挪到工程团队附近，曾经在内部会议上被直接质问为何是他而不是厄姆森担任 Waymo 领导人……克拉富西克在一片质疑声中带领Waymo 起航。在 2020 年的夏天，他频频出席全球各大汽车展和消费电子产品展，他和各位汽车厂商的 CEO 们握手言和，他的团队和许多城市、许多厂商、许多服务商在进行着一轮又一轮的会议，Waymo 的版图在扩张，似乎又一个商业帝国将崛起。

但是，马斯克和卡兰尼克不会轻易认输……

5. 特斯拉与优步：进化与争议

2019 年 6 月 12 日，美国，加利福尼亚州帕罗奥图。

在特斯拉的年度股东大会上，埃隆·马斯克表示，在 2020 年的某个时刻，特斯拉车主就可以使用自动驾驶功能，无须人工干预，而且明确表示，2016 年 10 月之后生产的车型，只需要更换电脑，就可以实现全自动驾驶。同时，马斯克还计划于 2020 年推出超过 100 万辆自动驾驶出租车。

我记得马斯克第一次公开谈论自动驾驶的问题，是在 2015 年 3 月，在英伟达 GPU 技术大会（GTC）上，他说道，特斯拉知道技术准确的实现路径，未来几年就能实现自动驾驶汽车量产，而且要让大家真能买得到自动驾驶车辆。

之后的一路，特斯拉的自动驾驶在不断演化，同时伴随着争议声不断。

从 Autopilot 到 FSD 的演化

早在 2013 年 9 月，马斯克就在推特上表示，特斯拉要为 Model S

开发自动辅助驾驶系统 Autopilot，紧张的工作正在进行之中。研究公司高德纳负责汽车和智能移动出行的副总裁、分析师迈克尔·拉姆齐在接受访谈时解释说，Autopilot 是辅助驾驶系统，或者可以被称为高级安全系统。如果需要来定义，那可以说是一款达到 L2 级的自动驾驶系统。

彭博的报道披露，马斯克曾经在 2013 年和谷歌探讨过联合开发一套高速公路自动驾驶系统的可能性。但是谷歌不久之后叫停了测试，因为克拉富西克认为半自动驾驶系统是不可靠的，因为人们容易过度依赖系统。

之后特斯拉选择和 Mobileye 合作，开发第一代的 Autopilot。特斯拉不断扩大其自动驾驶研究团队的规模，2015 年马斯克在推特上甚至亲自发布招聘启事，并且给出了以 Autopilot 为用户名的报名链接地址。也是在 2014 年 10 月之后，Autopilot 的硬件就全系标配在特斯拉的所有量产车型上。

特斯拉的自动驾驶技术逻辑，首先是不用激光雷达，因为马斯克认为价格昂贵的传感器并非自动驾驶所需要的。其次就是"影子模式"，即特斯拉可以收集自家车辆的行驶数据，然后利用这些数据训练自动驾驶算法。最后就是特斯拉更为强调 OTA（Over the Air Technology，简称 OTA，意为空中传送技术）升级，即通过远程无线网络下载数据包，对汽车软硬件进行升级和修复等。目前全面的 OTA 包括 SOTA（Software Over the Air，软件在线升级）和 FOTA（Firmware Over the Air，固件在线升级）。SOTA 主要是指对软件的更新和迭代，FOTA 可以给 ECU 闪存下载完整的固件镜像，或者修补现有固件、更新闪存，实现硬件的在线升级。例如，升级车辆的转向系统以提升驾驶操控感、升级油门踏板的反馈力度以完善加速等。

在与 Mobileye 合作的过程中，特斯拉也意识到，芯片这个自动驾驶的核心，需要掌握在自己手中。于是在 2016 年，特斯拉从 AMD 请来"硅仙人"吉姆·凯勒，开始搭建硬件工程团队。也是在同年，特斯拉在内部启动全自动驾驶系统 FSD 的研发，并且选择英伟达 DRIVE PX2 作为 Autopilot 2.0 系统配套的硬件套装中的计算平台。

从 2015 年开始，特斯拉在内部成立视觉小组，由大卫·尼斯特尔挂帅。尼斯特尔曾经在爱立信进行图像压缩和 3D 重建的研究，之后在微软的 8 年，他开发的技术被用于后来的 HoloLens。在吉姆·凯勒加盟后，许多具有芯片开发经验的工程师也在凯勒麾下组成了机器学习小组。

2016 年年底，特斯拉推出 Autopilot 2.0 系统及其硬件套装，其中硬件套装包括 8 个摄像头、1 个毫米波雷达、12 个超声波雷达，以及英伟达 DRIVE PX2 计算平台。从 2015 年到 2017 年，Autopilot 团队逐步提升了自身在计算机视觉、人工智能以及芯片等多方面的能力，特斯拉的自动驾驶系统也越发变成一个软硬件紧密耦合的系统。

在 2019 年的特斯拉自动驾驶日上，特斯拉人工智能高级总监安德鲁·卡帕西介绍说，最好的学习材料就是行车数据，来自真实世界的驾驶训练数据即自动驾驶应对各种路况的百宝书。他解释道，除了应对日常驾驶场景，人工智能还需要处理许多较为少见的长尾情况（Corner Cases），例如全世界千奇百怪的 STOP 标志。这些长尾情况似乎无穷无尽，为此，特斯拉的标注团队规模已经达到了千人级别，而且内部还开发了数据离线自动标注以及自动训练的数据引擎。

2019 年 3 月，特斯拉已经开始量产 FSD，FSD 能够以不到 100 瓦的功耗输出 144TOPS（Tera Operations Per Second，1TOPS 代表处理器每秒钟可进行 1 万亿次操作）的算力。也是在自动驾驶日上，马斯克发布了 FSD 的更多细节，包括芯片硬件进展、自动驾驶推向市场的时间表，以及基于特斯拉的自动驾驶出租车计划。马斯克表示不再使用英伟达的芯片，而采用自身研发的 FSD 芯片，它可以处理 8 个摄像头同时工作所产生的每秒 2100 帧的图像，实现每秒 25 亿像素的处理。

到了 2021 年 8 月的人工智能日上，特斯拉更是推出了计算平台 Dojo ExaPod，用于特斯拉自动驾驶算法的训练。Dojo 的发音源于日语，意为练习冥想术或者武术的"练功房"。Dojo ExaPod 集成了 120 个训练模块，内置了 3000 个 D1 芯片，超过 100 万个训练节点，算力达到 1.1 EFLOP，EFLOPS 即每秒千万亿次浮点运算。Dojo ExaPod 中内置的 D1 芯片，是特斯拉自研的，采用 7 纳米制造工艺，单片 FP32 达到算力 22.6TOPS，BF16 达到算力达到 362TOPS。

另外，特斯拉还在人工智能日上，推出了 HydraNets 结构。卡帕西介绍说，特斯拉重新设计了神经网络学习结构，并利用多头路线、相机校准、缓存等来简化任务。要运用这样的能力来处理图像，必须运行至少 50 个神经网络。HydraNets 结构可以实现主干共享，解决过去几年特斯拉面临的问题。

监管部门的多次调研

伴随马斯克在自动驾驶方面豪言壮语的是，美国国家公路交通安全管理局（以下简称 NHTSA）对于特斯拉自动驾驶系统的一次又一次的调查。

就在 2021 年特斯拉人工智能日的前 10 天，NHTSA 表示对特斯拉的 Autopilot 展开调查，调查涵盖美国约 76.5 万辆特斯拉汽车，几乎涵盖了特斯拉在美国销售的自 2014 年以来推出的所有款式车辆。

　　这也不是 NHTSA 第一次对特斯拉的 Autopilot 展开调查。2017 年 1 月，NHTSA 曾经宣布，结束对特斯拉 Autopilot 功能为期 7 个月的调查。因为调查结果显示，没有发现 Autopilot 的设计或性能存在任何缺陷，也没有发现系统未按设计运行导致了任何事故。

　　而在 2021 年的 5 月，美国加州机动车辆管理局认为特斯拉将其自动驾驶系统 FSD 命名为"全自动驾驶"的行为涉嫌虚假宣传，并决定就此展开审查。美国加州机动车辆管理局在和特斯拉的会议备忘录中提到，特斯拉目前依然处于 L2 级自动驾驶，并且不能明确说明是否在 2021 年年底达到 L5 级自动驾驶。（宣传完全自动驾驶）可能会导致公众对于这项技术的局限性以及技术本身产生误解。

　　再往前追溯，全球范围内第一起自动驾驶致死事故，就和特斯拉有关。2016 年 5 月，约书亚·布朗驾驶着特斯拉 Model S 行驶在佛罗里达州的公路上，在一路口处，一辆卡车沿对面道路垂直左转，当时报道显示，驾驶员约书亚·布朗与特斯拉自动驾驶系统均未采取行动，导致特斯拉径直撞向卡车，特斯拉驾驶员当场死亡。

　　NHTSA 在 2017 年 1 月发布调查结果，特斯拉无责，NHTSA 的报告表示，目前尚无法确定特斯拉的自动辅助驾驶系统 Autopilot 存在缺陷，相关问题的进一步检查是没有必要的。

　　虽然历经多次监管层调查，在争议声中，马斯克依然在自动驾驶的旅程中稳步向前。我想起了另一位科技狂人，看着马斯克，可能，他心里五味杂陈。

　　他是特拉维斯·卡兰尼克。

出道即巅峰

　　2015 年 1 月在底特律的北美国际汽车展，厄姆森在接受媒体访问时，公开谈论谷歌对于自动驾驶拼车服务的兴趣。几个月后，卡兰尼克在和佩奇会面的时候，佩奇明确表示，谷歌正在考虑将自动驾驶汽车的机会变现，拼车服务是谷歌正在考虑的选项之一。

卡兰尼克感觉到了谷歌带来的威胁，他决定出手了。2015 年 2 月，优步与卡内基梅隆大学的国家机器人工程中心结成战略联盟，随后的半年内将其 6 名研发领军人物和 34 名工程师集体挖角，随后在匹兹堡设立优步先进技术集团。之后卡兰尼克表示，到 2018 年，自动驾驶的优步车辆将大规模取代由人类驾驶员驾驶的优步车辆。

2016 年 8 月，优步与沃尔沃汽车达成战略协议，联合开发下一代自动驾驶汽车与技术。双方将共同开发新的基础车型，涵盖最新的自动驾驶技术，并且支持升级功能。根据双方的协议，双方将为项目投入 3 亿美元，基础车型由沃尔沃汽车生产，优步进行采购。

一个月之后，优步开始在匹兹堡开展自动驾驶出租车测试，用户在通过优步的 App 进行车辆预约时，可以选择自动驾驶出租车。匹兹堡也成为全美首个，新加坡之后全球第二个开展自动驾驶出租车服务的城市。为了表示对优步的支持，时任匹兹堡市长的比尔·佩杜托以"第一个乘客"的身份前来体验。

在匹兹堡市政厅前志得意满的卡兰尼克不会想到，优步自动驾驶的巅峰，竟然就在此时。

莱万多夫斯基和卡兰尼克的离开

2016 年 1 月，莱万多夫斯基从谷歌离职，随后创办了自己的自动驾驶卡车公司 Otto，仅仅半年后，就把公司卖给了优步，并且成为优步无人驾驶团队的负责人。谷歌随后将优步告上法庭，并且拿出证据说，莱万多夫斯基在离职之前，下载了大约 14000 份文档，而优步的供应商帮助其生产的电路板设计与谷歌自己的设计极其类似，电路板设计的相关文件就在莱万多夫斯基下载的文档中。

最终，谷歌和优步选择和解，优步解雇莱万多夫斯基，美国联邦检察官指控莱万多夫斯基犯有盗窃商业机密罪，最后莱万多夫斯基被判入狱 18 个月。

莱万多夫斯基入狱成为优步自动驾驶由盛而衰的转折点。2016 年 8 月，卡兰尼克宣布对于 Otto 的收购时，同时宣布莱万多夫斯基担任优步先进技术集团的负责人，拉菲·克里科里安不再担任这一职务。三天之前才得到通知的克里科里安，曾经担任推特的工程副总裁，也曾经帮助卡兰尼克从卡内基梅隆大学引入大量的工程师，主导技术开发。半年后，克里科里安宣布离职。

在此之前，彼得·兰德已经离开优步先进技术集团，和布莱恩·萨尔斯基共同创办了 Argo AI；之后布拉特·布朗宁也离开优步先进技术集团，加盟 Argo AI。自从优步宣布对 Otto 的收购，以及莱万多夫斯基加入优步先进技术集团之后，短短的半年时间，卡兰尼克曾经从卡内基梅隆大学的国家机器人工程中心引进的技术骨干中，已有 20 多人宣布离开。

2017 年 7 月，饱受负面事件和诉讼困扰的卡兰尼克，宣布辞职离开优步。达拉·科斯罗瓦沙希成为新任的 CEO。

黯然离场

2018 年 3 月 18 日夜间，优步一辆自动驾驶测试汽车在亚利桑那州坦佩市测试时发生交通事故，导致一名 49 岁女性行人死亡。

警方后续的报告认为，优步的自动驾驶系统无法应对在人行横道外出现的行人。自动驾驶系统数据显示，汽车雷达在碰撞发生前大约

6秒时观测到这名推着自行车穿过马路的行人，当时汽车时速69公里，软件反复将其识别为不明物体。碰撞前1.3秒，自动驾驶软件才判断出需紧急制动以避免碰撞。然而优步设定的自动驾驶系统无法启动紧急制动，只能由安全操作员手动采取制动措施，且自动驾驶系统不能向安全操作员发出警报。车内的安全操作员在碰撞前不到1秒时，才掌控方向盘进行干预，碰撞后近1秒安全操作员才进行紧急刹车。

事故发生后，调查显示，优步禁用了测试车辆沃尔沃XC90的防碰撞技术。为沃尔沃提供车辆雷达和摄像头的制造商Aptiv表示，为沃尔沃XC90所安装的高级驾驶辅助系统（ADAS）和优步测试车辆所安装的自动驾驶系统没有关系。Aptiv的芯片和传感器供应商Mobileye也表示，自己和这起安全事故无关。

经过几年的调查，2019年11月，美国国家运输安全委员会（NTSB）将责任归咎于当时车上的安全员，因为当时安全员没有注意前方道路，而是在看手机。

经过坦佩事故之后，优步内部成立自动驾驶安全与责任咨询委员会（SARA），优步的董事会也会在每个季度对于优步先进技术集团的政策进行审查、提出建议。

2018年之后，优步很长时间都只是在匹兹堡的封闭道路进行测试，从2020年开始才逐渐在达拉斯、华盛顿特区、旧金山等城市进行测试。时间已经不在优步这一边了……

2020年12月，优步宣布将旗下自动驾驶部门优步先进技术集团出售给Aurora，同时向Aurora投资4亿美元，另外优步的CEO达拉·科斯罗瓦沙希加入Aurora的董事会。

就在2019年，Waymo的克拉富西克正在享受着他的荣光时刻，马斯克也正在向世界证明特斯拉的技术路线，卡兰尼克和优步的自动驾驶团队已经在离场的边缘。也是在那一年，美国加州机动车辆管理局收到的公司报告中，出现了越来越多中国公司的身影。

在第二年公布的报告中，榜单前十家已经有四家中国公司，分别是百度、AutoX、小马智行和滴滴。虽然 Waymo 和 Cruise 依然保持领先，但它们身后的中国公司追赶的步伐已经越来越快了。

其中被公认为最领先的，是百度。

6. 百度的美丽与哀愁

2020 年 9 月 15 日，北京首钢园区。

百度集团副总裁李震宇和中央电视台记者乘坐一辆改装的红旗 EV 汽车，在首钢园区内体验自动驾驶技术。通过央视新闻的直播我们可以发现，相比一年之前在长沙上线自动驾驶出租车的体验服务，这次在首钢园区进行的体验，百度已经在前排去掉了安全员，实现了汽车在无人驾驶状态下的运行。

从 2017 年的百度大会开始，每一年都有关于百度自动驾驶的信息发布。在 2017 年，李彦宏乘坐自动驾驶汽车上了北京的五环，一直被人们津津乐道，但事后还是被开了罚单。在 2018 年，时任百度总裁的张亚勤博士，与沃尔沃汽车的 CEO 汉肯·塞缪尔森共同宣布，双方将以量产为目标，共同定义、设计、研发符合中国用户需求的 L4 级乘用车。2019 年，中国一汽和百度联合打造的，用于 L4 级及以上自动驾驶乘用汽车的前装生产线，正式下线了前装的自动驾驶汽车。

这些美丽的背后，有些人、有些故事，回想起来，感到非常唏嘘。2017 年，吴恩达离开；2018 年，陆奇离开；2019 年，张亚勤离开……他们都是人工智能领域全球领先的专家，都领导着百度落地人工智能，其中也包括人工智能在自动驾驶上的应用和落地，最终，他们也都离开了这家国内在自动驾驶领域领先的企业，留下许多的问号和感叹号，留下许多的故事，在江湖流传。

轻轻拂去历史的尘埃，百度与自动驾驶结缘，也许早在 2011 年的库比蒂诺就开始了。

自动驾驶事业部与乌镇的亮相

2010 年 4 月，前谷歌中国工程院副院长王劲、技术总监郑子斌加盟百度。在谷歌宣布离开中国大陆市场之后，技术高管开始向中国大陆企业流动。

2011 年，包括百度董事长兼 CEO 李彦宏在内的百度高管们一直认为，需要进军硅谷了。百度需要在硅谷设立研发机构，招募最好的研发人员，给到他们最具挑战性的项目，进一步加速百度的发展。2011 年 7月，百度美研在苹果公司总部所在地库比蒂诺，设立了第一个办公室。

百度美研的第一个员工就是人力资源总监，招募到的第一个员工就是彭军，彭军担任主任架构师。彭军曾经在谷歌工作过 8 年。库比蒂诺的办公室很快就坐满了，百度美研于是在 2013 年搬到了桑尼威尔，之后吸引到了许多来自谷歌、微软、亚马逊、摩托罗拉等美国科技公司的专家。

2013 年 1 月，李彦宏在百度年会上提出，百度将建立专注于深度学习的研究院，随后设立深度学习实验室（Institute of Deep Learning，以下简称 IDL）。曾经在微软、西门子工作，之后在 NEC 美国研究院担任媒体实验室主任的余凯担任副院长，李彦宏亲自挂帅任院长。

在 2013 年的那个夏天，谷歌的"车侠"项目团队还在厄姆森和莱万多夫斯基的领导下，思考下一步的前进方向，之后闻名天下的谷歌的"萤火虫"还没有开上奥斯汀市的街头。那个时候硅谷还是互联网的绝对高地，国内的企业还是勤勤恳恳的追随者。但是那个时候，IDL 已经开始探索在自动驾驶领域的研究方向。之后有许许多多关于百度内到底是谁发起了自动驾驶业务，其中被大多数 IDL 元老们认可的版本是，余凯是重要的推动力量之一。2014 年，美国密苏里大学终身教授及计算机视觉和机器学习实验室主任的韩旭放弃教职，加入百度美研，担任自动驾驶项目首席科学家。

自动驾驶开始在百度萌芽，发展。一路发展的过程，事后想来，充满了冲突和暗战。

2014 年 5 月 16 日，百度内部的这封邮件一石掀起千层浪，后来有知情人士向我透露，在这封邮件发出的当天，6 位世界顶尖的人工智能专家主动向百度表达加盟的意向。而这几位专家，都是百度之前已经接触过多次，但是拒绝了百度多次的业内巨头。

邮件非常短，但是出现了一个令人兴奋的名字：吴恩达！他是全球人工智能领域的顶尖专家，斯坦福大学计算机科学教授。

"非常高兴地通知大家，吴恩达先生今天正式加盟百度，担任百度公司首席科学家，负责百度研究院的领导工作。吴恩达先生向高级副总裁王劲汇报。"

随着吴恩达加入百度，百度研究院也开始了新的整合。2014 年 5 月 18 日，吴恩达第一次在百度亮相，参加美研中心的新址剪彩。之后吴恩达开始同时管理三个实验室，包括在美国硅谷的百度美研（亚当·考特斯负责），在北京的 IDL（余凯负责），以及在北京的大数据实验室（张潼负责）。其中有意思的是，考特斯曾经是吴恩达的博士生，而余凯极力向李彦宏推荐吴恩达，并且和王劲一起多次去美国劝说吴恩达加盟百度。但是非常值得玩味的是，吴恩达加入百度之后，百度研究院的院长还是李彦宏，副院长是余凯，而王劲担任的是百度高级副总裁。

2014年9月，余凯领导IDL与宝马汽车签署在中国推进高度自动化驾驶科技的研发合作协议。根据协议，百度的三维地图以及相关的数据服务将融入宝马汽车的导航系统之中，为自动驾驶汽车提供技术支撑。这是当时全球顶尖的豪华汽车品牌第一次与国内的科技公司在自动驾驶领域开展合作，备受关注。2015年12月，一辆基于宝马3系改装的百度自动驾驶汽车在北京京新高速和五环上完成全程30公里、时长40分钟的自动驾驶路测，最高时速是100公里。

2015年年底，王劲领导的、脱胎于百度IDL的"L4自动驾驶团队"，升级为"L4自动驾驶事业部"，自动驾驶成为直接向李彦宏汇报的五大业务支线之一。2016年11月15日，第三届世界互联网大会在乌镇举行，包括奇瑞EQ、北汽EU260、比亚迪秦在内的18辆自动驾驶汽车，在桐乡市子夜路智能汽车和智慧交通示范区内首次进行开放城市道路运营，并邀请参会的嘉宾和媒体乘坐体验。

当时协助王劲领导自动驾驶事业部的常务副总经理，是2007年加入百度的老人，李震宇。他曾经说服奇瑞汽车董事长尹同跃帮助百度自动驾驶团队改了20辆线控车，帮助百度的自动驾驶工作顺利起步。2016年百度的自动驾驶汽车在乌镇亮相时候，李震宇却不在现场，许多团队骨干打电话说，震宇能否过来和我们一起，李震宇只能苦笑说，离得那么远，怎么过得去。电话那头，有人眼泪瞬间就下来了。

是啊，其实那天李震宇就在上海，距离乌镇只有一百多公里。但是，也许是真的离得那么远吧。

也许不为人知的是，就在百度自动驾驶车队在乌镇亮相之前，2016 年 9 月，百度地图事业部原副总经理、车联网事业部总经理顾维灏正式宣布，成立 L3 智能汽车事业部，顾维灏出任总经理。

2021 年的深圳，一位当事人和我讲起这段历史的时候，还充满遗憾。他说，其实百度的人工智能团队和百度起家的搜索团队，基本上是两种风格，大家互相看不上，举一个例子，搜索端的数据根本不向百度研究院开放。另外一个例子，当时王劲领导的 L4 自动驾驶事业部和顾维灏领导的 L3 智能汽车事业部，都在做同样的工作。

顶尖人才的出走

我在看大导演克日什托夫·基耶斯洛夫斯基的《两生花》时，脑海里总会想起谷歌和百度，抑或是佩奇和李彦宏。都起源于搜索，都在自动驾驶方面引领时代，更为唏嘘的是，在所在公司都被称为"自动驾驶黄埔军校"的背后，都是顶尖人才不断流失的苦涩。

人才流失的时间节点都好像在冥冥之中由天注定：2015 年，克拉富西克来到谷歌，随后"车伏"项目团队的创始元老们纷纷离开；而百度也在 2017 年，因为陆奇的到来，再一次引起了动荡。

顶尖人才出走的序曲，来自 2015 年 5 月，余凯和 IDL 架构师黄畅离开百度，百度在人工智能硬件上的开发，阶段性地画上了句号。几年之后，当时在 IDL 工作的相关人士在接受采访时表示，硬件的研发周期以及投入是超出预期的，从 2015 年年初开始，项目的推进阻力越来越大，逐渐拿不到钱和资源了。余凯和黄畅离职后不久，他们共同创办了地平线。

另外，在余凯离开百度之后，其极力推动的与宝马汽车的合作，也画上了句号。在双方宣布合作的两年之后，2016 年的 11 月双方终止合作。

2016 年年底，百度美研的第一位员工、主任架构师彭军，以及入职百度美研自动驾驶团队仅仅半年的楼天城，双双离职，12 月 19 日，两人携手创办"小马智行"。楼天城曾经被吴恩达称为"世界上最好的编程者之一"，江湖上因为其连续两年夺得谷歌全球编程挑战赛冠军、拥有碾压性的编程实力，称其为"楼教主"。"楼教主"2004 年保送清华大学计算机系，四年后进入图灵奖得主姚期智院士领导的清华大学理论计算机科学研究中心攻读博士，后来还在谷歌的"车伕"项目团队工作过一年。

2017 年 1 月，华人在硅谷的骄傲，在全球领先的科技公司坐到最高职位的中国人——陆奇，宣布加盟百度。陆奇曾经担任微软全球执行副总裁，曾经向微软两任 CEO 史蒂夫·鲍尔默和萨提亚·纳德拉直接汇报。在微软工作的早年时光，纳德拉曾经向陆奇直接汇报，后来陆奇也是纳德拉高管团队的重要成员。这一系列光鲜的履历，足以见证陆奇在业内的地位。

李彦宏在欢迎陆奇的内部邮件中写道："陆奇博士今天正式加盟百度，任集团公司总裁兼首席运营官，全面负责百度所有业务的技术、产品、运营、市场营销及销售服务。高级副总裁王劲偕自动驾驶事业部，首席科学家吴恩达偕人工智能团队，转向陆奇汇报。"

从 2017 年开始，陆奇开始大刀阔斧地整改：一方面将独立于百度体系的百度研究院收入麾下；另外一方面开始强势推进改革，希望肃清百度内部不同业务部门之间的壁垒，控制内耗。整改的第一步棋，就下在了自动驾驶业务上。曾经百度的自动驾驶业务有 L3 和 L4 两个事业部，分属不同的业务群组，都有各自的职能和服务部门，外界对于相关业务的隶属也始终如同雾里看花。2017 年 1 月，陆奇宣布，将 L4

自动驾驶事业部、L3 智能汽车事业部、车联网业务部，整合为百度智能驾驶事业群组（以下简称 IDG），陆奇亲自兼任总经理。也就在此时，王劲宣布不再继续负责 L4 自动驾驶事业部。

2017 年 3 月，王劲宣布成立新的自动驾驶公司：景驰。公司的总部就在桑尼威尔，与百度美研仅仅相距两个街区。一个月后，百度美研自动驾驶项目首席科学家韩旭加盟景驰，担任 CTO。2017 年 3 月 22日，吴恩达宣布离开百度，之后百度美研的负责人考特斯也追随他的导师离开。大数据实验室负责人张潼也在 2017 年 3 月宣布担任腾讯人工智能实验室主任。

从 2016 年开始到 2017 年 3 月，曾经的百度研究院高管团队，包括王劲、吴恩达、余凯、考特斯、张潼等全部离开百度；曾经在百度美研领导自动驾驶项目的核心成员韩旭、彭军、楼天城等也悉数离开。

在风雨飘摇之中，李彦宏找到百度的老人李震宇，问他，能不能不走。李震宇点点头，没有多说。之后，李震宇找到核心团队的工程师，和他们一个人一个人地交谈，尽力劝说，留下了百度自动驾驶团队最后的有生力量。2017 年 8 月，李震宇开始担任 IDG 负责人。

在大刀阔斧改革了一年四个月之后，2018 年 5 月，陆奇离开了百度……

Apollo 计划之后

顶尖人才陆续离开之后的一个月，2017 年 4 月 19 日早上 9 时 30分，李震宇突然召集北京、上海、深圳和硅谷的所有团队核心成员开始电话会议。李震宇开门见山地告诉大家，半小时之后，百度将宣布自动驾驶系统开源，确保大家比外界先知道这个消息。

半小时后，百度发布 Apollo 计划，宣布开发自动驾驶的软件平台

Apollo。推出的第一版 Apollo 包括车辆平台、硬件平台、软件平台、云端数据服务四大部分。百度开放环境感知、路径规划、车辆控制、车载操作系统等功能的代码或能力，并且提供开发测试工具。

两天之前，李震宇拨通了奇瑞汽车董事长尹同跃的电话。关于 Apollo 计划，李震宇非常担心，奇瑞等在早期支持百度自动驾驶研究的汽车企业支持百度，希望可以获得独家的技术回馈，但是现在开源了，这些付出努力的企业怎么办？尹同跃听闻之后平静了一会儿，然后表示，开放是正确的路径，百度愿意组这个局，奇瑞愿意继续参与。

几个月后的 7 月 5 日，在 2017 年的百度 AI 开发者大会上，陆奇宣布，Apollo 要做汽车产业界的安卓系统，并且比安卓更开放、更强大。之后，李彦宏通过视频展示了乘坐搭载 Apollo 的自动驾驶汽车的情景。在视频中，李彦宏坐在汽车的副驾驶座位上，驾驶座位没有驾驶员。李彦宏表示刚刚上五环，正在前往会场的路上，同时表示，车辆处于自动驾驶的状态。

陆奇介绍说，促进 Apollo 生态创新提速的核心是 Apollo 仿真引擎。Apollo 仿真引擎拥有海量实际路况及自动驾驶场景数据，基于大规模云端计算容量，能够打造日行百万公里的虚拟运行能力，形成一个快速迭代的闭环，让开发者和创业公司轻松实现"坐地日行百万公里"。

站在四年之后的今天（成文于 2021 年年末），我发现 Apollo 自从推出以来，其实一直在寻找商业化的途径，也一直在犹豫徘徊。

2019 年 1 月，百度在北美国际消费类电子产品展览会上发布了 Apollo Enterprise（即 Apollo 企业版），目标客户是汽车制造商、汽车零部件公司以及出行公司。知情人士和我分享说，Apollo 计划的商业空间不及预期，团队开始思考向企业提供 2B 的定制产品。之后的 9 月底，负责 Apollo 计划的北美自动驾驶团队进行了裁员和团队收缩。

　　此外，虽然陆奇在 2017 年 1 月宣布将 L4 自动驾驶事业部、L3 智能汽车事业部、车联网业务部，整合成为 IDG，但是很长一段时间，L3 和 L4 两个事业部依然无法完全做到泾渭分明。根据之前的业务划分，L3 自动驾驶事业部主要是面对汽车企业的量产业务，包括高精度地图、自动泊车、高速自动驾驶（HWP）等，而 L4 智能汽车事业部主要提供自动驾驶出租车、无人巴士、无人清扫车等自动驾驶解决方案。但是在业务推进过程中，高精度地图、感知、激光雷达测试等，两个团队都在做。

　　伴随汽车企业对于 L3 级相关产品上线时间的推迟，截至本书出版，只有威马 W6 搭载了百度的自动泊车技术，长城汽车的 WEY 摩卡和广汽新能源的埃安，据传闻也将在之后搭载 AVP 技术。值得玩味的是，百度是威马汽车最大的股东之一。

　　在 Apollo 计划开始收缩，自动泊车方案进展不如预期，城市环卫、末端配送、接驳巴士等细分场景不太成熟的情况下，自动驾驶出租车成为 IDG 最为核心的项目。从 2019 年开始，L3 和 L4 团队进行整合合并，其他项目的团队也抽调人手支持自动驾驶出租车项目。

　　2019 年 9 月 26 日，百度宣布 Apollo Go 项目的首批 45 辆自动驾驶出租车在长沙湘江新区长沙市人工智能科技城、梅溪湖、洋湖、大王山、高新区等路段开放运营，邀请志愿者申请后参与试乘。这批车队就是百度和一汽红旗基于红旗 EV 进行的前装量产 L4 级自动驾驶汽车。到 2020 年 5 月，百度已经在长沙湘江新区开放了 50 个固定站点。

　　2021 年 8 月 18 日，在百度 2021 年世界大会上，李彦宏公布了关于 AI 出行的多项内容。如果合并规整，李彦宏提到的 Apollo 商业化途径，包括自动驾驶出租车（从 Apollo Go 到全新品牌萝卜快跑）、提供给车企的驾驶辅助方案（自动泊车以及领航辅助驾驶，Apollo

Navigation Pilot，ANP），以及集度汽车。

非常值得玩味的是，百度过去许多年在自动驾驶领域的探索，就是为了尽快实现商业化，减少财务压力。但是自动驾驶出租车却是非常依靠资本投入的项目，百度自有资金估计很难支撑这一项目。那是否要依靠地方政府的支持，抑或是出行公司的支持？要知道，这两个利益相关方，本身的债务情况也是不容乐观的。

更有意思的是，集度汽车的推出，几乎是直白地表达了对于车企应用百度自动驾驶技术的不满，同时也将 2B 业务的范围，缩到非常狭窄的范围。同样，造车也是高成本高投入的资本密集型行业。同时，伴随着集度汽车的推出，大家回到了历史记忆的深处，百度与宝马汽车在自动驾驶领域的合作，伴随着余凯的离开，悄然落幕。2018 年，百度与沃尔沃汽车的握手，目前来看依然没有进展。而对与红旗合作量产1000 辆自动驾驶汽车的豪言壮语，似乎大家都会非常默契地避而不谈。

2021 年的秋天，我路过北京上地，遇见了百度自动驾驶团队的朋友。他告诉我，他刚刚离开百度，之后会去往一家造车新势力企业。我们回忆起之前一起合作的片段，许多那时候的争吵和大笑，现在都化作淡淡的微笑。

我们都离开了曾经的东家，于是也可以互相理解当时各自的难处。百度作为一家上市公司，当然会面对财务上的压力，于是商业化成为IDG 最大的课题。百度希望用很"轻"的方式来运行和商业化，但是软件和算法已经慢慢逼近了汽车企业最为核心的安全领域，所以双方的矛盾与冲突是天然的，或许也是无解的。

而百度用重资本的方式来破解这道题，我们希望它好运。

在告别时刻，我们都无不感伤地提到百度曾经的梦幻阵容，也感慨道，现在也就李震宇这位老百度人，可以撑住 IDG 的场子了，2021

年李震宇已经晋升为百度资深副总裁，向李彦宏直接汇报。现在他压力巨大。

我猜想，李震宇也许偶尔会想起Waymo的现任CEO德米特里·多尔戈夫。从2013年自动驾驶项目在IDL萌芽，到2021年，百度IDG似乎越来越像Waymo。越来越像不仅仅体现在商业模式上，也体现在问题和挑战上，还体现在那些人来人往和无可奈何上。

无论如何评说，百度拿下了全国第336张自动驾驶测试牌照，在27个城市开展自动驾驶测试，路测里程超过1400万公里……这些数字，足以让百度成为中国自动驾驶领域令人尊敬的存在。我们希望百度好运！

如果我们把百度比作中国自动驾驶的一座高峰，当我们站在巨人的肩膀上遥望，四周一片欣欣向荣，自动驾驶的中国军团，已经成团，高歌猛进，意气风发。

7. 滴滴：百战归来，再上征途

2019年1月，瑞典哥德堡。

满头白发的沃尔沃汽车资深工程师洛塔·雅各布森在我耳边悄悄说，这些年轻人，进步很快。

在沃尔沃汽车瑞典总部的会议室内，来自滴滴的团队正在和沃尔沃汽车的团队进行着技术交流。第一天会议结束后，雅各布森还和我说，滴滴的年轻人们好像不太懂汽车，不知道他们有没有改装自动驾驶车辆的能力。但是第二天会议开始没多久，雅各布森就发现，他们对于汽车的理解往上提升了很多，就在一夜之间。

我淡淡一笑，在茶歇的时候我告诉雅各布森，昨天会议结束之后，滴滴的团队一直在复盘和讨论，他们工作到很晚，然后还准备了问题清单，为今天的会议做了很好的准备。

雅各布森不知道的是，虽然已经临近中国的春节（2019 年大年初一是 2 月 5 日），但滴滴的团队刚刚结束在德国的拜访和会议，结束在哥德堡的三天会议之后，他们还将前往法国继续他们的寻访。

在哥德堡握手告别的时候，滴滴的杰哥再次和我说，2019 年下半年要在上海落地自动驾驶服务，眼神充满坚定，也布满血丝……

大战之后，开始征途

2012 年，程维已经是阿里巴巴旗下支付宝 B2C 事业部的副总经理，发现优步在芝加哥测试低价预约出租车的服务。发现商机的他把创业的方案告诉了美团创始人王兴。王兴给了许多具有建设性的建议，但是没有投钱的意思，于是程维找到了原来在阿里巴巴的领导王刚。王刚投资 70 万元，程维自己拿了 10 万元，总共 80 万元，程维开始了在北京的创业。

当时，在北京有摇摇招车，已经拿到了红杉资本和真格基金的 350 万美元融资。在杭州和上海，陈伟星创立的快的已经快速成长。

程维本想在两个月内拉到 1000 位司机，但是一个半月内跑了 100 家出租车公司，没有与一家达成合作，在各个写字楼派发传单，也没有什么起色。之后滴滴在北京西站购买了摊位，设计了一套流程，30 秒之内介绍清楚滴滴的功能和优势，1 分钟之内帮助司机装上软件，并且附赠一张传单，详细说明如何使用。

2012 年 11 月 3 日，北京大雪，一夜之间滴滴的订单超过了 1000个。程维后来回忆道，如果没有 2012 年的大雪，我也不敢想。

之后不久，滴滴在北京市场的订单量超过摇摇招车，并持续扩大领先。2013 年 4 月，滴滴拿到经纬中国和腾讯的投资。程维叫来张博，下达了死命令，拿不下上海，就别回北京。

张博加入滴滴后开始组建技术团队，而且每天熬通宵改代码，每周迭代一次，持续了几个月，产品才勉强及格。张博接到命令带队来到上海之后，在 40 天的时间里滴滴和快的做到平分秋色。此时，快的背后的投资人是阿里巴巴和经纬中国。

2014 年年初，滴滴刚刚接入微信支付，程维想做一次推广，找到马化腾，希望马化腾能支持几百万元。马化腾直接给了几千万元，程维都补贴给了用户。滴滴的每日成交量开始暴涨，一个星期不到，1 亿元就烧完了。一见到这样的阵仗，快的就紧急求救马云，腾讯和阿里巴巴在支付方面的代理人战争在上海打响了。

在那场著名的七天七夜战役中，随着订单量的增长，滴滴的 40 台服务器眼看撑不住了，张博求助程维，程维连夜上报马化腾，几小时后腾讯技术部的 1000 台服务器到位。张博知道，谁的服务器先稳定下来，用户就会留在谁那边。他带领技术团队在办公室奋斗了七天七夜。

为了纪念这场战役，现在滴滴总部的办公楼，有一间会议室，名字就叫七天七夜。

在这场补贴大战中，腾讯和滴滴一共补贴了 14 亿元，阿里巴巴和快的补贴了 10 亿元。之后马云抛出橄榄枝，马化腾和程维心领神会。2015 年 1 月，华兴资本的包凡在深圳宴请程维和快的的吕传伟。2015年 2 月 14 日，滴滴和快的合并。

就在滴滴和快的合并的前几天，优步的卡兰尼克秘密来到北京，和程维会面之后，傲慢地表示，要么接受被优步收编，要么双方开战，优步一定赢。

到了 2016 年，优步在中国已经烧掉 20 多亿美元，滴滴却越来越大。在优步和滴滴共同的投资人，软银的孙正义的撮合下，优步和滴滴互相参股，互为董事，优步中国的品牌、业务、数据、渠道、人员、设备等，全部并入滴滴。

滴滴和优步整合的第一次会议，两位女性带队进行谈判，滴滴这边是柳青，优步这边是柳甄，她是柳青的堂妹。柳青的父亲，是联想的柳传志。

2016 年 8 月，滴滴完成了对优步中国的并购。滴滴的市场占有率达到 90% 以上，网约车市场真正的王者已然荣耀。

在滴滴和优步刺刀血拼的时候，程维和张博已经开始组建一支团队了。后来程维在接受采访时表示，滴滴在中国市场击败优步，仅仅是一本书的第一章，后面还有很长的路要走。而自动驾驶，将是下一个风口。

张博领命，开始组建自动驾驶技术研发团队。

前行之路，荆棘丛生

2016 年，滴滴开始组建自动驾驶技术研发团队，并且在高精度地图、感知、行为预测、规划与控制等领域建立细分团队。团队给部门起了一个非常浪漫的名字，Voyager，意为远航探险者。牵头的是滴滴研究院的院长何晓飞，他是芝加哥大学的计算机博士，曾经在雅虎美国总部担任研究科学家。2017 年，滴滴成立美国研究院，同年滴滴成立地图公司滴图科技。2018 年 5 月，滴滴美国研究院获准在美国加利福尼亚州测试自动驾驶车辆。也是在同年 9 月，滴滴在北京拿到了自动驾驶技术路测牌照。

就在 2017 年，滴滴自动驾驶的技术研发团队开始成形，贾兆寅和郑建强分别坐镇美国和中国。贾兆寅毕业于康奈尔大学，后来在 Waymo 工作，在 2017 年加入滴滴，作为滴滴自动驾驶美国团队的创始人之一，一手组建了美国团队，主要负责感知、决策、控制和模拟等方面的工作。郑建强在 2016 年就加入滴滴，此前曾在百度基础架构部工作。

2019 年 3 月，滴滴设立自动驾驶子公司，滴滴沃芽。4 月宣布在上海市嘉定区建设自动驾驶的创新总部和运营总部，8 月宣布将自动驾驶部门升级为独立公司，滴滴 CTO 张博兼任滴滴沃芽 CEO，顺为资本原执行董事孟醒出任 COO，贾兆寅和郑建强分别担任美国研发团队和中国研发团队的负责人。随后不久，滴滴又任命原安波福（中国）投资有限公司副总裁韦峻青出任滴滴自动驾驶公司 CTO，贾兆寅和郑建强均向韦峻青汇报。

毕业于清华大学的韦峻青，在美国卡内基梅隆大学车辆驾驶行为学和轨迹规划领域获博士学位。2017 年出任安波福全球工程副总裁。在安波福期间，他主导建立了安波福匹兹堡技术中心、拉斯维加斯客户体验和无人驾驶车队运营中心，以及拥有 100 辆车的 L4 无人驾驶出租车运营和测试平台。

韦峻青、贾兆寅和郑建强的技术三角组合并没有稳定很长时间：2020 年 6 月，贾兆寅离开滴滴，去了 Cruise；之后不久，郑建强也选择离开。

张博以滴滴自动驾驶公司 CEO 身份的第一次公开亮相，就是在 2019 年 8 月的世界人工智能大会（WAIC）。他在大会演讲中宣布，滴滴将在上海嘉定落地安全、合规的自动驾驶出行服务，并且说明首批投入的自动驾驶汽车有 30 辆。据我所知，在落地嘉定之前，这 30 辆自动驾驶汽车，已经在滴滴位于苏州的测试场地，进行了半年多的改装、调试和测试。

2020 年 6 月 27 日，在 2019 年 1 月的哥德堡会面后一年半的时间之后，由沃尔沃汽车向滴滴提供的 XC60，搭载滴滴的自动驾驶技术，在雨中开始了上海首秀。体验者可以在上海嘉定区的特定区域，通过滴滴出行 App 中的"未来出行"入口进行预约，在体验过程中前排有安全员和测试工程师陪同。

时间来到 2021 年的 4 月 19 日，上海车展开幕。在沃尔沃汽车的展台上，两台基于 XC60 和 XC90 改造的滴滴自动驾驶汽车，吸引了众多参观者的注意。之后双方共同宣布，沃尔沃汽车将为滴滴提供支持转向和制动冗余系统的 XC90 车型，滴滴将为车辆整合全新亮相的双子星（Gemini）自动驾驶硬件平台，该平台将被用于滴滴的自动驾驶道路测试以及之后的商业化运营之中。

沃尔沃坚持的安全性，以及滴滴强调的可靠性，使得滴滴的双子星自动驾驶硬件平台，实现了四个层面的冗余。

首先是在传感器层面的冗余。双子星搭载了 50 个传感器，包括：1 个高清激光雷达、1 个 128 线激光雷达、4 个近距补盲激光雷达，以及 1 个冗余激光雷达；4 个长距毫米波雷达；6 个 8M 像素长距相机、6 个 8M 像素中距相机、1 个红外相机、4 个近距补盲鱼眼相机，以及 2 个冗余中距相机；此外还有 1 套安全系统，含 12 个超声波雷达、1 个毫米波雷达、4 个环视相机，以及 1 个单目相机。

通过这样的多传感器组合，前向视角可以实现 12 层传感器冗余叠加，提升车辆在树荫、隧道、雨雾、逆光、黑夜等复杂的场景下的感知能力，使得自动驾驶系统达到较高的安全等级。

其次是在自动驾驶系统层面的冗余。滴滴自主研发的 Fallback G

备用系统，在几种场景下，当主系统不可用时，该系统可以提高毫秒级的安全问题解决方案。

再次是在自动驾驶控制系统上的冗余。这一部分主要是基于沃尔沃汽车在自动驾驶车辆上构建的制动、转向、供电和通信的冗余，在几种场景下可以实现对于车辆的主动控制。

最后是在远程控制上的冗余。滴滴也考虑到在极端场景下，可能需要远程人工干预车辆的行进，因此也在搭建远程护航中心。通过车辆四周的四个鱼眼摄像头，配合后台全方位自动驾驶运行场景检测，可以协助远程护航中心实现零距离多视角的远程监控，从而实现远程辅助或者进行低延时的远程控制。

滴滴自动驾驶的护城河

相比较其他自动驾驶的玩家，滴滴发展自动驾驶的最大护城河，就是其拥有的海量交通大数据。程维曾经表示，滴滴通过一系列打车大战积累下来的最宝贵的资源，其实就是用户数据，而且他进一步表示，滴滴出行的商业模式会建立在交通以及运营的大数据基础上。

公开数据显示，滴滴出行业务的日均订单达到数千万单，司机的行驶轨迹和安装在交通工具上的设备每年都将采集近 1000 亿公里的场景，这给滴滴自动驾驶团队提供了足够丰富的数据，进而为滴滴自动驾驶提供更为丰富的仿真训练场景，帮助其发掘更多长尾场景。

此外，滴滴自动驾驶的融资能力，也帮助其构建了竞争优势。公开资料显示，2020 年 5 月，滴滴的自动驾驶公司完成 5.25 亿美元的 A 轮融资，孙正义的软银愿景基金领投。半年之后，IDG 资本、中俄投资基金、建银国际等又向滴滴自动驾驶公司投资 3 亿美元。在 2021 年的 5 月，广汽集团以及广汽资本旗下的基金向滴滴自动驾驶公司投资 3

亿美元。在不到两年的时间内，滴滴自动驾驶公司的融资总额已经超过了 11 亿美元。

只是在数据以及资金的加持下，滴滴自动驾驶团队目前在路测端的表现，距离大家的期望还是有些距离。加州机动车辆管理局发布的 2019 年度和 2020 年度的"自动驾驶系统脱离报告"显示，滴滴与许多中美两国的领先企业相比，排名上并不占优势。另外从上海市交通委发布的《上海市智能网联汽车开放道路测试报告（2020 年）》来看，滴滴的成绩也不算理想。综合中美两国的路测数据来看，滴滴的自动驾驶技术在国内并不算上乘。

2021 年 6 月，滴滴公开表示，自动驾驶与共享出行平台、车服网络、电动汽车将共同成为滴滴构建出行未来的"四个核心战略板块"，且自动驾驶被视为未来出行设计终极目标。

面对国内外竞争对手的步步紧逼，面对自动驾驶汽车及其套件的高额投入，加之人力成本高企以及愈演愈烈的人才争夺战，严重亏损以及目前尚不清晰的赢利模式，投资人对于滴滴的自动驾驶公司到底还有多少耐心？时间是否还站在滴滴这边呢？

那一年，经历了七天七夜大战的张博，走出战场，看到久违的阳光，我猜，他一定笑得阳光灿烂。他赢了，程维赢了！只是他们也许无法想到，这场惨烈的战斗，只是后来炼狱级别的征途中，一个不算那么艰难的开始。

8. 大洋两岸，暗战于湾区之间

2020 年 12 月，广州和深圳。

如果要密集考察自动驾驶在中国的发展现状，粤港澳大湾区是个不错的选择。我搭乘最早的一班飞机来到广州，上午 11 点，我在黄埔区乘坐了一辆自动驾驶出租车，一辆日产聆风，蓝色的车身上写着"文远知行"。下午 4 点，在珠江对岸的南沙区，我又乘坐上一辆自动驾驶出租车，一辆雷克萨斯 RX，黑色的车身上写着"小马智行"。第二天上午，在深圳的坪山区，我坐在自动驾驶出租车上，平稳通过繁忙的路段，白色车身上写着，AutoX。

第二天晚上，我和 Vincent 在熟悉又陌生的广州国际金融中心碰头，晚饭之后，顺着花城广场漫步，在道路的尽头，是海心沙，珠江对岸的广州塔格外美丽。我和 Vincent 说，广州很熟悉，但是又很陌生，好像每次过来都有新的东西、新的内容。Vincent 说，这也像极了在粤港澳大湾区的这几家自动驾驶公司，目光似乎都在百度和滴滴身上，但是每过一段时间，就会发现其他公司也成长很快、迭代很快。

临别时候，Vincent 和我说，他已经决定要离开湾区了，准备回来了，似乎这里是自动驾驶发展的沃土。我知道，他讲的湾区，是美国的旧金山湾区。

一晃十多年，从粤港澳大湾区出发，前往旧金山湾区的他，选择了回来。

文远知行：与过去的和解

2017年1月，华人在硅谷的骄傲，在全球领先的科技公司坐到最高职位的陆奇，宣布加盟百度。两个月之后，百度高级副总裁，曾经领导百度L4自动驾驶团队和后来的自动驾驶事业部的王劲，宣布成立新的自动驾驶公司：景驰。一个月后，百度美研自动驾驶项目首席科学家韩旭加盟景驰，担任CTO。

2017年年底，景驰和广州市黄埔区政府宣布合作，将景驰的全球总部落户于广州开发区。王劲在讲话的最后激动地表示，祖国，我们回来了！

而等待王劲的，除了来自广州的鲜花和掌声，还有来自百度的一纸诉状。

2017年12月，百度以侵犯商业秘密为由，同时将景驰和王劲告上法庭，并索赔5000万元。王劲起初不以为意，公开表示百度的起诉没有事实依据，并且表示，无惧竞争对手的体量。之后有媒体报道，王劲在离职百度的时候，做过一个承诺，承诺一台笔记本和一台打印一体机丢失，泄密责任由其本人承担。舆论也开始指向王劲通过这些设备泄密。

2018年，王劲离开景驰，韩旭接任CEO，并且向百度抛出了橄榄枝。之后，景驰宣布加入百度Apollo开放平台，百度也撤销了对于景驰的诉讼，双方握手言和。但是百度对王劲的个人诉讼仍然继续。

令人没有想到的是，景驰和百度和解之后，竟然又陷于内部的争斗之中。2018年6月，王劲创立了中智行，随后景驰向美国法院提起诉讼，王劲又在英国开曼群岛对景驰提起诉讼。

2018年10月，景驰更名为文远知行。江湖上再无景驰，这个似乎带着诅咒的名字。

时间来到 2020 年，围绕百度、王劲和文远知行的纠葛终于慢慢解开。2 月 28 日，百度起诉王劲侵害商业秘密侵权案以百度撤诉告终。5 月 11 日，中智行、王劲和文远知行也宣布达成全面和解，撤回一切诉讼，并表示不再就过往诉讼内容做任何回应。

同样是在 2018 年的 10 月，文远知行完成了 A 轮融资，由雷诺 – 日产 – 三菱联盟领投。到了 2021 年，文远知行完成了 B 轮融资，总金额达到 3.1 亿美元，由宇通集团领投。

在运营端，2019 年 8 月，文远知行宣布与广州公交集团旗下的广州市白云出租汽车集团有限公司，以及科学城（广州）投资集团有限公司组建合资公司，共同布局自动驾驶出租车的业务。之后，三方共同设立的合资公司文远粤行开始在广州黄埔区和开发区进行试点服务。2020 年 6 月，文远知行的自动驾驶服务正式接入高德的打车平台。

也是在运营的过程中，广州的城市环境给自动驾驶带来的技术上的难题也一一浮现出来。广州是一个多河的城市，有很多的隧道，随之而来的问题是如何在没有 GPS 情况下实现定位。此外，广州的夏天常常有暴雨天气，许多的城中村也带来了诸多的复杂路况。这也是文远知行的技术团队在不断攻克的难题。

我想起来，在离开文远知行的时候，他们曾经和我半开玩笑半认真地说，之前都没想到广州的天气和路况那么复杂，现在想想，如果可以在广州实现自动驾驶，那估计到世界上其他大中型城市，都可以实现自动驾驶了。

小马智行：黄金双枪梦在何方

在广州的一家茶楼里，俊炎和我们聊起他第一次见到楼天城的情景。俊炎早年曾就职于百度美研，他回忆说，第一次见到楼天城的时候，明显感觉到，他虽然话不多，但是思路非常快。

楼天城曾经被吴恩达称为"世界上最好的编程者之一"，江湖上因为其连续两年夺得谷歌全球编程挑战赛冠军、拥有碾压性的编程实力，称其为"楼教主"。"楼教主"2004 年保送清华大学计算机系，四年后进入图灵奖得主姚期智院士领导的清华大学理论计算机科学研究中心攻读博士。后来还在谷歌的"车伏"项目团队工作过一年。

2016 年年底，入职百度美研自动驾驶团队仅仅半年的楼天城离开了，和他一起离开的，是百度美研的第一位员工、主任架构师彭军。12 月 19 日，两人携手创办"小马智行"。曾经有投资人评价小马智行说，两位创始人的组合会产生很好的化学反应。彭军对于自动驾驶行业以及资本的风向，有足够准确的判断，同时"楼教主"在高校以及极客圈的影响力巨大。

彭军和楼天城"黄金双枪"的影响力使得小马智行成为中国自动驾驶领域融资额绝对领先的企业。自从 2017 年 3 月 IDG 资本和红杉资本投资天使轮之后，截止到 2021 年年底，累计的融资额已经超过 11 亿美元，其中包括来自丰田汽车的 4 亿美元投资。

2017 年 10 月，小马智行中国总部落户广州南沙。据说是时任广州市委常委、南沙区委书记的蔡朝林专程带队来到美国加州弗里蒙特拜访小马智行，并邀请彭军落户南沙。落户南沙三个多月后，2018 年 2 月 2 日，小马智行的自动驾驶车队驶上南沙街头，包括四辆林肯 MKZ 和两辆广汽传祺。当天在南沙区和广州市交通委员会领导们的见证下，广汽集团与小马智行共同签订战略合作协议。

此前小马智行在阳光明媚的加州测试，很少遇到雨天和水花溅起的场景，落地广州南沙后，如何滤掉雨天传感器的噪点、如何解决溅起的水花遮挡摄像头视野等问题，成为小马智行面临的新的挑战。另外楼天城在接受访谈时也表示，广州南沙不禁摩托车，所以很多时候摩托车都在主干道上行驶，路上很多时候还有三轮车、自行车等。这些场景对整个系统的安全性提出了很高的要求，同时这些场景对于数据收集和技术进化也是有很大帮助的。

通过一年一期的迭代，到了 2021 年，小马智行自动驾驶的硬件系统已经更迭到了第五代，Pony Alpha X，其中包括 4 个激光雷达、4 个毫米波雷达、4 个广角摄像头以及 3 个摄像头（1 个前向 200 米长距、一个前向 150 米中距，以及 1 个前向 180 米、由小马智行自研的用于红绿灯检测的摄像头）。此外，车载计算平台、传感器网关等 24 项核心硬件模块，也是小马智行自研的。更加值得一提的是，小马智行的团队特别增加了传感器的清洁系统，清洁系统在下雨时可以被自动触发，完成激光雷达、摄像头等的清洁。Pony Alpha X 把传感器集中在车顶，并且通过采用一体化设计实现了传感器的整体配置。

在 2020 年 11 月的进博会上，小马智行宣布建立产线，可以实现 Pony Alpha X 硬件系统的标准化生产。彭军接受访谈时表示，产线生产的最大特点是流程标准化，产品的一致性程度更高，同时生产效率更高，可以降低单车成本。Pony Alpha X 硬件系统的生产流程包括 40 多道生产工序，1000 多件装配器件，通过 200 多项质检，包括功能测试、环境测试和压力测试等，才可以下线。这套硬件系统会首先搭载在丰田汽车的高端品牌，雷克萨斯的 RX 车型上。

2018 年 12 月，小马智行在广州南沙推出自动驾驶出租车测试和服务 Pony Pilot，公司员工和受邀客户可以通过 App 体验服务。到了 2021 年 4 月，搭载 Pony Alpha X 硬件系统的，雷克萨斯的 RX 车型加入广州南沙的自动驾驶车队。此后的 5 月 13 日，新车型加入北京大兴亦庄经济技术开发区的自动驾驶车队。在本书完稿前，小马智行表示将与一汽集团旗下的网约车运营公司红旗智行进行合作，共同推进在北京的自动驾驶服务。此外小马智行还将与T3平台合作，共同推进在长三角地区的自动驾驶运营。

在漂亮的成绩单背后，"黄金双枪"也在共同思考，彼此磨合对于公司未来的定位。此前，彭军坚持发展自动驾驶汽车，而楼天城认为自动驾驶汽车在五年内不可能实现商业化，坚持使公司的方向转向自动驾驶卡车。在双方争执期间，彭军从Waymo请来张一萌担任技术总监。最终，楼天城选择妥协，放弃研发自动驾驶卡车。之后张一萌逐步晋升为小马智行硅谷研发中心的负责人。

但是非常值得玩味的是，2020年，小马智行重启了自动驾驶卡车业务，由副总裁李衡宇负责。

2021年6月，小马智行宣布，摩根大通投资银行原副主席劳伦斯·斯泰恩将加入公司担任首席财务官（CFO）。业内认为这代表着小马智行将向资本市场迈进一大步。但是截至本书完稿之时，可靠的信息显示，小马智行已经搁置在美国的上市计划，无论是IPO还是通过与一家特殊目的收购公司（SPAC）合并的方式，都暂时不在计划之内。

此外，不断有信息显示，从2021年年初开始，小马智行考虑下场造车，已经在上海组建起数十人的研发团队，并且已经向许多主机厂的技术骨干发出邀请。其中已经被初步证实的是，原小鹏汽车造型设计中心前瞻设计总监赵谦已加盟小马智行，将会负责整车设计。也有许多报道称小马智行和吉利汽车将基于吉利SEA浩瀚智能进化体验架构打造电动汽车，但是双方都进行了否认。

自动驾驶卡车、上市、整车制造……自动驾驶玩家面对商业化的压力，可以选择的路径都屈指可数。小马智行也正走在一条新的冒险路途上，一条融合着资金、技术、人才和速度的冒险路途。

AutoX：X 教授能否再次神奇？

在等待会面的时候，我悄悄地问 AutoX 的伙伴：肖健雄教授是否是漫威迷，他的称号 X 教授是否来源于查尔斯·泽维尔？ AutoX 的伙伴笑着指了一下公司随处可见的漫威图像。

就在这个时候，肖健雄走进了会议室。白衬衫，深蓝色的西装裤，整齐的头发，戴着眼镜的他，文质彬彬。我们坐下聊天，肖教授提到，他是潮州人，家里人，包括爷爷、奶奶、父亲、母亲，都是商人。他说，我觉得企业家相比教授，可能更加适合我。

在 2016 年创立 AutoX 之前，肖教授在普林斯顿大学任教，研究三维深度学习。深度学习曾经被证明在一维（例如语音）和二维（例如图像）上有着非常显著的效果，但是将深度学习模型应用在三维（例如点云等）上，是最近几年才开始的研究课题。

在普林斯顿大学的三年，肖教授创办了普林斯顿大学的计算机视觉和机器人实验室，发起或参与了几乎所有关于三维深度学习的研究，例如：参与发布目前最大的公共三维数据集 Model Net 和 Shape Net；创建了研究三维深度学习的基础网络框架 Marvin；推出 3D 卷积网络 Deep Sliding Shapes，在 RGD–D 图像中研究三维物体的特征；等等。在拒绝了福特汽车抛出的自动驾驶副总裁的邀约之后，肖教授创办了 AutoX。肖教授说，他创办 AutoX 的初衷就是打造平民化的无人驾驶，就是大家都用得起的。所以他一直都在研发无人驾驶出租车。

2017 年 3 月，AutoX 公布首支自动驾驶车辆测试视频。在视频中，AutoX 使用改装的林肯 MKZ 车型，装配 7 个单目摄像头，成功在晴天、小雨、晚间、晚间多云四种天气情况下实现了自动驾驶。在

AutoX 发展的初期阶段，采用仅仅使用摄像头就能实现的自动驾驶。肖教授列举了一长串对于摄像头的选择标准，包括符合车规硬件标准、自动化、高动态范围成像、夜视以及算法需求等。从 2018 年开始，AutoX 开始进行技术方案的迭代。2021 年 7 月，肖教授在上海召开 AutoX 的发布会，公布了第五代的技术方案。

在第五代技术方案中，一共包括 50 个传感器。半导体巨头安森美为其提供了遍布车身的 28 个车规级摄像头，车规级像素达到了 2.2 亿像素每帧。摄像头清洁系统采用了喷水和喷气两种方式。此外，配备了高清的 4D 毫米波雷达，横向总分辨率为 0.9 度，纵向的总分辨率为 1.8 度，从而实现了 360 度和 350 米的感知范围。

此外，AutoX 第五代技术方案采用了 6 个激光雷达，包括在车顶上面的两台 128 线激光雷达以及身侧前后左右的 4 台 64 线盲区专用感知激光雷达，从而使得每秒钟成像的激光雷达点云数量达到了 1500 万。

AutoX 第五代技术方案采用了英特尔 32 核双 CPU 架构，主频率 3.4GHz。车规级 GPU 方面，XCU 域控制器的算力可以达到 2200 TOPS，用以支持多数量、多样化的高清传感器。此外，AutoX 也与赛林斯有深度合作，研发了车规级 FPGA，以确保系统能支持强大的数据流。

正是这样的技术能力使得 AutoX 在一众竞争者中脱颖而出。2016 年 AutoX 成立之后，张首晟和徐小平进行了种子轮投资，之后在 2017 年 AutoX 还获得今日资本以及上汽集团的战略投资。在 2019 年，AutoX 获得了东风汽车领投的数千万美元的投资，而且跟投者的名单中，出现了阿里巴巴的创业者基金以及香港 HKSTP 科技发展基金的身影。2020 年初始，AutoX 又获得了深圳前海宏兆基金、深圳基金以及潮汕资本的投资。

在 2020 年的 1 月，菲亚特克莱斯勒和 AutoX 宣布达成合作，向

AutoX 提供 Waymo 同款的大捷龙。之后的 4 月，本田汽车与 AutoX 也宣布达成协议，AutoX 将基于本田的雅阁（Accord）和英诗派（Inspire）两款车型，在公开道路上进行自动驾驶的测试。目前，AutoX 已经开始在深圳、上海以及加州圣何塞开始自动驾驶的测试和运营。

2021 年 4 月 22 日，肖教授令人意外地出现在造车新势力艾康尼克（ICONIQ）的发布会现场，而且更加令人意外的是，AutoX 战略投资艾康尼克，双方将推动自动驾驶汽车的量产。

肖教授说，作为第一个吃螃蟹的人，要在科技浪潮真正到来之前做好准备。他也曾经说过：做学术，90% 会成功；而创业，90% 会失败，但是做企业家可能更适合我。

我看着 AutoX 办公室内随处可见的漫威图像，希望这一次，X 教授可以再神奇一次。

加州崛起的新兴势力

从 2016 年到 2017 年，就在文远知行、小马智行以及 AutoX 在现在的粤港澳大湾区或成立或落户的时候，大洋彼岸的旧金山湾区，自动驾驶的新兴势力也正在崛起。其中最受关注的公司，就是 Aurora。

Aurora 的三位创始人，曾经是谷歌、优步和特斯拉自动驾驶团队的核心人物。厄姆森在本书前面的内容曾经多次被提到，他曾经是谷歌无人驾驶团队的负责人，在克拉富西克空降之后选择离开。德鲁·巴格内尔，他是厄姆森在卡内基梅隆大学的博士同学，毕业后留在学校任教，在卡兰尼克集体挖角卡内基梅隆大学国家机器人工程中心的过程中，加入优步先进技术集团，领导感知团队。斯特林·安德森，曾经是特斯拉 Autopilot 的负责人，因为他的离开以及他之后招募特斯拉工程师的行为，马斯克暴跳如雷，一纸诉状将他送上法庭。

正是因为这样的创始人组合，成立伊始，在商业模式还不是特别清晰的情况下，Aurora 就吸引了来自汽车企业高达数十亿美元的并购和投资邀请，以及一大批自动驾驶行业的顶尖人才。几个月后厄姆森明确表示，Aurora 将和汽车企业、供应商合作，共同设计和研发传感器融合技术以及软件，部署完全自动驾驶车辆需要的数据服务。他强调说，Aurora 的价值在于其对于自动驾驶传感器的研发经验，对于嵌入式算法的理解，以及软件和数据产品的研发能力。Aurora 自己不会造车，也不会成为传感器的规模化生产商。

2019 年 5 月，Aurora 收购激光雷达初创公司 Blackmore。2020 年 12 月，优步宣布将旗下自动驾驶部门优步先进技术集团出售给 Aurora，同时向 Aurora 投资 4 亿美元，另外优步的 CEO 达拉·科斯罗瓦沙希加入 Aurora 的董事会。2021 年 2 月，Aurora 又收购激光雷达初创公司 OURS。也是在 2021 年 2 月，Aurora 宣布与丰田汽车和电装合作，三方将基于丰田塞纳车型一起开发自动驾驶平台。

但是 Aurora 的商业化落地，似乎一直遥遥无期，厄姆森也曾经说过，2027 年之前估计公司会一直亏损。在 2021 年 11 月 4 日，Aurora 通过与一家特殊目的收购公司合并的方式，登陆纳斯达克，市值达到 130 亿美元。虽然 Aurora 上市的过程经历许多波折，首先路演募资就没有达到预期，原先期望有 25 亿美元，最后到账只有 18 亿美元，而且这笔募资要维持到 2024 年，但即便如此，Aurora 的上市依然是其阶段性的重要里程碑。

也是在 2017 年年初，美国权威科技杂志 *MIT Technology Review*（《麻省理工科技评论》）举办的年度科技大会 EmTech Digital 上，成立以来一直对外保持低调的 Drive.ai 首次公开亮相。吴恩达的妻子卡罗尔·莱利与吴恩达在斯坦福大学的博士生萨米普·坦登共同展示了 Drive.ai

的成果。而就在几天之前，吴恩达刚刚宣布离开百度。

之后的 2017 年 6 月，Drive.ai 宣布获得 5000 万美元融资，由恩颐投资（New Enterprise Associates，NEA）领投，纪源资本（Granite Global Ventures，GGV）和北极光创投跟投。3 个月后，Drive.ai 再次获得 1500 万美元融资，投资方包括来自东南亚的网约车平台 Grab。

没有人想到，这家和吴恩达有着千丝万缕联系的公司，那个时候，就是它的最高点……

2020 年的 12 月，我和 Vincent 相聚在广州国际金融中心。晚饭之后，我们顺着花城广场漫步，看着海心沙，看着对岸的广州塔。我们聊着当天乘坐自动驾驶出租车的体验，我们也在回忆着，2018 年第一次来到广州拜访几家自动驾驶出租车公司的情景。

那个时候，在大洋彼岸，Waymo、Cruise 和 Argo AI 似乎一骑绝尘；而在国内，百度也确立了领先优势，滴滴正在发力。我们在寻访有可能挑战这些领先者的未来之星，我们也在思考哪里可能是自动驾驶出租车业务最先落地的城市。

几年之后，我们发现，粤港澳大湾区和旧金山湾区的暗战，也许是自动驾驶发展过程中一个很有意思的插曲。新势力的崛起，伴随着许多和谷歌、和百度的恩怨情仇，带着复杂的情感、带着更新的技术、带着更加新颖的打法，一起挑战着领先者，也一起探索自动驾驶出租车的商业模式落地的可能性。

我们再让时间稍微回拨，回到 2018 年，那个时候，所有人都在惊讶于形势的急转直下。盛夏光年似乎就在昨天，寒冬却来得犀利和凛冽。活下去，成为大家的最高目标。

但是有人，已经倒下了……

9. 不安和意外的来临

2019 年 6 月 25 日，美国加利福尼亚州山景城。

一份递交给加州就业发展部的文件，正式揭晓了 Drive.ai 这家明星初创公司的最终结局。在 6 月底之前，公司将正式关闭办公室，同时遣散所有员工。与此同时，苹果也确认于 6 月 6 日收购 Drive.ai，并且答复相关媒体说，已经雇用了来自 Drive.ai 的数十名工程师。

自动驾驶领域第一个正式谢幕的公司，就此黯然离场。

风暴来临

2018 年 3 月 18 日夜间，优步一辆自动驾驶测试汽车在亚利桑那州坦佩市测试时发生交通事故，导致一名 49 岁女性行人死亡。就在两个月后的 5 月 4 日，Waymo 一辆自动驾驶测试汽车在亚利桑那州钱德勒市测试时发生交通事故，与一辆本田汽车发生碰撞，导致 Waymo 自动驾驶测试汽车上的一名测试员受到轻伤。

接二连三的事故让人们逐渐认识到，完全意义上的自动驾驶也许并不会那么快实现。在大量资金涌入这一领域之后，从投资人到科技极客，大家都失望地发现，进展并没有像之前预想的那么快。当时，有科技媒体在评论自动驾驶的进展时说道，在投资者向自动驾驶初创公司投入数十亿美元之后，公司要么延长了产品落地的时间，要么遇到了新的技术挑战，迟迟无法交付产品。

　　自动驾驶这场由 Waymo 挑起的竞赛在 2018 年的夏天出现了戏剧性的转折，先是 Waymo 的首席执行官克拉富西克坦承，自动驾驶（L5级）是有局限的，而且在今后的很长一段时间内，自动驾驶汽车都会需要司机的协助。随后，苹果的联合创始人史蒂夫·沃兹尼亚克也表示，汽车在没有方向盘的情况下自动驾驶不太可能。

　　时间到了 2019 年。在 2019 年 3 月，The Information 收集到了在 Waymo One 项目启动后的用户评论，其中跟车距离、变道、左转弯等问题受到了大家的讨论和诟病。到了 4 月，曾经押注自动驾驶的福特汽车新任的 CEO 吉姆·哈克特就来自福特汽车的自动驾驶业务部门，在接受采访时他也表示，完全自动驾驶汽车的到来仍需时日，现在大家对于无人车的普及都过于乐观了。

　　更加让业内震惊的消息出现在 2019 年的下半年。在 2019 年 7 月，Cruise 的首席执行官丹·阿曼出人意料地宣布，Cruise 将推迟原定于 2019 年正式执行的自动驾驶商业计划，并扩大测试车辆规模。虽然通用汽车的首席执行官玛丽·巴拉对此表示一切都在控制和计划中，但是根据通用汽车向美国证券交易委员会（SEC）递交的 2019 年第二季度的财报，Cruise 在 2019 年的上半年就亏损了 5 亿美元。

　　不久之后，Argo AI 的负责人布莱恩·萨尔斯基也表示，Argo AI 在短期内并不会推出自动驾驶出租车项目，公司将探索更多的业务方式来使得自动驾驶技术能够产生收入。在 9 月底，摩根士丹利的分析师诺瓦克把 Waymo 的估值从 1750 亿美元调整到 1050 亿美元，下调了 700 亿美元，跌幅为 40%，主要原因是发展速度低于预期，加上自动驾驶出租车试点业务对安全驾驶员的持续需求，预计 Waymo 的亏损将继续增加和持续。布莱恩·诺瓦克，这位曾经把 Waymo 的估值推向 1750 亿美元高位的大摩的著名分析师在报告中写道："自动驾驶技术的商业化与推进面临一系列的阻碍。重要的是，我们显然低估了安全驾驶员在自动驾驶车辆内的存续时间及自动驾驶打车服务推出的急迫性。"

在 2019 年即将过去的时候，11 月 14 日，时任戴姆勒股份公司的首席执行官康林松表示，戴姆勒将"优化"在自动驾驶出租车和自动驾驶技术领域的支出，重新审视自动驾驶出租车项目的可行性。其中康林松特别提到，全面部署自动驾驶出租车队无疑将花费大量资金，但目前来看盈利却无法保证，所以基于各项考量，戴姆勒宣布对于旗下的自动驾驶出租车项目进行"可行性核查"。

明星公司的黯然离场

就在 Drive.ai 离场一年之后，又一家自动驾驶头部企业，以被收购的方式离开。2020 年 6 月 26 日，亚马逊宣布收购自动驾驶公司 Zoox。根据媒体的报道，收购价格预计在 12 亿美元左右。而就在 2018 年，Zoox 的估值已经到了 32 亿美元。

成立于 2014 年的 Zoox，曾经与 Waymo、Cruise、Argo AI 和 Aurora 并称美国自动驾驶的五大巨头。当时，Zoox 不仅仅着眼于研究自动驾驶系统，还要打造自动驾驶汽车和网约车平台。

公司创始人蒂姆·肯特利 – 克莱和杰西·莱文森认为，包括 Waymo 在内的自动驾驶玩家都不够激进。他们没有使用先进的传感器和智能软件来改造已有的汽车，而是天马行空地开始创造新型的自动驾驶载具。Zoox 的自动驾驶车辆没有方向盘或者仪表盘，只有两张对向摆放的长座椅和非常宽敞的内部空间。传感器和摄像头阵列都被无缝地集成在车上，而不是被安装到一个现有的车上。这款车可以双向行驶，车窗上安装有显示屏，可以向乘客展示定制的欢迎信息，并且告诉行人驾驶信息。

虽然融资成绩有目共睹，但是在持续的烧钱过程中，Zoox 也撑不住了。被亚马逊收购前，克莱公开承认，Zoox 处于低迷状态。也是在被亚马逊收购之前，克莱声称在没有任何警告、缘由以及答辩权的情况下，他被公司解雇了。

更加让人唏嘘的是，国内第一家倒下的自动驾驶公司 Roadstar。曾经创下 A 轮融资 1.28 亿美元的明星公司，出现令人目瞪口呆的一系列内讧事件，最后创始团队分崩离析，公司也进入清盘状态。

Roadstar 的三位创始人佟显乔、衡量和周光早年都在百度美研共事，同属于百度美研的自动驾驶项目团队。其时，佟显乔是定位和地图组的技术负责人，衡量是感知组的经理和技术负责人，周光则负责标定、同步等方面的工作。在同一时期，王劲和彭军曾经都拉拢过三位创始人进入自己的创业团队，但是三人决定自己创业，并且选择了三人平分的股份结构。知情人士曾经和我分享说，雷军也曾经见过三位创始人，打趣说他们处于在职状态就出来见投资人，而且还平分股权，并不妥当，并将三人的创业形容为"投机型创业"。

不想，一语成谶。

2018 年 5 月，Roadstar 宣布完成 A 轮 1.28 亿美元的融资。未曾想到，结束 A 轮之后，创始人团队竟然开始了令人眼花缭乱的内部争斗，先是佟显乔、周光联盟让衡量出局，后来周光变卦与衡量联盟对抗佟显乔。之后佟显乔卸任 CEO，周光又开始了和衡量的争斗。然后佟显乔和衡量联手，罢免周光……

曾经为世界人工智能大会和乌镇世界互联网大会提供自动驾驶运营服务，也曾经和丰田汽车合作进行自动驾驶研发的这家明星公司，在一片唏嘘中狼狈地倒下了，留下一地鸡毛。

克拉富西克的离开

时间来到 2021 年的 4 月，自动驾驶汽车领域曾经最为风光的王者，挥手宣布离开。克拉富西克宣布辞去 Waymo 的 CEO 职位。他曾经说过，自动驾驶（L5 级）是有局限的，而且承认在今后的很长一段时间内，自动驾驶汽车都会需要司机的协助。他的离开或许正因为如此。

全球范围内真正意义上的最高级别的自动驾驶汽车商业化尝试，已经宣告了阶段性的落幕。

研究公司高德纳负责汽车和智能移动出行的副总裁、分析师迈克尔·拉姆齐把 Waymo 在自动驾驶领域的探索比喻为登月工程，他说，我们登上了月球，插上一面旗子，取得了些石头，但现在怎么办？我们对这颗地球卫星什么都做不了。

Waymo 无疑是自动驾驶领域的领导者，但是它依然面临着似乎难以破解的问题，如果将自动驾驶出租车车队的运营范围扩大到其他城市，Waymo 必须获得政府的批准，然后说服当地市民乘坐。同时，汽车改装过程的烦琐和枯燥使得大规模的流水线生产变得很难，工程师们需要拆开汽车，然后再手动把它们重新组装起来。一位曾经的 Waymo 工程师在接受访谈时表示，有时候一条电线的错放，就可以让工程师们忙活几天，通过各种排查来寻找问题的源头。许多 Waymo 的高管对于自动驾驶技术的开发进展缓慢也感到沮丧。也是一位 Waymo 曾经的高层在接受媒体访谈时表示，整个过程好像是在缓慢地蠕动，要开拓一个又一个城市，这需要花费大量的金钱和时间。

而且有迹象表明，似乎佩奇也有些失去了耐心。有科技媒体援引知情人士的访谈表示，克拉富西克曾经想利用弹出式营销装置展示 Waymo 的功能，但是最后佩奇和布林都否决了这个想法，而且佩奇提出，在技术还没有准备好之前就匆忙推出一款产品，会重蹈谷歌眼镜的覆辙。

也许听到将 Waymo 和谷歌眼镜联系起来的那一刻，克拉富西克已经下定决心离开了。

克拉富西克卸任之后，德米特里·多尔戈夫和特科德拉·马瓦卡拉将担任联席 CEO。多尔戈夫是谷歌自动驾驶团队的老将，早在 2009 年，还是谷歌 "车伕" 项目时代，多尔戈夫就已经加入团队。马瓦卡拉曾是雅虎和 eBay 公司的高级公共政策主管，于 2017 年加入谷歌。

随着克拉富西克的离开，关于 Waymo 的各种恩怨情仇也似乎画上了一个句号。无论曾经的个人恩怨如何，大家对于这位来自底特律的掌舵人还是表达了最后的尊敬。曾有这样的评论，克拉富西克把 Waymo 变成了一家真正的公司，把自动驾驶从原本的研发工作变成了商业化运作。虽然最终他没有达到一些开发目标，但是也没有其他人可以做到。

不仅仅是科技公司，汽车企业也开始延后自动驾驶的研发和产品商业化进度。令人感到困惑和不安的是，2015 年开始的轰轰烈烈的自动驾驶浪潮，仅仅在五年之后，似乎就走入了瓶颈。

不再是口头上的凛冬将至，冬天，已经到来……

10. 寒冬中的成长与煎熬

2019 年 2 月，德国柏林。

两大汽车行业巨头的掌门人——时任戴姆勒股份公司董事会主席、

梅赛德斯－奔驰汽车集团全球总裁蔡澈和时任宝马汽车集团董事长科鲁格罕见地同框握手，并且一口气宣布双方将共同投入 10 亿欧元组建成立五家新的合资企业，涉及的领域包括：网约车、分时租赁、充电服务、停车服务、汽车租赁、物流货运等诸多面向未来的出行服务。

曾经有一个长期无解的问题：谁是这个星球上最厉害的汽车生产商？是来自斯图加特的梅赛德斯－奔驰还是来自慕尼黑的宝马？而且在近年来随着双方竞争的加剧，这一问题的答案变得更加扑朔迷离。

但是在 2019 年 2 月 22 日到 28 日的短短 7 天内，这对厮杀了百年的老对手突然两次宣布合作，并且是在面向未来的重要领域全面展开合作。在 2 月 22 日蔡澈和科鲁格世纪握手之后，一波未平一波又起，2 月 28 日双方共同发布新闻稿，宣布将在无人驾驶领域开展合作，奔驰和宝马将通过信息和技术的交流，通过可扩展的技术架构，在 L3 级和 L4 级的自动驾驶技术方面进行合作。

但是，仅仅 15 个月后，双方发表声明，选择暂停合作。2020 年 6 月 19 日，梅赛德斯－奔驰汽车集团和宝马汽车集团分别发表声明，表示鉴于建立共享技术平台所需的费用，以及当前的商业和经济状况，双方在下一代自动驾驶技术方面的合作已经暂时停止。

通用汽车：孜孜不倦的持续投入

自从 2016 年开始，Cruise 就在加利福尼亚州的旧金山落地了第一支自动驾驶车队，但是初期只为其员工提供自动驾驶出租车服务。公开资料显示，Cruise 在 2018 年亏损 7.28 亿美元，2019 年亏损超过 10 亿美元。为了继续保持 Cruise 的创新发展，软银的愿景基金向其投资 22.5 亿美元，随后，本田汽车也宣布向其投资 7.5 亿美元，并且承诺在未来 12 年内再投资 20 亿美元。

2019 年 1 月，Cruise 就发布了基于雪佛兰 Bolt EV 打造的 Cruise AV，并且计划在 2019 年量产。这个非常激进的计划产生变化之后，2020 年 1 月，Cruise 在旧金山发布了首款名为 Origin 的自动驾驶汽车。这款汽车没有踏板和方向盘，车门由中间向两侧滑动打开，内部最多可以容纳 6 人，两边各有 3 位乘客面对面乘坐。同时，这款 Origin 自动驾驶汽车有一个叫作 "Start Ride" 的按钮，负责车辆的启动与行进。

在发布会上，Cruise 的 CEO 丹·阿曼解释了 Cruise 的量产计划。在 2021 年夏季之前，Cruise 将在通用汽车位于密歇根州的沃伦工厂装配约 100 台 Origin，之后将在 2023 年大规模量产。量产的工厂就是位于底特律－哈姆特拉姆克的"零工厂"（Factory Zero）。这家工厂是通用汽车全球首家全电动汽车工厂，通用汽车对于这家"零工厂"投入了超过 20 亿美元，安装了太阳能板，由可再生能源供电。

虽然在美国、日本等市场，通用汽车已经基于 Cruise 进行自动驾驶的布局，如上文所述，包括在旧金山测试自动驾驶汽车，在日本联合本田汽车部署自动驾驶移动服务（MaaS）业务，同时还包括收购自动驾驶初创公司 Voyage，以及美国领先的软件开发初创公司 Oculii。

其中，被通用汽车收购的 Voyage，从 2017 年设立之后开始在养老社区进行自动驾驶出租车的测试和运营。由于退休人群社区非常需要自动驾驶出租车业务，而 Voyage 在退休社区开展业务多年，于是这次的并购被看作对 Cruise 的工程能力与 Voyage 在退休社区的市场部署进行了结合。

相比较在美国、日本市场生机勃勃，在中国的自动驾驶生态圈内，通用汽车的表现乏善可陈。在 2021 年的 9 月，通用汽车宣布投资中国领先的自动驾驶独角兽企业 Momenta 3 亿美元。担任通用汽车执行副总裁兼中国区总裁的柏历先生表示，与 Momenta 的协议将使通用汽车加速为中国消费者量身定制下一代解决方案。

在 2021 年的 10 月 1 日，美国加州机动车辆管理局正式向 Cruise 颁发了向公众提供自动驾驶服务收费许可，这意味着 Cruise 可以在前排驾驶员位置没有安全员的情况下，提供服务并收取费用。Cruise 孜孜不倦的投入，使它向着商业化运营迈出了坚实的一步。

另外，在通用汽车内部，很长时间以来一直是两条技术路线并行，即渐进式发展路线和跨越式发展同时发展。跨越式发展就是前文所述的，由 Cruise 团队来主导的工作。另外通用汽车自己的研发团队，主要走一条渐进式发展路线。

早在 2017 年下半年，在北美上市的凯迪拉克 CT6 就搭载了超级巡航系统 Super Cruise，其中包含了驾驶员注意力保持系统以及高精度地图两项技术。超级巡航系统共有三种警示级别。当一级警示，即方向盘上的绿色灯条显示之后的五秒内，驾驶员并未做出抬头睁眼平视前方的举措，系统将进入二级警示。这时方向盘红色灯条开始闪烁，提醒驾驶员要迅速集中注意力接管车辆。如果方向盘灯条长时间闪烁，语音提示将会响起，此为三级警示。驾驶员应立即接管车辆，否则车辆将在行驶车道上放慢速度并最终制动。此时车辆已脱离超级巡航系统和自适应巡航系统的控制。

此外，在 2021 年的北美国际消费类电子产品展览会上，通用汽车 CEO 玛丽·巴拉宣布，雪佛兰将配备 Super Cruise 超级巡航系统，并且宣布，通用汽车的 L2 级自动驾驶系统不再为凯迪拉克所独享，到 2023 年，搭载 Super Cruise 超级巡航系统的车型将达到 22 款。在 2021 年的 11 月，通用汽车宣布了 Super Cruise 超级巡航系统的下一个升级版本，增加了激光雷达传感器的 Ultra Cruise 将在 2023 年被应用于通用汽车的高端车型。通用汽车高级副总裁杜格·帕克斯介绍说，Ultra

Cruise 系统完全是由公司内部研发的。Ultra Cruise 将与 Super Cruise 一起推出，其中 Ultra Cruise 面向高端车型，而 Super Cruise 则在主流车型上应用。通用汽车表示，这一战略将有助于其加速在产品阵容中部署脱手驾驶辅助系统，其中一个系统的价格更加实惠。Ultra Cruise 的推出将覆盖美国和加拿大超过 200 万英里（约 322 万公里）的公路，而 Super Cruise 目前仅覆盖 20 万英里（约 32 万公里）的公路。通用汽车计划未来将道路覆盖范围扩大至 340 万英里（约 547 万公里）以上。

在外界期待 Cruise 继续加速之时，内部令人不安的动荡正在到来。在 2021 年 11 月 2 日的 Cruise 董事会上，通用汽车 CEO 玛丽·巴拉明确表明，Cruise 的未来发展方向除了自动驾驶出租车之外，还包括为通用汽车开发技术，IPO 并不在计划之内。这和 Cruise CEO 丹·阿曼的想法有很大的分歧。

在董事会之后，丹·阿曼依然在争取 IPO，而且在公司资源的聚焦方向上开始采取更为积极的做法。通用汽车的领导层也发现，和 Cruise 的合作变得越来越困难。

矛盾和冲突在 2021 年 12 月 16 日画上一个惨烈的句号。通用汽车发表声明，宣布丹·阿曼离开 Cruise。

经过这一轮动荡，为 Cruise 如期开始在旧金山的自动驾驶出租车付费服务，蒙上了一层阴影……

沃尔沃汽车：四处出击后的筋疲力尽

2018 年，沃尔沃汽车在瑞典发布了 360c 自动驾驶概念车，阐释了在自动驾驶时代，沃尔沃汽车对于未来出行的参考。之后沃尔沃汽车发布计划表示，沃尔沃汽车正在从一个传统的汽车制造商，转型成为一个出行服务商，以个性化、可持续和安全的方式为消费者提供畅行无忧的方案。之后表述说，沃尔沃汽车计划到 2025 年，每年汽车销量中，有 1/3 是自动驾驶汽车。这也是至今为止，汽车行业针对自动驾驶新技术设立的最具雄心的目标之一。

沃尔沃汽车"三分之一"的目标，主要由两部分构成：一是沃尔沃汽车应用技术推出的自动驾驶汽车；二是沃尔沃汽车和科技公司、出行公司合作，提供即插即用的自动驾驶基础车型，供科技公司和出行公司进行改装。

从沃尔沃汽车自身研发自动驾驶的过程来看，早在 2005 年，沃尔沃汽车就已经成立了自动驾驶项目组，之后慢慢形成高级驾驶辅助团队（ADAS 团队）以及高级别自动驾驶团队（Autonomous Driving，以下简称 AD 团队）。其中 ADAS 团队将主要研发精力投入 Pilot Assist 系统；而 AD 团队则基于 2013 年启动的 DRIVE Me 项目展开工作。

此外，沃尔沃汽车还与瑞典的安全系统供应商奥托立夫（Autoliv）公司合作，以 50/50 的股权比例成立了名为 Zenuity 的合资公司，双方共同进行 ADAS 和自动驾驶系统的开发。由于沃尔沃汽车、吉利汽车和 Zenuity 在自动驾驶发展方向上的分歧，以及资源分配上的取舍，2020 年 4 月，Zenuity 又被分拆为 Veoneer 和 Zenseact 两家公司。Veoneer 主要继承了 Zenuity 在德国慕尼黑和美国底特律的业务和人员，专注于 ADAS 系统的开发。而 Zenseact 将专注于高级别自动驾驶软件的开发和商业化，主要继承了 Zenuity 在瑞典哥德堡和中国上海的开发业务和运营人员。

在和科技公司、出行公司合作方面，2016 年沃尔沃汽车就与优步达成合作，共同研发自动驾驶车辆和技术，优步将采购双方共同研发、并由沃尔沃汽车生产的自动驾驶车辆。2018 年 11 月，沃尔沃汽车与百度达成协议。到了 2020 年，Waymo 和沃尔沃汽车达成全球战略合作。

到了 2021 年，沃尔沃汽车与滴滴达成战略合作协议，将向滴滴自动驾驶公司提供支持转向和制动冗余系统的 XC90 车型。

沃尔沃 XC90 内置了冗余系统和安全功能，成为首款集成滴滴自动驾驶硬件平台双子星的车型，未来将被用于滴滴的自动驾驶道路测试。

但是好事多磨，优步的自动驾驶部门已经被出售，和百度、Waymo 的合作截至本书完稿，也没有进一步的新进展公布。与滴滴的合作，成为沃尔沃汽车和众多科技公司、出行公司合作过程中，少有的亮点。而据知情人士透露，沃尔沃汽车与滴滴的合作在一开始并没有被给出很高的优先级，甚至许多瑞典哥德堡总部的工程师都表示没有听说过和滴滴的合作，更多的资源被投入与优步和 Waymo 的合作上。

而沃尔沃汽车自身在自动驾驶技术上的研发进展也不容乐观，很长一段时间，都处于美国硅谷团队和瑞典团队很少交流、各干各的，同时中国团队又拿不到资源的尴尬境地。而仅仅依靠 Zenseact 的软件开发能力，也很难在短时间内有突破。并且更让人唏嘘的是，借用一位知情人士的话，经过几年的折腾，在当年整合了沃尔沃汽车和奥托立夫公司最强的汽车电子能力的 Zenuity，许多顶尖人才已经离开了……

2021 年 7 月，Zenseact 获得吉利汽车旗下亿咖通科技的战略投资，Zenseact 的产品将搭载在下一代的沃尔沃汽车和极星汽车（Polestar）上，提供主动安全功能以及高速公路上无人监管的自动驾驶功能。在此之前的 2020 年 11 月的进博会上，配备有路采系统的沃尔沃 XC90 亮相，其将用于沃尔沃汽车与 Zenseact 在中国市场的数据采集工作，为下一代可扩展自动驾驶模块架构 SPA2 进行研发及测试。

在 2021 年即将结束的时候，2021 年 12 月 28 日，Waymo 宣布和浙江吉利控股集团合作，吉利控股集团旗下的极氪汽车将为 Waymo ONE 的无人驾驶车队提供专属车辆，并在美国投入商业化运营。从时间线上来看，虽然极氪第一款汽车的交付上市要晚于 Waymo 和沃尔沃汽车合作官宣的时间，但是考虑到吉利汽车、沃尔沃汽车以及极氪汽车三个品牌之间的联系，加上极氪汽车之后可能会上市，可以推测说，沃尔沃汽车和 Waymo 合作的实质性进展，可能又将继续延后。

另外，早在 2018 年，Waymo 就在上海成立了 100% 控股的公司，但是自动驾驶的相关业务，包括团队建立、路测以及商务拓展等都在缓步推进过程中。2021 年年末 Waymo 选择和吉利汽车合作，也是 Waymo 在中国市场的新的尝试。

丰田汽车：布局等待机会的来临

丰田章男曾经在 2017 年表示，丰田汽车将加快在自动驾驶领域的扩张步伐，之后，丰田汽车开始一方面进行自动驾驶技术的研发，同时开始与英伟达、微软、优步等公司进行技术合作。

2018 年 3 月，丰田汽车在东京设立丰田研究院高级研发公司（Toyota Research Institute Advanced Development，TRI-AD），该公司于 2020 年 7 月重组成立 Woven Planet Holdings，由两家运营子公司组成，分别为专注于自动驾驶技术的 Woven CORE 以及专注于投资和孵化新机会（例如车载软件、高精度地图等）的 Woven Alpha。之后，Woven Planet Holdings 成立 Woven Capital 投资基金，总金额达到 8 亿美元。

按照丰田汽车公布的发展计划，Woven CORE 将在雷克萨斯 LS 上推出 Teammate System，这是一款基于激光雷达的 L2 级 ADAS，可以实现自动变道，并在高速公路上实现超车。而 Woven Alpha 将推出汽车操作系统 Arene，同时在地图平台上开展合作。

在 2020 年 2 月，丰田汽车出资 4 亿美元领投中国的小马智行。在 2021 年 4 月，Woven Planet Holdings 以 5.5 亿美元的价格，收购了来福车的自动驾驶部门 Level 5。3 个月后的 7 月，Woven Planet Holdings 收购高清地图初创公司卡米拉（Carmera）。2021 年 9 月，自动驾驶初创公司，厄姆森领衔的 Aurora 透露，Aurora 正在与丰田汽车合作开发自动驾驶汽车，以塞纳为基础打造测试车辆，将在 2022 年在美国匹兹堡和达拉斯进行道路测试。

此外，2021 年 6 月，福特汽车发布《福特汽车自动驾驶发展报告 2.0》，表示计划于 2022 年在目前已经进行测试和业务运作的美国华盛顿特区、迈阿密和奥斯汀，启动自动驾驶出租车业务。而在奔驰和宝马暂停自动驾驶合作之后，2021 年 8 月，戴姆勒和博世合作开发自动驾驶出租车的"雅典娜"项目也宣布结束。

在中国市场，各家汽车企业不再大张旗鼓地宣传自动驾驶汽车的量产时，它们或是与科技公司合作，或是自己开始测试，开始进入深入开发的深耕阶段。

曾经在全球范围内，号称 2020 年、2021 年、2022 年实现自动驾驶的万丈豪情，现在已经被大家有意无意地淡忘。从正面积极的角度来说，无论是科技公司还是汽车公司，都意识到了在目前的情况下，实现自动驾驶在技术以及商业模式上的难点；从感性化的角度来说，在一片喧闹和关注中，曾经让人激动和畅想的自动驾驶未来，猛然之间狂欢结束，回归理性。有许多人退出，也有许多人，无论是科技公司、出行公司里的研究者，还是传统的汽车企业里的专家，都还在研究、探索和坚守，只是不知道时间，还在不在他们这一边。

如果抛开法律、伦理、道德等层面，我们把自动驾驶当作一个产品和项目来讨论，那实现自动驾驶，到底难在哪里呢？

11. 单点突破的局限和无奈

从 2016 年开始，自动驾驶的横空出世曾经带给我们惊喜，但随着时间的流逝，自动驾驶汽车的车祸、对于安全员的讨论、企业之间对于"出走者"的诉讼……"娱乐"信息过多而研究进展却很少，渐渐让叹息多于惊喜。自动驾驶汽车又一次令人无可奈何地遵循着技术成熟度曲线，很快地跨过"过高期望的峰值"，正在快速坠入"泡沫化的谷底"。

如果我们把自动驾驶当作一个产品和项目来讨论，那实现自动驾驶，到底难在哪里呢？

感知、决策和控制

自动驾驶的兴起与人工智能的蓬勃发展密不可分。1956 年，香农在达特茅斯学院和几位年轻学者讨论如何用机器模仿人类在各个方面的智能，并且提出"人工智能"一词，开启了新时代。自动驾驶的研究架构，自然也追随着理论框架，对人类驾驶汽车的行为进行拆解，并且试图利用算法和机器智能提升整个行为的安全和效率。

人类驾驶汽车的过程，可以被粗略分为以下几个步骤：观察周围车辆情况、交通指示灯，然后朝着自己的目的地方向，通过油门、刹车和方向盘，进行加速 / 减速、转弯 / 变道，以及刹车的操作。这个过程在自动驾驶的研究中被细分为感知、决策和控制。依据推演，传感器、机器以及人工智能算法的结合，将使自动驾驶完全超越人类驾驶。

首先，人类会出于天气、视线盲点以及自身的身体疲劳、反应速度慢、情绪不佳等原因，产生观察的盲区，并基于这些盲区做出不安全的决策。组合式的传感器可以以汽车为中心进行 360° 全覆盖扫描，并且可以将观察区域拓展到百米范围。这样的观察区域是人类司机完全无法匹敌的。

其次，对于驾驶动作的决策，以 AlphaGo 为代表的机器智能已经证明了在速度、精确度等方面机器可以远超过人类，并且保持长期的可重复性。这一点人类因为智能的局限性以及情绪的波动性，完全无法和机器匹敌。

再次，机器做出决策后，通过线控系统将信号传递到汽车的转向系统、制动系统和传动系统，可以确保信号的快速性以及准确性。这一点人类的手脚配合无法达到电子信息毫秒级的传输速度，并且人类许多时候也会"忙中出错"，错把油门当刹车。

最后，人类驾驶员在初始条件下的感知、决策和控制三个步骤是有间隔的，只有当积累一定里程，成为"老司机"之后，才能达成眼手脚的协同配合。而机器当然可以极大加快学习的进度，使得协同配合的达成时间大大缩短，出手就是老司机水平。

纸面上的推演似乎一切完美无瑕，但正如前不久人工智能顶尖学者，斯坦福大学的李飞飞教授在与历史学者、《人类简史：从动物到上帝》《未来简史：从智人到智神》作者尤瓦尔·赫拉利（Yuval Noah Harari）对谈时强调的，世界上存在的不止两个群体，真实的社会远比这个复杂，除了算法之外，还有很多玩家和规则。在自动驾驶研究进入深水区的时候，传感器、芯片以及数据的问题，正在使得"单车智能"越来越呈现出它的不完美。

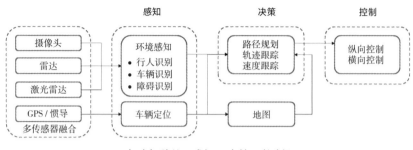

自动驾驶的"感知—决策—控制"

多传感器融合

作为外部路况探测的传感器，其收集的信息将作为驾驶决策的支撑，是做出正确驾驶决策的重要保障。可以说，没有完整的信息，决策系统就不可能做出正确、安全的驾驶决定。虽然众多的传感器在单一指标上可以超越人眼，但是融合的难题以及随之而来的成本困境，成为自动驾驶演进过程中面临的严峻考验。

目前，许多豪华车品牌的汽车都配备有先进的 ADAS 功能，利用配备的传感器，包括摄像头、雷达、超声波、激光雷达等，帮助驾驶者探测路面情况，并且给予提醒和警示，甚至在不安全情况下进行自动紧急刹车，保障安全。

但是大部分 ADAS 功能都是独立工作的，彼此之间不会交换信息，后视摄像头、环视系统和前方摄像头等往往起到不同的作用，具备不同的功能。当传感器的功能只是提供预警信息以及紧急刹车等功能时，其自身的局限性还在可控范围之内。但是当我们对传感器的要求是承担自动驾驶级别的感知任务时，每种不同的传感器的缺点就使得单一要素无法承担重任，比如摄像头测距有限，而雷达也不具备较高的分辨率。所以需要组合使用不同传感器，基于不同传感器输入的内容，更加准确地感知周围的环境。

此时，多传感器融合（Multi-Sensor Data Fusion，MSDF）的问题就摆在了从业者面前。首先，不同传感器采集的数据类型不同。其次，不同传感器对于物体的检测会出现不同的情况（例如双重检测、部分检测等），需要进行数据的修正、融合等（例如 Harmonize, Reconcile, Integrate, Synthesize 等），只有这样才能描述出较为准确的外部路况信息。处理数据的方式也有多种，但无论是情况排序法、加权投票法、优先到达法等，都各有优劣。

在此基础上，还需要考虑最终的操作是由哪个器件决定的，在哪里完成数据处理，并且如何将传感器的数据发送到中央电子控制单元。集中式处理和分布式处理是两个极端情况，大部分处理都在区间之内，但如何达到平衡依然是难点。

此外，多传感器带来的线束问题也是"甜蜜的烦恼"。根据西门子专家丹·斯考特和独立咨询顾问乌尔丽克·霍夫于 2020 年发表于国际汽车工程师协会旗下的《自动驾驶车辆工程》杂志的文章《"汽车线束"将伴随自动驾驶发生哪些变化》，目前高档轿车搭载了超过 700 个连接器和 3000 条电线，如果把汽车上的电线全部连接起来，长度可以超过 4 公里，重量将达到 60 公斤。而且汽车所需电线多种多样，有时候甚至会用到多达 70 种以上的专用电线。以上数据还是在不包含自动驾驶相关设计下的测算结果。自动驾驶技术一旦部署，将进一步增加汽车线束的规模、重量、成本和复杂程度。如何在汽车的空间范围内合理科学地布局这些线束，并且尽可能地降低热量，也是实践过程中遇到的难题。

芯片的性能

多传感器的问题同时也埋下了一个隐患就是芯片的性能。如果需要更全面地了解外部路况信息，就需要部署更多的传感器；更多的传感器就对融合提出了更高的要求，而且在高速度的情况下，由于路况信息的变化，所带来的数据信息也更为海量。根据英特尔的测算，一辆自动驾驶的汽车，配置了GPS、摄像头、雷达和激光雷达等传感器，每天将产生约4TB待处理的传感器数据。如此巨大的数据量必须有强大的计算设备来支撑。如果我们打开现阶段进行展示或者测试的自动驾驶汽车的后备厢，就会发现有一个很大的计算平台。这正是自动驾驶汽车的大脑和决策机构。

如上文所说，众多传感器向计算平台输入数据，计算平台实时处理海量的数据，并且在整合提炼信息的基础上，比对车辆位置信息，基于高精度地图以及已经设定的路径规划进行决策，决定车辆的行驶状态，并且向控制单元输出决策信号和控制信号。

但是随之而来的是一个之前被科技行业所忽略的问题，强大的计算平台同时也产生许多热量，自动驾驶汽车配备计算平台，一定也需要同时配备散热设备。所以，强大算力加上低能耗，成为自动驾驶汽车厂商的追求。而即使是英伟达这样的顶级GPU企业，也几乎在算力和功耗的平衡上达到了天花板。所以近年来，专用计算平台更多地走进人们的视野，包括谷歌投入应用的AI专用芯片TPU、国内顶尖创业公司地平线推出的BPU，特斯拉也在投入巨资进行自动驾驶芯片的研究。

还有另外的问题，实现自动驾驶，到底需要多少算力？实现L3级的自动驾驶，可能需要2TOPS，也有可能需要20TOPS，真的没有人说得清楚。而且，这还只是 L3 级，真的进入 L4 级，对算力的要求势必呈现出指术级的上升。

成本与性能的平衡

在描述完多传感器融合以及芯片性能的困局后，自动驾驶背后的商业困局也自然呈现。增加许多的传感器必然将确保外部感知的准确性，芯片性能的提升也将有利于决策水平的提高，但这一切的背后，都将是成本的巨大提高。以我所经历的来看，目前在国内市场，传感器加上芯片、处理系统等，成本基本抵得上一辆入门款的 A 级轿车，其次还要加上众多研发人员和工程人员的时间投入。也有法国的研究机构统计，2020 年正在测试的每辆自动驾驶汽车的平均价格是 20 万美元。

成本的背后，更为重要的是责任（liability）的转移。在有人驾驶时代，驾驶者当然是第一责任人，驾驶者做出车辆操控决策，并对可能的后果负责。但是当汽车厂商或者出行厂商推出自动驾驶汽车后，由于是厂商提供的车辆"自动"进行操控，因此责任被转移到厂商这边。为了降低其可能承担的风险以及后续的损失，厂商自然需要增加足够的冗余，以保证产品达到车规级的安全。而高昂的成本是消费者不愿意买单的，特别是在早期，自动驾驶的功能非常有限，而且还需要在特定条件下才能被触发，这更加削弱了消费者买单的意愿。

数据、场景的本地性和通用性

正如老司机需要经历时间和众多路况才能练成眼手脚的协调配合，自动驾驶汽车的决策能力的提升也需要在大量有效的路测数据基础上提升决策算法的有效性。按照业内普遍的观点，自动驾驶企业需要 100

亿英里的驾驶数据来优化其自动驾驶系统。但这是人类不可能完成的任务，即便是取得指数级领先优势的 Waymo，其自动驾驶汽车的路测里程累计也只有 2000 万公里（2000 万公里几乎相当于绕了地球整整500 圈）。业内其他的自动驾驶企业也利用仿真测试作为真实道路路测的补充，加快研发的进展。

但即使如伟大的 Waymo，目前的无人车队也更多在车流量较少的凤凰城进行测试。（而且这一切还必须基于 Waymo 应用的是最佳的传感器加计算平台的组合，如果进入交通情况更为复杂的城市，现有的硬件和算法是否可以进行支撑，也是未知数。）数据的多样化以及丰富性同样也是不足的，所以有业内人士指出，由于数据本地性问题，Waymo 的商业化路径是否可以拓展，依然存在疑问。

自动驾驶初创公司 NuTonomy 的首席运营官道格·帕克的表述也说明了数据可拓展性面临的难题。他说，目前开发的大多数自动驾驶汽车技术都基于特定的地理位置，因此很难被推广到新城市，因为要在系统中计入新的规则和新的驾驶行为。无论是美国还是中国的自动驾驶企业都面临现实的挑战，如果更换一个城市进行测试，有很大部分需要重新开始。

伴随人工智能和深度学习的发展，单车智能的方案曾经带给业内诸多惊喜，但伴随研发和测试进入深水区，多传感器融合的问题、芯片算力和能耗的问题，以及数据本地性无法通用化的问题慢慢浮出水面。

算法单兵突进，目前已经无法完全解决自动驾驶所面临的问题。当算法越来越精深的时候，与之配套的硬件成为发展的瓶颈，于是故事的演化和发展进入新的篇章，硬件如何进一步提升，如何与算法和软件形成更好的耦合和连接，成为自动驾驶发展过程中亟待突破的难题。

新的科技英才们即将登场，汽车行业的产业链，即将迎来新的玩家！

12. 新势力：新的武器与漫漫征途

2021 年 12 月，中国上海。

从浦东新区的尚悦湾，行路匆匆赶到杨浦区的合生汇，城市中心区域的购物中心一楼涌进了越来越多的汽车展厅。人头攒动、人气旺盛的反而不是奔驰、宝马和大众这些传统的巨头，而是蔚来、理想、小鹏、哪吒、零跑、威马这些两三年前还非常陌生，但正在变得越来越熟悉的名字。

我想起一个多月前在北京，和 James 约了在蓝色港湾餐叙，在中央广场上看到醒目的蔚来汽车和理想汽车，还有高合汽车的展厅。James 笑笑说，说好的餐叙最后变成了逛展厅，然后告诉我，这些新势力已经在北、上、广、深等一线城市布局了超过 100 家城市展厅，而且正在加速在二、三线城市的拓展。

造车新势力：大浪淘沙

"造车新势力"似乎是从 2014 年兴起的，那时候大家都在说"互联网 +"和特斯拉，国内的资本市场也十分火热。好像就在一两年间，有将近 100 家宣称造车的企业陆续诞生。舆论和资本热情追捧，送上"颠覆式创新"这样的赞美之词；而汽车行业的专家和从业者们大部分冷眼旁观，甚至有人嘲讽它们是"PPT造车"。7年过去了，几经沉浮，存活下来的造车新势力确实屈指可数，真正实现交付的更是少之又少。

但是历经大浪淘沙，存活下来的造车新势力已经开始振翅高飞。2022年1月1日，蔚来汽车、理想汽车和小鹏汽车已经公布了2021年全年的销量。造车新势力的前三强，2021年的销量均超过9万台，而且比较2020年，销量都实现了翻番，甚至是2倍以上的增长。对于历经芯片短缺、新冠肺炎疫情反复的道路坎坷的2021年中国汽车产业来说，3家造车新势力的表现都称得上令人刮目相看。

现在三家造车新势力已经在自动驾驶领域开始了"内卷"，自动驾驶已经成为其智能化车辆的重要表现形式，成为其竞争力的重要组成部分。

2021年5月25日，理想汽车在春季发布会上推出了2021款理想ONE，理想汽车创始人和CEO李想介绍说，新款理想ONE搭载了五颗毫米波雷达，并且采用两颗地平线征程3自动驾驶专用芯片。

2021年11月19日，广州车展，小鹏汽车的G9正式亮相，其配备了XPilot 4.0自动驾驶系统，而且配备了两颗激光雷达。

2021年12月18日，蔚来汽车创始人、董事长和CEO李斌在2021年蔚来日上发布了ET5，这款车搭载了蔚来自动驾驶技术NAD（NIO Autonomous Driving），全系标配NIO Aquila蔚来超感系统和NIO Adam蔚来超算平台。

这些头部的造车新势力以这样的方式，使自动驾驶再次成为公众的关注焦点。它们几乎是以达到L4级自动驾驶的技术储备来开发L2级的ADAS，以期尽快实现商业化，并成为未来品牌向上过程中的新型武器。

蔚来汽车：逆风飞翔

贝塔斯曼亚洲投资基金创始人及管理合伙人龙宇后来回忆道，2011 年的一个冬夜，他和李斌在一家小餐馆长聊，李斌突然说，自己真正感兴趣的事情其实是造车。龙宇描述说，那个时候，李斌的眼里放着光。

在成立蔚来汽车之前，李斌早在 2000 年就创立了易车网，易车网 2010 年在纽交所上市。除此之外，李斌还是摩拜、嘀嗒出行的投资人。我曾经参加过一次李斌的分享会，他谈到了汽车商业模式 3.0 的概念，并且结合自己的亲身经历，认为诞生于移动互联网时代的汽车商业模式 3.0，需要以用户为中心，让用户用得爽。

2013 年，李斌开始筹划造车。凭借其在业界积累的人脉与资源，加上自掏腰包的决心，他吸引到了中国最顶尖的投资人、私募基金，包括腾讯董事会主席兼 CEO 马化腾、小米创始人雷军、高瓴资本创始人兼 CEO 张磊、京东董事局主席兼 CEO 刘强东、红杉资本全球执行合伙人沈南鹏等。甚至他的老对手，汽车之家创始人、理想汽车创始人兼 CEO 李想，也是蔚来汽车的投资人。

2014 年，蔚来汽车成立。2016 年，纯电动超跑 EP9 全球限量首发，只有 6 台。2017 年年底，蔚来汽车 ES8 量产上市。之后的 2018 年 9 月 12 日，蔚来汽车正式在纽约证券交易所上市，李斌荣归纽约证券交易所，但是他却没有走向台前，而是邀请了 12 位蔚来汽车的车主敲响了上市的钟声。

但是进入 2019 年，融资艰难、交付延迟、新能源汽车补贴退坡，加上特斯拉的竞争，这些内忧外患将李斌变成了"2019 年最惨的人"。一直到 2020 年 2 月，合肥市政府伸出了橄榄枝，与蔚来汽车签署合作协议，70 亿元的投资帮助蔚来汽车和李斌脱离了困境。

早在 2016 年 10 月，曾经主持特斯拉 Autopilot 1.0 的开发，并任职于苹果自动驾驶项目团队的杰米·卡尔森加入蔚来汽车北美研发中心，李斌给予杰米的任务非常明确——从零开始自主研发一套自动驾驶系统。在杰米的带领下，NIO Pilot 团队用了 18 个月的时间打造了一款系统。2017 年 12 月，蔚来汽车发布了自动驾驶辅助系统 NIO Pilot。

在那时候，蔚来汽车在中国和美国都部署了自动驾驶技术团队，围绕 Mobileye 的 Eye Q4 芯片，开发 L2 级 ADAS 的决策和控制算法，并且同时进行 L4 级自动驾驶的开发。

但是，美国工程师对于软件开发工作的大包大揽导致产品在中国本土市场的"水土不服"，美国工程师远程的调试工作举步维艰，加上北美团队和中国团队长期以来对于技术方向的把控方面存在矛盾，2019 年，在资金紧张的情况下，北美自动驾驶团队进行了大面积的裁员。2020 年蔚来汽车走出困境之后，在中国继续加大对自动驾驶业务的投入，特别是 2020 年下半年，蔚来汽车将股票增发融资募集来的 17 亿美元全部用于自动驾驶技术的研发。

根据我了解的情况，目前蔚来汽车的自动驾驶团队规模大约为 300 人，章健勇、任少卿和白剑直接向李斌汇报。其中，章健勇曾经在上汽集团负责自动驾驶的前期开发工作，是蔚来汽车的早期员工；任少卿曾经担任 Momenta 的研发总监；而白剑之前曾经担任小米芯片和前瞻研究部门总经理。

2021 年 1 月 9 日，蔚来汽车在 NIO Day 上发布了自动驾驶平台系统 NAD，包含 NIO Aquila 蔚来超感系统和 NIO Adam 蔚来超算平台。其中，NIO Aquila 蔚来超感系统配备 33 个高性能感知硬件，包括 11 个 800 万像素高清摄像头、1 个超远距离高精度激光雷达。NIO Adam 蔚来超算平台搭载 4 颗英伟达 DRIVE Orin 芯片，算力达到了 1016 TOPS。

此外，在 2021 年 12 月 18 日的 NIO Day 上，李斌介绍说，NAD 将采用"按月开通、按月付费"的订阅服务模式，即 ADaaS（AD as a Service），将在完成开发验证后逐步提供服务。根据蔚来汽车公布的内容，NAD 的完整功能包含：NIO Pilot 的功能，具体包括领航辅助、转向灯控制变道等；NAD 自动驾驶功能，但是仅限于部分城区道路，以及封闭高速道路的自动驾驶（推测应该为 L2 级和 L3 级）；NAD 低速以及自动泊车等。

而在自动驾驶领域，常常拿来和蔚来汽车进行比较的，是另一家造车新势力公司——小鹏汽车。

小鹏汽车：技术标签

如果说蔚来汽车的标签是"体验"，那小鹏汽车的标签一定是"技术"，这也是小鹏汽车的创始人和董事长何小鹏给自己的标签。

早在 2004 年，何小鹏就创立了 UC 优视科技有限公司（以下简称 UC 优视，代表产品是 UC 浏览器）。UC 优视在 2014 年被阿里巴巴以创纪录的 40 亿美元的价格收购。之后在阿里巴巴的日子，何小鹏曾经出任过阿里巴巴移动事业群总裁、阿里游戏董事长等职务。2017 年，何小鹏从阿里巴巴离职，加入小鹏汽车担任董事长。

这次站在何小鹏背后坚定支持的人，是雷军。早在 2004 年，雷军就投入 400 万元帮助 UC 优视完成了天使轮融资。之后对小鹏汽车，雷军投资了 4 亿元，同时引荐了富士康、IDG 资本等，帮助小鹏汽车在一年时间内实现了 20 亿元融资。

2018 年，小鹏汽车的首款量产车小鹏 G3 上市，之后 P7 和 P5 分别于 2020 年和 2021 年上市。在 2020 年 P7 上市之后，特斯拉的 CEO

埃隆·马斯克曾经在推特上对小鹏汽车冷嘲热讽，并暗示小鹏汽车在自动驾驶方面和特斯拉极为相似。何小鹏也发朋友圈疑似回应马斯克的嘲讽，他表示，从 2021 年开始，在中国的自动驾驶领域，（特斯拉）要有思想准备被（小鹏汽车）打得找不着北。

小鹏汽车的自动驾驶团队成立于 2017 年。2019 年，在高通工作十余年的自动驾驶研发团队负责人吴新宙加盟小鹏汽车，全面负责小鹏汽车自动驾驶美国及中国的整体路线规划。目前小鹏汽车在中美两国的自动驾驶研发团队规模达到了 600 人。

在小鹏汽车的第一款汽车 G3 发布之前，何小鹏就在内部表示，要把自动泊车场景做透。2019 年 1 月，XPilot 2.0 首次向小鹏汽车 G3 用户推送 OTA 升级，使自动泊车适配于更多的场景，特别还支持有阴影的停车位。2019 年 7 月，XPilot 2.5 向 G3 用户推送 OTA 升级，由此可以实现自适应巡航以及车道居中保持等。

随着小鹏汽车 P7 的上市，XPilot 3.0 在 2021 年第 1 月向用户推送，落地了高速场景下的 NGP（自动导航辅助驾驶系统）。而伴随搭载 2 颗激光雷达的小鹏 P5 的量产，XPilot 3.5 可以实现更为强大的限定城市场景 NGP 的功能。

小鹏汽车 P5 配备了 13 个高清摄像头。其中包括 1 个前向三目摄像头、4 个环视单目摄像头，5 个智能辅助驾驶单目摄像头，这些摄像头基本上覆盖了车身区域。此外，车内还配备 1 个驾驶员检测摄像头，用于检测驾驶员是否在安全驾驶状态。同时，P5 周身还采用了 5 个毫米波雷达和 12 个超声波雷达。而高配的 550P 和 600P 两个版本，还搭载了大疆旗下的激光雷达公司——深圳览沃科技有限公司提供的 HAP 激光雷达、5 个毫米波雷达和 12 个超声波雷达。此外，小鹏汽车 P5 搭载了英伟达 Xavier 计算平台。

在 2021 年 10 月 24 日的小鹏汽车技术分享日上，小鹏汽车以 P5 为实验车型，演示了智能驾驶辅助的模样：从一个停车位启动，途经停车场、低速园区、城市道路、城市快速路等，全程进行智能驾驶辅助，最终抵达终点停车位。在这个路线上，小鹏汽车 P5 使用了停车场记忆泊车、高速 NGP、城市 NGP 等多个功能模块，并串联了停车场、高速、城市道路等不同场景。

相比较小鹏汽车，理想汽车的进度会稍慢一些，但是研发的步骤正在快步进行中。

理想汽车：准备和布局

相比较蔚来汽车和小鹏汽车，理想汽车似乎一直远离聚光灯，但其在产品端的表现还是有目共睹的。目前理想汽车旗下仅有一款车型，但是仅仅凭借这一款车，理想汽车就成为率先实现季度赢利的造车新势力企业，同时也是目前造车新势力企业中，单车销量最高的企业之一。

早在 2000 年，还在上高中的李想就注册并开始运营泡泡网。2004 年年底，他又创办了汽车之家，汽车之家在 2013 年成功在美股上市。2015 年，李想开始了理想汽车的创业之旅。

成立至今，理想汽车没有走纯电动汽车的寻常路线，而是一直坚持制造增程式电动汽车。李想认为，增程式电动汽车除了能充电之外，还能通过加油的方式来保持动力，因此续航里程相较纯电动汽车更长。

不过理想汽车并没有苛求"与众不同"，随着市场的变化，理想汽车也在用自己的判断做出变化。2021 年在香港二次上市（在美国纳斯达克证券交易所和中国香港联合交易所双重上市）时的招股说明书表示，理想汽车已经采用增程和纯电双轮驱动的路线，并开始了纯电平台的布局，以及充电桩的布设。

2020 年 7 月，理想汽车赴美 IPO。之后的 9 月，伟世通公司原首席架构师王凯加入理想汽车，之后理想汽车在自动驾驶领域的研发步伐明显加快。截止到 2021 年年底，据我所知，理想汽车的自动驾驶团队已经从 60 人扩充到 300 人，并且还在继续扩充队伍。在本书即将出版之时，媒体公开报道显示，王凯已经决定离开理想汽车。

比较蔚来汽车、小鹏汽车和理想汽车三家造车新势力头部企业，它们都以软件自研加在核心硬件方面绑定硬件合作伙伴的方式，发展自动驾驶。在芯片方面，目前蔚来汽车和理想汽车的车型主要搭载 Mobileye Q4 芯片，小鹏汽车 P7 搭载英伟达 DRIVE Xavier 芯片。2022 年三家企业都将和英伟达合作，推出采用其 DRIVE Orin 芯片的新车型。而在传感器硬件方面，小鹏选择了大疆旗下的激光雷达公司深圳览沃科技有限公司，而蔚来汽车则投资了国内的激光雷达初创公司图通达智能科技（苏州）有限公司，以锁定供应商。理想汽车也将在其新车型上配备激光雷达，具体的供应信息还未公布。

公司	研究车型	感知层		决策层和控制层						
		传感器	高精度地图	芯片	算力	计算平台	操作系统	感知算法	规划算法	控制算法
特斯拉	Model Y	不含激光雷达	不含高精度地图	2颗FSD芯片	144 TOPS	Autopilot HW 3.0	Linux	自研	自研	自研
小鹏	G9	速腾聚创激光雷达	高德高精度地图	2颗英伟达OrinX	508 TOPS	XPILOT 4.0	QNX	自研	自研	自研
理想	X01	禾赛科技激光雷达	高德高精度地图	1颗英伟达OrinX	254 TOPS	IPU 4.0	Linux	自研	自研	自研
蔚来	ET7	Innovusion激光雷达	高德高精度地图	4颗英伟达OrinX	1016 TOPS	ADAM蔚来超算平台	Linux	自研	自研	自研

中美新势力车企智能驾驶布局

除了蔚来汽车、小鹏汽车和理想汽车三家造车新势力头部企业，小米等企业也正在筹划参与造车，并且也将自动驾驶作为其主要卖点之一。在传统主机厂慢慢减少在自动驾驶领域的投资的当下，造车新势力的头部企业正在加大对自动驾驶的研究和投入，希望将其打造成新的销售卖点，形成错位甚至是降维的竞争优势。

而自动驾驶也在经历了从 2019 年开始的两年寒冬之后，在 2021 年不经意地感受到了春日的到来，尽管寒冬还并未离去。

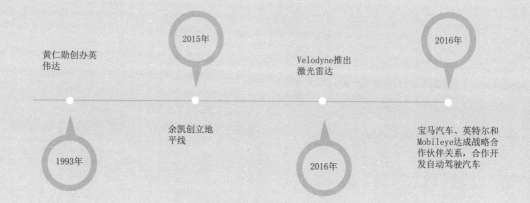

黄仁勋创办英伟达

2015年

Velodyne推出激光雷达

2016年

余凯创立地平线

1993年

2016年

宝马汽车、英特尔和Mobileye达成战略合作伙伴关系，合作开发自动驾驶汽车

第三章

从算法突破到系统提升

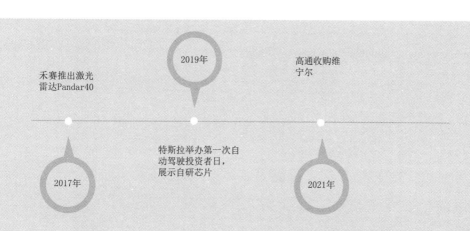

禾赛推出激光雷达Pandar40

2019年

高通收购维宁尔

2017年

特斯拉举办第一次自动驾驶投资者日，展示自研芯片

2021年

1. 自动驾驶的系统集成

2020 年 11 月，中国深圳。

一位全球知名的科技公司的代表说，我们有信心在一年之内完成软件的架构、调试和运行，争取 2021 年第三季度就有一款车可以 SOP（start of production，量产），争取每年帮助公司推出一款车。

坐在对面的是这家科技公司的合作伙伴，一家国内领先的汽车企业。听完这番豪言壮语，工程总监笑了笑，然后说，不可能。

这家科技公司的代表似乎还想说什么，这位工程总监摆了摆手说，对于汽车企业来说，安全是最低的要求。从过往的经验来说，软件只是第一步，之后还需要大量的时间进行软硬件的融合调试，最后经过许多次的实验和验证之后，才可以推出量产的产品。

他顿了一顿后说，从之前一家欧洲公司和美国著名的出行公司的合作案例来看，软硬件融合调试的时间，至少一年。

从 2020 年开始，投资人、科技公司、汽车公司以及消费者，都在追问着一个问题：什么时候自动驾驶汽车可以量产？ Waymo 和优步等都曾经尝试通过大规模改装的方式批量生产自动驾驶汽车，但现实好像令人非常沮丧。一位曾经就职于 Waymo 的工程师接受访谈时表示，有时候一条电线的错放，就可以让工程师们忙活几天，通过各种排查来寻找问题的源头。目前还很难找到进行批量化改装，并且保证一致性和可靠性的方式。

当自动驾驶汽车开始进入关于量产问题的讨论时，我们才发现，自动驾驶原来是一个综合硬件、软件以及测试的系统。软件单兵突进并不能解决所有的问题，系统性的问题才是目前制约发展的瓶颈。

自动驾驶系统

自动驾驶的系统由硬件、系统软件以及功能软件和算法三个部分组成，而当软硬件融合之后，还需要做路测和仿真测试从而进行算法的验证和迭代。

在过往的许多自动驾驶实践中，许多科技公司和自动驾驶初创企业，还有部分的汽车主机厂，所进行的自动驾驶实践，其实只针对功能软件和算法这个部分。这个部分就是我们讲的，通过感知层、决策层和控制层，模拟人类的驾驶行为。其中感知层包括定位与识别技术，负责感知周围的环境，相当于人类的眼睛和耳朵；决策层是承上启下的关键，主要包括任务决策、轨迹规划以及异常处理，相当于人类的大脑；控制层包括纵向控制和横向控制，相当于人类的手脚配合。

这些功能软件和算法，都需要基于稳定、可靠的，可以进行通信和资源分配的自动驾驶系统软件来管理。自动驾驶系统软件包括硬件抽象层、操作系统内核以及中间件这三部分。其中操作系统内核决定着系统的性能和稳定性。

自动驾驶最后需要依靠硬件来完成。自动驾驶的硬件部分包括汽车、控制器、芯片、定位系统（包括全球定位系统和惯性测量单元）、感知传感器（包括摄像头、超声波雷达、毫米波雷达和激光雷达），以及线控底盘控制组件等。

从目前的实践来看，功能软件和算法，加上自动驾驶系统软件，尚且属于科技公司和软件人才把控的领域，但是到了硬件的部分，除了激光雷达和芯片等伴随自动驾驶发展而成长起来的领域之外，其他基本都是由深耕汽车产业链多年的供应商来把控。因此，软件和硬件的融合，知易行难：从表面上来看是软件产品和硬件产品的匹配、调试和优化；而从深层次来看，则是软件行业、科技行业企业进入和融入庞大且盘根错节的汽车产业的供应链体系。本章之后的内容也将逐个分解，介绍自动驾驶系统的硬件、系统软件以及功能软件和算法这三个组成部分。

路测和仿真

自动驾驶汽车的商业化需要经历仿真测试、封闭场地测试以及开放道路测试三个阶段。

仿真测试主要是以数学建模的方式对自动驾驶的应用场景进行数字化还原，建立尽可能接近真实世界的系统模型，无须实车，直接通过软件进行仿真测试便可达到对自动驾驶系统及算法的测试验证目的。仿真测试主要包括模型在环仿真（MIL）、软件在环仿真（SIL）、硬件在环仿真（HIL），以及整车在环仿真（VIL）。

美国兰德公司的研究表明，依据美国驾驶员的事故数据，如要证明 L5 级的自动驾驶汽车比普通驾驶者更加安全，需要至少在实际道路上（基于全路况、全天候等场景下）行驶 100 亿英里（约 161 亿公里）。因此单纯依靠实车测试不可能完成这一目标，而且实车测试的覆盖场景工况有限，对于长尾情况很难大规模复制。中国电动汽车百人会、腾讯和中汽数据联合撰写的《中国自动驾驶仿真技术蓝皮书 2020》的数据显示，目前自动驾驶算法测试大约 90% 用仿真平台完成，9% 在测试场完成，1% 通过实际路测完成。

自动驾驶仿真测试的构成主要包括场景库和仿真平台。中汽数据、中国汽车工程研究院等研究机构，腾讯、百度等科技公司均已建立起各自的场景数据库。仿真平台一般包括仿真框架、物理引擎和图形引擎，其中仿真框架是仿真平台的核心，支持传感器仿真、车辆动力学仿真、通信仿真、交通环境仿真等。目前业内知名的仿真平台包括西门子 PreScan、IPG 的 CarMaker、英伟达的 DRIVE Constellation、微软的 AirSim、腾讯 TAD Sim、沛岱的 PilotD GaiA、百度 Apollo 云仿真平台，以及华为自动驾驶云服务 Octopus 等。

在 2021 年 8 月，工信部、公安部、交通运输部下发了关于印发《智能网联汽车道路测试与示范应用管理规范（试行）》（以下简称《管理规范》）的通知。根据《管理规范》，今后智能网联汽车将不得在道路测试或示范应用过程中在道路上开展制动性能实验。同时，《管理规范》明确，道路测试车辆、示范应用车辆应当遵守临时行驶车号牌管理相关规定，未取得临时行驶车号牌的，不得开展道路测试和示范应用。目前，对于自动驾驶的路测都是针对安全性来展开的，包括对交通信号灯、行人障碍物、道路设施，还有周边车辆的识别和响应，以及自动紧急避险等功能的测试。

如果再往前推导，针对上市的乘用车，国家有强制检验标准，乘用车必须通过政府认可公告，才能上市销售和运营。今后自动驾驶汽车也应该会遵循同样的方法论，进行针对动力性、经济性、制动性、操稳性、通过性等性能的开放道路测试。整车测试需要配备牌照、保险、司机以及大量其他人力和保障资源，时间成本和经济成本都很高。因此整车测试往往较为精简且被严格计划。

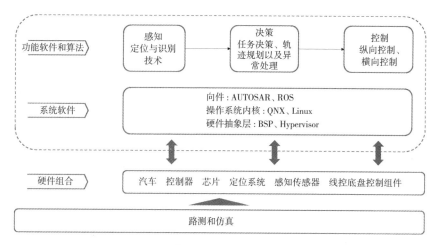

自动驾驶系统集成

从以上的概览中可以看到，自动驾驶真正实现量产和运营，需要大量的系统功能，甚至需要整个自动驾驶生态系统的齐头并进。目前被许多人津津乐道的感知、决策与控制，只是万里长征的第一步。

以下的章节，就让我们逐步展开，看看自动驾驶系统的各个组成部分吧。

2. 功能软件：感知、决策与控制

上文中提到，将人类驾驶汽车的过程粗略拆分，可以得到以下几个步骤：观察周围车辆情况、交通指示灯，然后依据自己的目的地方向，通过油门、刹车和方向盘，进行加速／减速、转弯／变道，以及刹车的操作。这个过程在自动驾驶的研究中被细分为感知、决策和控制。

首先，感知层负责感知周围的环境，并进行环境信息与车内信息的采集与处理。一般而言，检测的对象包括车道线、车辆、行人等，此外还包括信号灯、指示牌等额外道路信息。

其次，决策层基于对外部环境的感知，结合路径规划和导航，负责通过执行相应的控制策略，做出驾驶决策。

最后，控制层基于驾驶决策，负责进行汽车的加速、刹车和转向。这部分主要由电子制动、电子驱动以及电子转向三部分组成。

感知层：定位与识别

感知层主要将传感器的输入数据最终转换成计算机能够理解的自动驾驶汽车所处场景的语义表达、物体的结构化表达，具体可以被分为定位以及识别。识别包括车道线识别和动态障碍物识别等。

1. 定位技术

自动驾驶的定位技术似乎是在目前情况下比较难以掌握的技术，这与目前算法的结构相关，也与城市的动态性相关。尤其是城市的动态性，生活在北京、上海等大城市的人们一定常常困扰于突然的道路施工、道路封闭和改道、道路标志的新设以及改造缺失等。目前较为常用的定位技术包括视觉 SLAM 定位技术（Visual SLAM，以下简称 VSLAM）以及激光 SLAM 定位技术。

SLAM 意为同步定位与地图构建（Simultaneous Localization And Mapping，以下简称为 SLAM）。SLAM 理论的两位奠基人，现任澳大利亚悉尼大学教授的休·杜兰特－怀特教授和麻省理工学院计算机科学与人工智能实验室的约翰·伦纳德教授提出这项算法，它被定义为解决机器人从未知环境的未知地点出发，在运动过程中通过重复观测到的地图特征（比如，墙角、柱子等）定位自身位置和姿态，再根据自身位置增量式地构建地图，从而达到同时进行定位和地图构建的目的。

VSLAM 技术的主要代表企业是特斯拉。这一流派的技术主要是基于车辆搭载的视觉传感器，不依靠预先录制的地图，而是将图像处理和机器学习结合起来，做到对于环境的实时了解。

在定位过程中，VSLAM 自动驾驶汽车从一个未知环境中的未知地点出发，在运动过程中通过车辆搭载的视觉传感器观测自身位置、姿态、运动轨迹，再根据自身位置进行增量式的地图构建，从而达到同时进行定位和地图构建的目的。在 VSLAM 技术的框架内，定位和建图是两个相辅相成的过程，地图可以提供更好的定位，而定位也可以进一步扩建地图。VSLAM 技术主要包括传感器数据预处理、前端视觉里程计（Visual Odometry）、后端优化、回环检测（Loop Closing）、建图等。

激光 SLAM 定位技术则是通过获取周围环境的轮廓信息，构建起厘米级精度的地图。激光 SLAM 定位技术同时需要和高精度地图进行配合，基于激光雷达预先收集、处理并生成的 3D 高精度地图，自动驾驶汽车使用其自身配备的激光雷达获取周围环境的信息，与预先制作的高精度地图进行对比，判断环境是否已经改变，然后在地图覆盖区域内实现自动驾驶。

2. 识别技术

目前物体识别基本都采用杨立昆（Yann LeCun）把 CNN 卷积神经网络应用于图像识别的方法，并在发展过程中不断使其实用化，将其推广到各种图像相关任务中。物体识别的第一步是目标特征提取，第二步则是目标识别，让计算机识别刚才区分出来的画面究竟是什么，从而确定视频或图像中目标的种类。识别的重点内容包括车道线和动态障碍物。

首先，对于车道线的识别。车道线在大部分场景下比较有规律，用传统的视觉算法就可以取得不错的效果，例如结合边缘检测和霍夫变换就可以识别出车道线。但是许多场景下，车道线或者本身存在不同程度的破损，或者有大型车辆遮挡，就需要应用深度学习的方法。业内目前常用的是空间 SCNN（Spatial CNN），它定义了车道线算法所需要处理的车道线范围（最多检测四条车道线），同时将交通规则融入数据标注之中，较好地规避了路面遮挡等情况对车道线检测的负面影响。

其次，对于动态障碍物的识别。计算机首先收集输入数据，之后通过调整大小、旋转和变换颜色对图像进行预处理。图像预处理对提高学习速度非常重要，提取的特征也有助于了解特定对象的形状和尺寸。进行数据处理之后，就可以利用计算机视觉中的分类模型来预测和确定对象的类别。业内一般常用的体系结构包括 Fast R-CNN 以及 YOLO 等。

3. 多传感器融合

从目前的技术发展水平来看，没有一个单独的传感器可以完成自动驾驶对于环境感知的全部要求，因此多传感器的融合成为主流选项。多个同类或者不同类传感器分别获取不同的局部和类别的信息，这些信息之间可能相互补充，也可能存在着冗余和矛盾，而控制层在进行决策之前，需要对多个传感器所得到的信息进行融合，综合判断。

传感器的融合一般分为前融合和后融合。前融合在原始层把各种传感器的数据融合在一起，实现原始数据的同步，即空间同步和时间同步；而后融合则由每个传感器各自独立处理生成目标数据，再由主处理器进行数据融合。相比较后融合，前融合对所有传感器的原始数据进行统一算法处理，降低了整个感知架构的复杂度和系统延迟。

前融合的实现对于软件算法和软硬件耦合都提出了更高的要求。

首先在软件算法上，各个传感器数据的采集方式和周期相对独立，需要实现数据空间和时间同步，来将时间误差控制在 1 微秒以内，将 100 米外的物体距离精度控制在 3 厘米以内，这需要汽车主机厂在算法端给各个传感器提供时间校准和空间标定的功能。其次在软硬件耦合上，传感器例如激光雷达、毫米波雷达、摄像头等常常来自不同的硬件供应商，因为产品接口和商业协议等问题，有些传感器无法获得原始数据。另外车内通信宽带也亟须升级，从而支持多传感器数据的并发。

使用多传感器对周围环境进行检测，利用数据融合，可以充分准确地描述目标物体的特征，并且减少二义性，提高智能驾驶汽车决策的准确性与鲁棒性。

数据融合技术包括对融合单元的理解以及对融合架构的设计两个方面。融合单元是指每一次从数据处理到输出给决策层的整个过程，而融合架构则是进行数据融合的框架与模式。一个数据融合架构至少需要包括负责采集外部信息的感知框架，即传感器管理框架，以及负责数据处理的模型管理框架。其中，模型管理具体涉及数据匹配、数据关联、融合决策等部分。

数据融合技术具体包括数据转换、数据关联、融合计算等，其中融合计算是其核心，可选择的方法包括：加权平均、卡尔曼滤波、贝叶斯估计、统计决策理论、证据理论、熵理论、模糊推理、神经网络以及产生式规则等。

决策层：承上启下的关键

决策层是指自动驾驶汽车根据传感器输入的各项参数等生成路径，并将相应的控制量提供给控制器，其决定了自动驾驶汽车在行驶过程中是否可以准确、流畅地完成驾驶行为。决策层的关键环节包括任务决策、轨迹规划和异常处理。其中任务决策是指完成全局路径规划任务；轨迹规划是指在不同的环境下，规划自动驾驶汽车的轨迹状态；异常处理是指自动驾驶汽车的故障预警和预留安全机制。

1. 任务决策

任务决策基于接收到的多传感器融合的传感器信息，通过智能算法学习外界场景信息，从全局的角度规划具体行驶任务，从而实现自动驾驶汽车拟人化控制，使自动驾驶汽车融入整个交通流。可以细分为道路级、车道级以及行驶级三级任务分工。其中，在道路级，进行全局的任务规划；在车道级，根据周围交通状况规划运动轨迹；在行驶级，根据前后车进行运动智能控制。复杂的交通流信息，借助传感器进行传递，影响规划任务的负责程度，并决定后续的自动驾驶汽车的行驶动作。随着交通流信息以及周围环境信息的不断变化，决策需要及时更新，更需要做出分解调整。

2. 轨迹规划

轨迹规划是根据局部的环境信息、上层决策任务和车身实时位姿（位置和航向角）信息，在满足一定的运动学条件的约束下，为提升自动驾驶汽车安全、高效和舒适性能，规划决断出在局部空间和时间的框架下，车辆的行驶轨迹、速度、方向和状态等。

轨迹规划层需要对任务决策层产生的各种任务进行分解并做出合理规划。规划结果的安全性和舒适性，是衡量轨迹规划层性能的重要指标。

3. 异常处理

异常处理作为预留的自动驾驶系统安全保障机制，首先是在自动驾驶汽车遇到复杂路面，造成汽车机械部件松动、传感部件失效等问题时，通过预警和容错机制，控制并维持汽车安全运行；其次是在决策过程中某些算法参数设置不合理、推理规则不完备，导致自动驾驶汽车在行为动作中重复出现某些错误并陷入死循环时，能够建立错误修复机制，使得自动驾驶汽车自主跳出错误死循环，朝着完成既定任务的方向继续前进，以降低通过人工干预来解决问题的概率。

4. 技术方法

决策层的技术方法可以分为全局路径规划和局部路径规划两个层次。全局路径规划的任务是根据全局地图数据库信息，规划出自起始点至目标点的一条可通过的路径。

但是由于全局路径规划所生成的路径只能是从起始点到目标点的粗略路径，并没有考虑路径的方向、宽度、曲率、道路交叉以及路障等细节信息，加之自动驾驶汽车在行驶过程中，由于受到局部环境和自身状态的不确定性的影响，会遇到各种不可测的情况。因此，局部路径规划的任务就是基于局部环境信息和车辆自身的状态信息，规划出一条可以通过的局部路径。

目前，常用的全局路径规划算法有 Dijkstra（单源最短路径）和 A* 算法，以及两者的改进型。Dijkstra 算法是由科学家埃格斯·迪克斯特拉在 1956 年提出，主要用于解决寻找图形中节点之间最短路径的问题。这种算法的优点是给出的路径是最优的，但是缺点也明显，那就是计算复杂度较高，因为它需要向周围探索，没有一个明确的方向。

A* 算法是由斯坦福国际研究院的彼得·哈特、尼尔斯·尼尔森以及贝特拉姆·拉斐尔在 1968 年提出的，被认为是对 Dijkstra 算法的扩展。这种算法的实质为宽度优先搜索，通过在宽度优先搜索的基础上增加条件控制，以尽快找到目标节点。

局部路径规划，又被称为实时路径规划，是指自动驾驶汽车在有障碍物的外部交通环境中，利用自身传感器实时感知周边环境，寻找出一条最优的局部行驶路径，避免碰撞和保持安全距离。局部路径规划的优势是可以实时对规划结果进行反馈与校正，确保了自动驾驶汽车始终处于最优的驾驶路径中。缺点是缺乏全局环境信息，可能发生找不到正确路径或完整路径的情况。局部路径规划可以被分为基于滚动时域优化的轨迹规划方法，以及基于轨迹片段的运动规划方法。

控制层：纵向和横向控制

控制层是指经过决策层的任务决策和轨迹规划之后，基于自动驾驶决策系统与自动驾驶汽车各个操控系统的连接，能够按照决策系统发出的总线指令，精准地控制加速度、制动程度、转向幅度等驾驶动作，以实现自动驾驶汽车的行驶动作。控制层的主要关键环节包括车辆的纵向控制和横向控制。

1. 纵向控制和横向控制

纵向控制即车辆的驱动与制动控制，是指通过对车辆油门和制动的协调，实现对于车速的控制。横向控制是指通过对方向盘角度的调节以及对轮胎力的控制，实现自动驾驶规划的路径。

自动驾驶汽车采用油门和制动综合控制的方法，通过各种电机、发动机、传动模型，以及汽车运行模型和刹车过程模型与不同的控制算法的结合，构成纵向控制模式。

横向控制可以被分为两种基本设计方法，分别为基于驾驶员模拟的方法和基于车辆动力学模型的控制方法。首先，基于驾驶员模拟的方法可以被细分为两种：一种是使用较简单的动力学模型和驾驶员操纵规则设计控制器；另一种是用驾驶员操纵过程的数据训练控制器获取控制算法。其次，基于车辆动力学模型的控制方法，需要建立较精确的汽车横向运动模型。典型模型如单轨模型，该模型认为汽车左右两侧特性相同。

2. 控制算法

控制层的控制算法可以被细分为传统控制方法和智能控制方法。传统控制方法主要有 PID 控制（比例积分微分控制）、模糊控制、最优控制、滑模控制（变结构控制）等。而智能控制方法更关注控制对象模型的运用和综合信息学习运用。常见的智能控制方法主要有基于模型的控制、神经网络控制和深度学习方法等。

基于模型的控制，一般被称为模型预测控制，它的当前控制动作是在每一个采样瞬间通过求解一个有限时域开环最优控制问题而获得的。其基本原理可被概括为：在每个采样时刻，根据当前获得的测量信息，在线求解一个有限时域的开环优化问题，并将得到的控制序列的第一个元素作用于被控对象，在一个采样时刻，重复上述过程，再用新的测量值刷新优化问题并重新求解。

这种控制方法的优点是对模型的精度要求不高，建模方便，且因为采用非最小化描述的模型，系统鲁棒性、稳定性较强。

神经网络控制，可以把控制问题看成模式识别问题，被识别的模式映射成"行为"信号的"变化"信号。神经网络控制最显著的特点是具有学习能力。利用神经网络逼近非线性函数的能力，通过不断更新各层神经元之间的连接权值，来实现无法由确定数字模型描述的系统的建模。因而它对非线性系统和难以建模的系统的控制具有良好效果。

深度学习方法，可以获得深层次的特征表示，免除人工选取特征的繁复冗杂和高维数据的维度灾难等问题，在特征提取与模型拟合方面具有很大优势。深度学习自动学习状态特征的能力，让其在自动驾驶系统的研究中更具优势。

3. 技术方案

根据从行驶环境到驾驶动作的映射过程，控制层的技术方案可以被分为基于规划—跟踪的间接控制方法和基于人工智能的直接控制方法两种不同。

基于规划—跟踪的间接控制方法可以被简单概括为，根据当前车辆行为需求，在满足车辆自身运动学和动力学约束条件下，规划出一条空间上可行且时间上可控的无碰撞安全运动轨迹，然后设计适当的由控制律跟踪生成的目标轨迹，从而实现自主驾驶。

由于自动驾驶汽车行驶环境具有不确定性、不可重复性和不可预测性等特征，因此很难建立精确的数学模型进行控制律的设计，因此基于人工智能的直接控制方法就成为目前自动驾驶控制系统的主流形式。基于人工智能的决策控制模型本质上是模拟人脑对外界环境信息和车体本身信息的感知，同时由驾驶经验协同在线学习机制来获得持续稳定输出的过程。

上述的这些功能软件和算法，都需要基于稳定、可靠的，可以进行通信和资源分配的自动驾驶系统软件来管理。在传统分布式电子电气架构的情况下，各个 ECU 只需要处理某一项任务，不需要资源分配的高阶功能。

但是伴随传感器的种类和数量的大幅增加，需要处理的数据量呈现出指数级的增加，只有一个功能强大的实时操作系统才可以满足需要。

随着操作系统的发展，如何兼顾稳定性，同时又可以让汽车生产商和科技企业有自主性，成为新的话题。

3. 系统软件：稳定性与自主性的平衡

自动驾驶的系统集成包括多个软件模块，涵盖感知、决策与控制等。每个模块都需要满足实施要求，以便自动驾驶汽车可以正常运行。因此，一个稳定、可靠的，可以进行通信和资源分配的自动驾驶系统软件，是必不可少的。

自动驾驶的系统软件，主要由硬件抽象层、操作系统内核（Operation System，以下简称 OS）以及中间件这三部分组成。其中硬件抽象层包含 BSP（Board Support Package，板级支持包）和 Hypervisor；操作系统内核提供操作系统最基本的功能，负责管理系统的进程、内存、设备驱动程序、文件和网络系统，决定着系统的性能和稳定；而中间件作为底层操作系统和这些应用程序之间的桥梁，是对软硬件资源进行管理、分配和调度的平台，充当着软件和硬件解耦的关键角色。

硬件抽象层主要包含 BSP 和 Hypervisor。其中 BSP 是介于硬件主板和操作系统之间的一层，主要目的是支持操作系统，使之能够更好地在硬件主板上运行，包括了 Bootloader（以基础支持代码来加载操作系统的引导程序）、HAL（Hardware Abstract Layer，硬件抽象层）代码、驱动程序、配置文档等。Hypervisor 是运行在基础物理服务器和操作系统之间的中间软件层，可允许多个操作系统和应用共享硬件，Hypervisor 是一种在虚拟环境中的"元"操作系统。可以访问服务器上包括磁盘和内存在内的所有物理设备。

自动驾驶 OS：QNX 与 Linux

自动驾驶 OS 的格局目前来看较为稳定，主要玩家为 QNX（Black-Berry，黑莓）、Linux（开源基金会）以及 VxWorks（风河）。因为打造全新的 OS 需要花费太大的人力、物力，目前基本没有企业会开发全新的 OS。需要注意的是，目前 Waymo、百度、特斯拉等，都是在以上 OS 的基础上自研中间件和应用软件。

OS 可被分为分时 OS 和实时 OS 两种，划分标准就是否对需要执行的任务划分优先级。分时 OS 对各个用户 / 作业都是完全公平的，不区分任务的紧急性，Linux 属于分时 OS；而实时 OS 指在高优先级的紧急任务需要执行时，能够在某个严格的时间限制内抢占式切换到该任务上，QNX 和 VxWorks 属于实时 OS。

由于关系到安全，自动驾驶需要的是实时 OS。虽然 Linux 是分时 OS，但是经过优化后，Linux 抢占式内核也可以满足自动驾驶的需求。

如果按照系统的开放性来划分，QNX 是一个半封闭系统，而 Linux 和 VxWorks 均是开源系统。所谓"半封闭"，客户是不能改的，但客户可自己编写中间件和应用软件；所谓"开源"，即所有内核源代码都向客户开放，客户可根据自己的实际需求裁剪，可配置性很高。QNX 早在 2011 年就通过了 ISO26262 ASIL-D 安全认证，这是第一个通过这项认证的实时操作系统。与 Linux 不同，QNX 需要商业收费，但凭着其安全性、稳定性和实时性，QNX 仍牢牢占据汽车嵌入式操作系统市占率第一的位置。

与 QNX 相比，Linux 更大的优势在于开源，在各种 CPU 架构上都可以运行，可适配更多的应用场景，并有更为丰富的软件库可供选择，因此，具有很强的定制开发灵活度。并且，Linux 是宏内核，即除了最基本的进程、线程管理、内存管理外，文件系统、驱动、网络协议等都在内核里面，其优点是效率高，可以充分发挥硬件的性能。但 Linux 内核的组件要比 QNX 复杂得多，因而稳定性也要差得多，开发进程中的 bug 经常会导致整个系统挂掉。因此，基于 Linux 做开发的门槛很高。

中间件：差异性的主要构成

虽然目前有部分科技企业和汽车主机厂采用 OS 厂商提供的中间件，但是从发展的角度来看，汽车之间技术的差异性主要取决于整体框架，而整体框架又由 OS 的中间件组合构成。在目前的实践过程中，中间件在系统框架层面以 AUTOSAR 的 Classic Platform 和 Adaptive Platform 为主；而通信框架一般采用在 Linux 上运行的 ROS（Robot Operating System）或应用 ROS 设计理念。

AUTOSAR（Automotive Open System Architecture，汽车开放系统架构）联盟是一个全球发展合作组织。截至 2020 年 10 月，AUTOSAR 联盟已经拥有了 56 家高级成员、51 家开发成员、144 家普通成员以及 24 家观察员公司及机构，包括全球各大主流整车厂、一级供应商、标准软件供应商、开发工具与服务提供商、半导体供应商、高校和研究机构等。比较值得关注的是，特斯拉并没有加入 AUTOSAR 联盟，而是自己拥有一套独立的电子电气开发流程和控制器软件架构。

目前 AUTOSAR 分为两个平台，即 Classic Platform 和 Adaptive Platform，分别对应传统控制类车辆电子系统，以及自动驾驶的高性能类车载电子系统。自从 2016 年开始研发 Adaptive Platform 以来，采用了基于 POSIX 标准的操作系统，以面向对象的思想进行开发，并且可以使用所有标准的 POSIX API。目前许多中国的厂商都基于 AUTOSAR Adaptive Platform 推出相应的中间件以及工具链产品。

ROS 来源于斯坦福人工智能实验室，2007 年为了支持 STAIR
（Stanford Artificial Intelligence Robot，斯坦福大学人工智能机器人项目）
而研发，2008 年之后就由机器人技术公司 Willow Garage 来进行推动。
Willow Garage2010 年发布了 ROS 1.0 版本，2017 年发布了 ROS 2.0 Ardent
版本，目前最新的版本是 2020 年发布的 ROS Noetic 版本。目前博世、
宝马、百度等公司都基于 ROS 开发自动驾驶技术。

但同样需要注意的是，基于 Linux 内核和 ROS 中间件做开发，有
时候会特别艰辛，目前也有部分自动驾驶的初创公司改用 QNX 的方
案，主要是因为其系统的安全性、可靠性和稳定性。但是 QNX 的封闭
性往往限制了汽车主机厂和自动驾驶科技公司的自主性。

QNX 已跟英伟达、高通等自动驾驶芯片厂商之间建立起深度合作，
但跟英伟达是弱绑定，而跟高通是强绑定。即英伟达可以在 DRIVE
Xavier、DRIVE Orin 中预集成 QNX，但也会给车企自主选择权；而高通
Snapdragon Ride 的客户则只能用 QNX 作为自动驾驶 OS。但是目前来
看，汽车企业和芯片公司的话语权是高于 OS 厂商的。

我们进一步思考，如果只做芯片，那应用节奏一定会受制于 OS 厂
商的进度；而只做 OS 的话，性能优化就会受制于芯片厂商的节奏。当
然两个都做，可能就没有这样左右为难的纠结了。但是从目前市场情
况来看，除了华为，都不具备同时做芯片和 OS 的决心和能力。

于是，故事进入了下一阶段——软硬件融合，这并不是软件公司
和科技公司的一厢情愿，相反，它们很多时候是不得已为之。而这一
次的融合，显得更加的困难，因为一旦涉及自动驾驶硬件，就进入了
庞大且错综复杂的汽车行业的供应链之中。

有些高墙无法逾越，甚至无法接近，而有些以往被看作边缘的领
域，已经插上了新王的旗帜。

4. 硬件：供应链高墙与边缘突围

自动驾驶的硬件构成主要分为：汽车、控制器（从工控机到域控制单元）、芯片、定位系统（全球定位系统和惯性测量单元）、感知传感器（摄像头、超声波雷达、毫米波雷达、激光雷达），以及线控底盘控制组件等。

相比较自动驾驶的软件构成，硬件的组成非常繁杂，而且需要整个供应链的支持。汽车一般当然掌握在汽车主机厂手中，而包含底盘系统和底层算法在内的硬件以及算法，基本上都垄断在国内外最好的汽车供应商手中，供应链以及产品都比较成熟。供应商与汽车主机厂形成了强烈的联盟和绑定关系。

激光雷达是伴随自动驾驶发展所产生的，并不属于传统汽车供应链体系，而更为接近自动驾驶专属供应链体系，因此目前主要的玩家为国内外的独立供应商，但是我们也看到，以法雷奥集团为代表的、越来越多的传统主流汽车供应商，也开始在这个领域占据很重要的竞争位置。

同样，专攻于 GPU、FPGA、ASIC 等芯片的厂商也伴随自动驾驶而发展。在 CPU 算力不足的背景下，目前已经产生英伟达、Mobileye 等厂家强势领先的局面。同样，传统的 MCU 玩家也在寻找新的突破点，积极切入自动驾驶的混战之中。

自动驾驶汽车的选择：供电、算法和空间的兼容

许多科技公司和出行公司在选用汽车进行自动驾驶的研究时，都会"不约而同"地选用混动版林肯 MKZ、混动版福特蒙迪欧或者混动版雷克萨斯 RX450。殊途同归的背后，其实是自动驾驶技术的落地对于汽车有很高的要求，简而言之，就是对供电、算法和空间提出了很高的要求。

首先，供电对于自动驾驶汽车来说非常重要。混动车、电动车相比燃油车，可以提供更高的电压等级。燃油车的 12V 系统最大输出功率是 2.5 千瓦，而支持 L4 级及以上自动驾驶的计算系统，至少需要 48V 系统才能正常开展工作。因此，如果考虑让燃油车进行自动驾驶汽车的测试和使用，还需要额外考虑增加一台发电机专门给计算系统供电。

其次，燃油车的底盘系统的底层算法非常复杂，而且基本上掌握在主流的一级供应商手中，很多时候对汽车主机厂甚至都是不开放的。这也是大部分自动驾驶的研究企业会考虑使用混动车和电动车的原因。

最后，车内空间对于自动驾驶车辆来说，也非常重要。SUV 一般是自动驾驶研究的首选车型，比如 Waymo 使用的丰田普锐斯、优步使用的沃尔沃 XC90 等。在早期的测试阶段，公司都会使用工控机进行测试，汽车的后备厢几乎都被塞满了。加上传感系统、用于后续升级的传动系统等，自动驾驶对空间的要求会更高。

从工控机到域控制单元

在前期算法的预研阶段，企业一般都会使用工控机作为控制器的解决方案。工控机是工业控制计算机的简称。因为相比较于嵌入式设

备，工控机设备更加稳定、可靠，支持和配套的软件也更为丰富。随着技术的发展，工控机的体型变得越来越小，功能也不断提升。

此外，工控机和汽车底盘的交互必须通过 CAN 卡进行。当底盘获取当前车速及方向盘转向角度等信息时，需要解析底盘发到 CAN 总线上的数据，而在工控机通过传感器的信息计算得到方向盘转向角度以及期望车速后，也要通过 CAN 卡将消息转码成底盘可以识别的信号，底盘基于以上这些信息再做出响应。CAN 卡一般直接安装在工控机中，有时候也可以通过外部接口与 CAN 总线连接。

在算法成熟之后，就可以采用嵌入式系统作为控制器。例如奥迪 A8 就将各类驾驶辅助功能都集中到域控制单元（中央域架构）——中央驾驶辅助控制单元（以下简称 zFAS，德语全称 zentrales Fahrerassistenz-Steuergerate，英文全称 Central Driver Assistance Controller）上，而放弃了过往的驾驶辅助系统，例如停车辅助系统、夜视辅助系统、车道偏离预警系统等相互分离的控制单元的架构。

zFAS 包括前方图像处理单元、全景图像处理单元、传感器融合主控单元，以及应用主控单元四部分。zFAS 是奥迪汽车和德尔福、英伟达、TTTech、Mobileye 合作的作品，搭载英伟达的 GPU、Mobileye 的 EyeQ 系统视觉芯片，由德尔福提供硬件、TTTech 提供软件，由 Mobileye 提供图像处理方案，从而基于不同传感器的信号进行分析和处理，进行决策控制，协调各个执行机构，也可以被称作多域控制器（Multi Domain Controller，以下简称 MDC）。

值得一提的是，MDC 也是车内 ECU 数量增多、汽车分布式控制系统达到能力上限后，采用的新的解决方法。

作为奥迪汽车最高产品序列和最为高阶的旗舰产品，1993 年的奥迪 A8 只使用了 5 个 ECU，而到了现在的奥迪 A8，ECU 的数量已经超过了 100 个。一开始 ECU 只被用于控制发动机工作，后来 ECU 逐步发展，从防抱死制动系统、电控自动变速器、主动悬架系统、安全气囊系统，到安全、网络、娱乐、传感控制系统等，遍布整个车身。

因为 zFAS 等域控制器有强大的硬件计算能力和多层次的软件接口支持，所以更多核心功能模块可以集中在域控制器内，提供系统集成功能。加之数据交互的接口标准化，使得对进行感知与执行的硬件要求降低，而且部分零件可以变成标准零件，从而也降低了这部分零件的开发和制造成本。

自动驾驶运算平台和芯片

伴随自动驾驶技术的提升，传感器的数量也成倍提升，随之而来的问题是，汽车所产生的数据量将呈现出几何级的增长。地平线的研究数据表明，L4 级自动驾驶的典型像素数据将达到 112MP，约为 L2 级自动驾驶的 16 倍；需要处理的数据量为 40.8 亿字节 / 秒，约为 L2 级自动驾驶的 30 倍。同时地平线的研究还表明，要实现 L3 级别自动驾驶，至少需要 24TOPS 的计算力，而在 L4 级，计算力的要求将继续呈指数级上升，达到 320TOPS。英特尔的研究表明，自动驾驶汽车每天将产生 4000GB 待处理的传感器数据。

如何处理海量的数据，并在这些基础数据的基础上得出安全且合乎逻辑的安全驾驶决策，同时还要满足运算速度的严苛要求，这意味着强大的车载计算平台，尤其是其中搭载的芯片，将成为自动驾驶的刚需，同样也是各个玩家争夺的核心领域之一。

传统的电子控制单元、传感器和通用 CPU 芯片，主要分布于发动机等核心部件上，伴随自动驾驶的发展，汽车搭载的传感器越来越多，传统的 CPU 由于计算效率低，难以适应自动驾驶的计算要求。于是，

GPU 应运而生。

GPU 和 CPU 同属芯片技术架构，除此之外，FPGA、ASIC 等异构芯片也在蓬勃发展。三者在芯片的通用性、性能、功耗等方面有各自的优缺点。

GPU 非常善于处理图像领域的运算加速工作，最初就基于大吞吐量和并行计算进行设计，例如 GPU 超过 80% 的部分为运算单元，而 CPU 仅有 20%，这使得 GPU 具有很强的浮点运算能力和超长的流水线设计，这一特点非常适合需要进行大量重复运算，并对速度有较高要求的领域，所以被广泛引入深度学习的训练和应用领域。加上经过十几年的发展，GPU 已经拥有了成熟易用的编程语言。但是，GPU 的硬件结构是提前设定好的，无法临时编辑，不够灵活，GPU 在选择通用性的同时放弃了定制化的优势。功耗和散热是其最大的缺点。

目前在深度学习模型的训练领域，基本使用的是 SIMD（Single Instruction Multiple Data，单指令多数据流）计算，即只需要一条指令就可以平行处理大批量数据。但是，在平台完成训练之后，GPU 还需要进行推理环节的计算。这部分的计算更多属于 MISD（Multiple Instruction Single Data，多指令单数据流）。因此，低功耗、高性能、低延时的异构芯片成为更为迫切的需求。

FPGA 突破了冯·诺依曼结构，流水线设计减少了数据在内存、缓存和处理单元之间的能耗。芯片内部集成了大量的数字电路中的基本门电路以及存储器，可以通过直接烧入 FPGA 配置文件来定义电路之间的连线，所以 FPGA 是可定制编辑的，同一块芯片可以随时通过不同的配置文件烧入来更改功能，灵活性强，在处理小计算量、大批次的实际计算时 FPGA 性能比 GPU 更强，适合深度学习的预测环节。在逻辑层面上，它不依赖于冯·诺依曼结构，一个计算得到的结果可以被直接馈送到下一个节点，无须在主存储器临时保存，所以其通信速度也非常快。

此外，FPGA与深度学习中最常用的CNN网络匹配度很高，能够根据CNN网络的特征设计出有针对性的流水线，在实现MISD的同时还可以将中间结果保存在本地缓存模块，以降低内存读写的能耗，从而以比GPU更低的能耗更快地完成CNN的计算。

但是FPGA中的逻辑单元很多都基于SRAM（静态随机存取存储器查找表）运作，不如GPU中的标准逻辑模块，使得其峰值性能不如GPU，而且目前FPGA的设置要求用户用硬件描述语言对其进行编程，需要专业的硬件知识，具有较高的技术门槛。

业内也有专家认为，FPGA的半定制性使得其在训练阶段的性能不如GPU，预测环节下的计算效率与功效能耗比不如ASIC，加上量产单价高，所以FPGA极有可能成为一种过渡和替代性质的产品。

ASIC是指专用集成芯片，是一种为符合特定用户需求而设计的专用人工智能芯片。不同于FPGA，ASIC的电路一旦设计完成就不可更改，是完全定制化的芯片，当然相比FPGA也更加精致，有更多的物理设计，运行速度在同等条件下也比FPGA更快。

ASIC是专业AI芯片，相比GPU和FPGA没有多余的面积或架构设计，可以实现最高的通信效率与最快的计算速度，实现最低的能耗。ASIC芯片由于其高定制化的特点，具有功能的多样性，应用非常广泛，偏向在消费电子产品等终端领域应用。

但是由于ASIC是定制化芯片，有大量附加工艺设计需要考虑，投入的成本非常高。加之定制化芯片的算法是固定的，需要的研发时间较长。

从发展的角度来看，自动驾驶核心计算平台的研发路径将是根据应用场景需求，设计算法模型，在大数据情况下做充分验证，待模型成熟以后，再开发一个芯片架构去实现，该芯片并不是通用的处理器，而是针对应用场景，跟算法协同设计的人工智能算法芯片。

目前，GPU 的代表厂商是英伟达。英伟达 2017 年年底量产的 DRIVE Xavier 以 GPU 为计算核心，主要有 4 个模块——CPU、GPU、DLA（Deep Learning Accelerator，深度学习加速器）和 PVA（Programmable Vision Accelerator，可编程视觉加速器）单元，其中 GPU 占据最大面积。2021 年 8 月，英伟达推出的最新自动驾驶芯片组 DRIVE Atlan，单颗芯片的算力能够达到 1000 TOPS，将被应用于 L4 级及 L5 级自动驾驶。英伟达 CEO 黄仁勋表示，DRIVE Atlan 将于 2023 年向开发者提供样品，2025 年大量装车。

Mobileye 是 ASIC 的代表厂商，Mobileye 的 EyeQ5 主要有四个模块：CPU、CVP（Computer Vision Processors，视觉处理器）、DLA 和 MA（Multithreaded Accelerator，多线程加速器）。其中 CVP 是针对很多传统计算机视觉算法设计的 ASIC。

特斯拉采用了与英伟达相似的设计路线，但是近年来更加侧重于 ASIC。特斯拉 FSD 以 NPU（ASIC 芯片）为计算核心，有三个主要模块——CPU、GPU 和 NPU（Neural Processing Unit，神经网络处理器），其中特斯拉自研的 NPU 占据最大面积，它主要被用来运行深度神经网络。

Waymo 是 FPGA 的代表厂商，计算平台采用英特尔 Xeon12 核以上 CPU，搭配 Altera 的 Arria 系列 FPGA。值得注意的是，专攻 FPGA 的 Altera 和专注于 ASIC 的 Mobileye，被英特尔分别在 2015 年和 2017 年收购。

从产业玩家的角度来说，芯片领域呈现出几家超级玩家并存的局面。英伟达是 GPU 领域的龙头企业，市占率常年保持在 70% 及以上。而全球 FPGA 接近 90% 的市场被赛灵思和 Altera 瓜分，其中赛灵思一家就达到了 50% 以上的市场份额。Mobileye 占据了 ADAS 市场 70% 的市场份额。

值得一提的是，特斯拉自研量产的 FSD 芯片使得其成为目前全球唯一一家可以自研量产自动驾驶芯片、全栈自主软件，掌握核心算法，以及进行整车生产制造的汽车企业。早在 2013 年，特斯拉就与 Mobileye 开始了合作，但是好景不长，随着 2016 年特斯拉的 Autopilot 系统故障事件，两家企业由于发展理念不合最终分手。

之后的 2016 年，特斯拉发布了基于英伟达 DRIVE PX2 计算平台的 Autopilot 2.0 系统的硬件套装，一年之后又基于英伟达 DRIVE PX2+ 计算平台推出了 Autopilot 2.5 系统的硬件套装。但是与此同时，特斯拉已经开启了自研芯片的项目，并且在 2017 年流片完成。2019 年，特斯拉举办第一次自动驾驶投资者日，马斯克在演讲中，详细展示了特斯拉自研的 FSD 芯片。

特斯拉的这款 FSD 芯片是专门为特斯拉汽车个性化定制的具有自动驾驶功能的产品，不但拥有 CPU 和 GPU 的部分，同时还加入了定制的 NNA、ISP 等部分，它们共同组成了一个功能强大的 SoC 芯片。

到了 2021 年 8 月的人工智能日上，特斯拉更是推出了计算平台 Dojo ExaPod，用于特斯拉自动驾驶算法的训练。Dojo 一词源自日语，意为在练习冥想术或者武术的"练功房"。Dojo ExaPod 集成了 120 个训练模块，内置了 3000 个 D1 芯片，拥有超过 100 万个训练节点，算力达到 1.1 EFLOP，EFLOPS 即每秒千万亿次浮点运算。

除了这几家龙头企业之外，传统的 MCU 玩家也在寻找新的突破点。目前恩智浦、英飞凌、瑞萨电子、意法半导体和德州仪器占据了市场 50% 的市场份额。其中，恩智浦推出了 BlueBox 自动驾驶开发平台、英飞凌推出了 Aurix 自动驾驶平台、瑞萨电子推出了 R-Car 可扩展的自动驾驶硬件平台。此外，MCU 玩家之间，芯片玩家和 MCU 玩家之间都在寻求兼并收购的可能性，来整合优势，并获取更多的车载技术和渠道经验，例如英飞凌曾经尝试收购意法半导体、高通曾经试图收购恩智浦等。

此外，芯片巨头高通之前一直在深耕座舱领域，但是在 2020 年的北美国际消费类电子产品展览会，高通推出了骁龙 Ride 自动驾驶平台，包括安全系统级芯片、安全加速器和自动驾驶软件栈，可以以 5 nm 制程工艺、以小于 5 W 的功耗为汽车风挡 ADAS 摄像头提供 10 TOPS 的算力，为全自动驾驶解决方案提供超过 700 TOPS 的算力。

在 2021 年 10 月，高通与 SSW Partners 合作，以 45 亿美元的价格收购维宁尔。维宁尔是一家位于瑞典斯德哥尔摩的汽车技术提供商，于 2018 年由奥托立夫电子和自动驾驶部门分拆而来，其产品组合包括雷达和激光雷达等传感器、图像处理系统和 ADAS 系统的电子控制单元等。目前维宁尔最大的客户是戴姆勒，维宁尔为其 S 级轿车提供 ADAS 软件和雷达技术。

值得关注的是，在 2021 年 7 月，汽车零部件供应商麦格纳曾经希望以 38 亿美元的价格收购维宁尔，但是半个月之后高通就以高出 7 亿美元的价格提出收购邀约。收购完成后，高通将获得维宁尔的 Arriver 软件业务。在此之前，高通已经以 14 亿美元收购了芯片初创公司 Nuvia。

就在高通收购维宁尔之后的一个月，即 2021 年 11 月 16 日，高通总裁兼 CEO 克里斯蒂亚诺·安蒙在 2021 年投资者大会上，宣布宝马下一代 ADAS 和自动驾驶系统都将采用高通的骁龙 Ride 自动驾驶平台，其中包括中央计算芯片、计算机视觉芯片以及高通的 Car to Cloud 服务平台。根据媒体的报道，配备高通骁龙 Ride 自动驾驶平台的宝马新款车型，预计将在 2025 年量产。

此外，在投资者大会现场，高通还首次公布了骁龙 Ride 自动驾驶平台的传感器方案，及其算法和软件供应商。

其中，骁龙 Ride 自动驾驶平台的传感器由 10 枚摄像头（包括 1 枚前视摄像头、1 枚前视中距摄像头、4 枚环视摄像头、2 枚侧前视盲区摄像头、1 枚后视盲区摄像头和 1 枚后视长距摄像头）和 6 个毫米波雷达（前向、后向总共有 2 个长距毫米波雷达和 4 个短距毫米波雷达）组成，没有配备激光雷达。

另外，骁龙 Ride 自动驾驶平台的前视和环视视觉感知算法由高通和 Arriver 提供；驾驶决策由高通、Arriver 以及整车厂研发完成；泊车功能由方案整合商、法雷奥、博世、纵目科技以及其他整车厂研发；驾驶员监测功能的方案由 Seeing Machines 以及整车厂研发；安全 OS、SDK 以及中间件由高通、QNX、Red Hat、TTTech、DDS 完成研发。

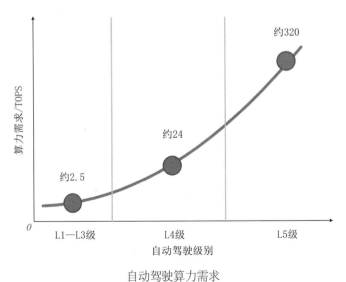

自动驾驶算力需求

全球定位系统和惯性测量单元

精准的定位系统和惯性测量单元（Inertial Measurement Unit，以下简称 IMU）也必不可少。在车辆自动驾驶时，必须实时锁定当前车辆的位置，这样才能精准地执行转弯、调头等工作，此外，惯性测量单元还可以提供横摆角度以及角加速度等信息，这些信息都能够帮助车辆提升决策力。

业内常用的全球定位系统（GPS）一般仅仅能提供精度到米级的绝对定位，如果要将精度提升到厘米级，一般通用的解决方案是借助 RTK（Real-Time Kinematic，实时动态定位）。RTK 通过地基增强信号提升 GPS 精度，通常需要搭配高精度惯导技术使用。

但在复杂的城市环境中，卫星信号经常因建筑物的遮挡、反射而变弱或丢失，造成定位误差。为了追求稳定连续的高精定位，将 GPS 和车辆传感器进行"多源融合"成为业界研究热点。主流的多源融合定位技术分为松耦合和紧耦合两类，前者对传感器数据的处理结果进行融合；后者先对传感器原始数据进行融合，再进行集中式计算，效果更好，难度也更高。

IMU 以加速度测量为基础进行导航定位。它不依赖于光、磁、电等外部信息，也不向外部辐射能量，是自主式导航系统，不受外界天气状况等的影响。惯性导航系统除了可以获得车辆的位置和姿态外，还能够实时、准确地测量车辆坐标系内三个方向的加速度、角速度等信息，供决策控制系统精准控制车辆。IMU 传感器以智能方式融合了精密陀螺仪、加速度计、磁力计和压力传感器的多轴组合，即使在复杂工作环境中以及在动态或极限运动动态下，精密的 IMU 也能提供所需的精度水平。

由于两者的互补性，GPS+IMU 成为一种常用的定位方案，通过整合 GPS 和 IMU，可以实现准确和实时的位置更新。IMU 可以达到的 100Hz 的更新频率可以弥补 GPS 更新频率过低（仅仅达到 10Hz）的不足。在卫星信号良好时候，IMU 和 GPS 的组合可以达到厘米级的定位，而当 GPS 卫星信号较弱时候，也可以依靠 IMU 信号提供定位信息。

感知传感器

自动驾驶通过感知传感器来感知环境，一般较为常见的感知传感器包括摄像头、超声波雷达、毫米波雷达，以及激光雷达。

1. 摄像头

摄像头类似于人类的视觉系统。分析摄像头采集的图像信息，可以识别外部环境信息，包括行人、自行车、车道线、路牌、信号灯等，从而实现前车碰撞预警和车道偏离预警等。

摄像头的优点在于技术成熟，成本也比较低廉，而且采集信息丰富。目前汽车摄像头可以分为单目、双目和多目，安装位置可以分为前视、后视、侧视，以及环视。目前 ADAS 系统装车量最多的就是 Mobileye 的摄像头。Mobileye 的 EyeQ 系列芯片可以根据摄像头采集到的数据，对车道线以及道路中的障碍物进行识别。

但是摄像头的缺点在于，三维立体空间感不强，而且受到环境的影响较大，在黑夜、雨雪、大雾等能见度低的情况下，识别率会大幅降低。

需要注意的是，摄像头采集的是像素信息，这些信息如果不经过分析、整理和重构等过程，其呈现出来的就是无意义的海量数据，需要和前文提到的人工智能和深度学习互相结合，才能识别环境中的车道、车辆、行人等信息。

2. 毫米波雷达和超声波雷达

毫米波雷达通过发射无线电信号，并接收反射信号来测定车辆与物体间的距离，其频率一般在 30~300GHz 频域。目前，24GHz 的波段主要被应用于汽车的盲点检测和变动辅助；而 77GHz 的波段主要被用于探测车距以及前车速度。

毫米波雷达在探测范围和应对恶劣天气方面占优势。在探测距离上优势巨大，也不怕天气影响，但是毫米波雷达无法成像，无法进行图像颜色的识别，而且对于横向目标敏感度较低，对于行人反射波较弱，分辨率不高，对于高处物体以及小物体的检测效果不佳。

超声波雷达通过发射超声波信号，再接受反射信号来测算与物体间的距离。超声波的能量消耗比较缓慢，在介质中传播的距离比较远，穿透性强，测距方法也比较简单。特别是在短距离测量中，超声波雷达具有较大的优势。目前主要应用于倒车雷达测距、泊车库位检测等。

但是超声波的传输速度比较容易受到天气状况的影响，在不同的天气状况下，传播速度会有所不同。而且超声波散射角大，方向性不强，在测量较远距离的目标时，其回波信号会比较弱，影响测量精度。

3. 激光雷达

激光雷达的工作原理是，向目标发射激光束，然后将接收到的从目标发射回来的回波与发射信号进行比较，经过计算分析之后，就可以获得目标的相关信息，例如距离、方位、高度、速度、姿态，甚至形状等参数。

激光雷达由激光发射机、光学接收机、转台和信息处理系统等组成。目前，许多自动驾驶汽车的激光雷达安装在车顶，激光雷达通过高速旋转对周围进行 360° 扫描，获得周围空间的点云数据，实时绘制出车辆周边的三维空间地图，为下一步的操控提供决策依据。而它所要处理的数据量非常大。激光雷达分为单线和多线，多线的检测效果更好，当然造价也更为高昂。

激光雷达的优势在于障碍物检测。和摄像头这类被动传感器相比，激光雷达可以主动探测周围环境，即使在夜间也能准确地检测障碍物。因为激光光束更加聚拢，所以比毫米波雷达拥有更高的探测精度。但激光雷达现阶段的最大问题是成本较高。

激光雷达的几个重要参数分别为：测量距离、视场角、测量精度以及测量速率。激光雷达在实际的工程应用中，还需要解决两个问题：首先是空间覆盖率的问题；其次是实践一致性的问题。

在空间覆盖率方面，线越多，覆盖的纵向空间越大。在激光雷达中，常常有 16 线、32 线、64 线的表述，指的就是竖向排列的线束的数量。数量越多，密度则越大，精度相对就越高，计算机随之而来要处理的信息量也不断增大。

而在横向空间方面，机械激光雷达以及近年来经常被业内讨论的固态激光雷达，成为横向覆盖的解决方案。机械激光雷达主要通过不断横向旋转发射头，将速度快、发射准的激光从线变成面，而且在垂直方向上安排多束激光，形成横向和纵向的结合，呈现出 3D 扫描的结果。而固态激光雷达则使用相控阵技术，由若干发射接收单元组成一个矩形阵列，通过改变阵列中不同单元发射光线的相位差，可以达到调节射出波角度和方向的目的。

相比较机械激光雷达，固态激光雷达可以做成较小的尺寸，降低成本，但是同样面临着扫描角度有限以及旁瓣问题，即光栅衍射除了中央明纹外还会形成其他明纹，会导致激光在最大功率方向以外形成旁瓣，分散激光的能量。

在时间一致性方面，需要依靠人工智能来解决时间差的问题。激光雷达的横向扫描是依次进行的，也就有时间差，在这段时间差内，车辆自身在运动，周围的环境也在发生变化，于是需要采用人工智能技术进行同一时间的信息对齐。

目前市场上最早也是唯一量产的车规级激光雷达，是来自法国汽车零部件供应商法雷奥的 SCALA 激光扫描仪，它拥有 145° 的水平视场角，可以探测到 150 米以内的动态或静态障碍物。该款机械式激光扫描仪由法雷奥与其战略合作伙伴 IBEO 共同开发，可以精准扫描位于车辆前方的任何障碍物，适用于 ADAS 和自动驾驶系统。所有的扫描数据和法雷奥车载摄像系统收集的数据被整合成完整的行车环境图，并为车辆智能系统提供精准分析及判断行车环境的依据。

激光雷达在实际运行中，除了常规的视场角、分辨率、刷新率、点云数量等技术指标以外，还需要应对各种恶劣环境，比如大雪天激光雷达被白雪覆盖、超低温雨水天气下激光雷达被冰冻困扰、高速行驶下蚊虫尸体布满车头等。法雷奥团队研发了自动加温和清洗系统，可自动探测激光雷达面临的环境问题并做出相应的处理。

4. 感知传感器的技术方案

感知传感器技术方案的主要区别就是激光雷达的使用与否。目前除了特斯拉等少数厂商，绝大部分的汽车厂商以及 Waymo 等科技公司，都采用以 VX 激光雷达为主导的方案，组合包括激光雷达、毫米波雷达、超声波雷达和摄像头。因为从目前的技术发展水平来看，没有一个单独的传感器，可以满足自动驾驶对于环境感知的全部要求，因此多传感器的融合，成为主流选项。

而特斯拉等少数厂商，不加入激光雷达，单纯依靠摄像头、毫米波雷达和超声波雷达，来构建传感器技术方案。2021 年 7 月特斯拉在美国正式推送的 FSD Beta 9.0 版本，连毫米波雷达都不要了，单纯依靠摄像头和算法，来进行自动驾驶。这种技术路线，把更多的精力放在了研发更为强大的视觉算法以及专用的 AI 芯片上，并且希望两者的结合可以处理自动驾驶可能遇到的所有问题。

线控底盘控制组件

底盘控制组件是容易被忽视的部分，但是在实践过程中，底盘执行机构的功能需要非常完善，系统响应速度和精度都要极高，是实现自动驾驶最后的关键一步。

举例来说，在实践测试中，自动变道在避险回退的过程中，常常出现回退过度甚至偏出本车道的情况，继而系统又需要通过较大的回调力矩将车辆拉回车道中央。这些实践中存在的问题，影响着自动驾驶的控制精度，对于落地量产也不是积极的信号。对于自动驾驶的进一步发展而言，需要不断协调线控底盘控制组件与控制系统的交互问题，不断改进。

线控底盘控制组件主要由五个系统组成，分别为：线控转向、线控制动、线控换挡、线控油门以及线控悬挂。从实践测试来说，最为关键的线控转向和线控制动，目前还没有一套可以完全适用 L4 级及以上的稳定的量产产品。

1. 线控转向

线传控制（X-by-Wire）系统源自飞机驾控（Fly-by-Wire）概念。从最初的纯机械转向系统，历经机械式液压助力转向（Hydraulic Power Steering，HPS）、电液助力转向（Electro Hydraulic Power Steering，EHPS），到现在已被广泛应用的电动助力转向（Electric Power Steering，以下简称 EPS），转向系统朝着操作更加灵敏、结构更加可靠和功率消耗更低的方向不断发展。

随着近年来自动驾驶的兴起，转向系统被要求能够不依赖人力，根据算法独立运转，同时响应时间更短，转向更加精准。考虑 EPS 受限于安装空间、力传递特性、角传递特性等诸多因素不能自由设计和实现的不足，线控转向系统（Steering By Wire System, 以下简称 SBW）应运而生。

线控转向系统取消了转向盘与转向轮之间的机械连接，完全由电信号实现转向的信息传递和控制。和 EPS 相比，SBW 的最大不同是取消了方向盘和转向轮之间的物理连接，它的转向力矩完全依靠下转向执行器来输出，而下转向执行器输出力的方向和大小依赖于控制算法给定的控制信号，这也就意味着转向完全由算法控制，而算法可以依赖方向盘的输入信号，也可以脱离方向盘，根据自动驾驶的转向要求独立转向。

主要的汽车主机厂和一级零部件供应商，包括戴姆勒、宝马、采埃孚（ZF）、德尔福、天合（TRW）、捷太格特（JTEKT）、日本国立大学、本田汽车等都对汽车线控转向系统做了深入研究。虽然汽车主机厂和一级零部件供应商都在大力开发其线控转向技术，但是对于在量产车型上应用线控转向技术，都比较谨慎。目前较为典型的应用案例（也是第一个应用案例）是日产汽车和凯迩必（KYB）在 2014 年推出的英菲尼迪 Q50 上应用的线控转向技术，该套系统也被称为线控主动转向系统（Direct Adaptive Steering, 以下简称 DAS）。

DAS 系统包括三组 ECU，两个转向电机、一个反馈电机，一个获取方向盘角度信息的传感器、一个获取路面信息的力矩传感器，以及一套冗余机械转向结构。机械转向机构发挥作用是通过离合器的吸合和断开来控制的。

DAS 系统的原理是，三组 ECU 根据方向盘的转动信号和路面信息生成控制信号，控制三组电机，用其中两组电机来控制车轮的转动角度和速度，一组电机来模拟路面的回馈力。另外还留有一组机械冗余结构在系统发生故障时使用。

但是上市一年多后，英菲尼迪开始召回部分 Q50 汽车。召回通告中称：本次召回范围内车辆由于线控转向系统控制单元程序有偏差，当发动机在电瓶处于低电压状态下启动时，控制单元有可能对方向盘角度做出误判，导致方向盘和车轮的转动角度存在差异。即使方向盘转到中立位置，车轮也可能不会返回直行位置，导致车辆不能按驾驶员意图起步前行或转向，存在安全隐患。

如果从量产的角度来观察，目前市场上的线控转向系统可靠性还不是特别高，电子部件还没有达到机械部件那样的可靠程度。而如何保证在电子部件出现故障后，系统仍然可以实现基本的转向功能，这是线控转向系统必须满足的安全要求。目前凯迪拉克在英菲尼迪上采用的是机械冗余系统，相当于在 EPS 的基础上额外增加模拟路感的回馈系统。博世的线控转向系统在方向盘处布置多个传感器以实现输入信号的冗余，转向系统也采用多个电机加上多个 ECU 来实现控制冗余，相当于有两套重复的转向系统。如何在保证功能安全的前提下，减少设计制造成本，控制成本的上升幅度，是线控转向系统达成量产所需要解决的难题。

2. 线控制动

线控制动是线控技术中既关键又难的部分。目前，线控制动主要有两种模式：线控液压制动（Electro-hydraulic Brake，以下简称 EHB）和电子机械制动（Electro-Mechanical Brake，以下简称 EMB）。

EHB 是在传统的液压制动器基础上发展而来的，其用电子元件替代传统制动系统中的部分机械元件，用综合制动模块取代传统制动系统中的助力器、压力调节器和 ABS 模块等。

EHB 系统由于具有冗余系统，安全性在用户的可接受性方面更具优势，且此类型产品成熟度高，目前主流的产品包括博世集团的 iBooster 和大陆集团的 MK C1。

目前博世的 iBooster 是市场占有率最高的线控制动产品。在产品设计中，iBooster 与 ESP（车身电子稳定系统）互为制动冗余，这使 iBooster 在一定程度上满足了自动驾驶的需求。不过，作为制动冗余的 ESP 仍然是在传统的液压制动基础上发展而来的，所需要的刹车时间为 iBooster 等主制动系统的 3 倍。并且，每一次使用，柱塞泵都要承受高温高压，频繁使用，会导致柱塞泵发热严重，精密度下降，导致 ESP 寿命急剧下滑。

当面向 L4 级及以上的自动驾驶要求时，必须具备电子冗余，不能单纯依靠机械冗余，否则要求驾驶员在短时间内接管车辆就会陷入责任划分的泥潭。针对这种潜在风险，博世又在 iBooster 的基础上推出了 One Box 方案，即将 iBooster 和 ESP 的功能整合在一起的高度集成化产品 IPB（光照按钮），同时，又为 IPB 配备了 RBU（Redundant Brake Unit，刹车冗余）作为制动冗余。这就实现了机械冗余加上电子冗余的双安全失效模式。

One Box 方案能实现更高的能量回收效率，并且由于集成度高，体积和重量大大缩小，成本也更低。但技术上的挑战非常大，例如，需要与踏板解耦，由于踏板仅用于输入信号，不作用于主缸，而由传感器感受踏板力度带动电机推动活塞，踏板感受需要软件调教，可能有安全隐患。这些技术难题导致 One Box 方案的量产时间较晚，博世的 iBooster 最新一代 IPB 才采用 One Box 方案。

EMB 与 EHB 不同，它不是从传统液压制动系统上发展而来的，它与传统的制动系统有着极大的差别，完全抛弃了液压装置，使用电子机械系统替代，其能量源只有电能，因此执行和控制机构完全需要重新设计。EMB系统中，所有液压装置，包括主缸、液压管路、助力装置等，均由电子机械系统替代，液压盘和鼓式制动器的调节器也被电机驱动装置取代。EMB系统的ECU通过制动器踏板传感器信号以及车速等车辆状态信号，驱动和控制执行机构的电机来产生所需的制动力。目前博世集团、大陆集团等对于EMB进行了一些研究工作，并申请了一部分专利。

如果基于量产的考虑，自动驾驶在进入硬件的领域后，已经无法摆脱原有的庞大且盘根错节的汽车产业的供应链体系。供应链的技术成熟度、产品完整性、产品和服务的成本，以及领先的汽车供应商愿意为自动驾驶所投入的资源，都直接成为自动驾驶在发展过程中，无法绕过去的难题。

但是伴随自动驾驶发展的激光雷达和芯片厂商，却在传统汽车供应链体系的边缘寻找到了突破边缘的机会，开始破局。

首先登场的，就是让传统汽车芯片厂商无可奈何的降维打击的芯片厂商们……

5. 英伟达与英特尔：降维打击的王者

2021年4月13日，中国北京。

两杯冰美式，我硬撑着看着黄仁勋在自家的厨房发表演讲，他介绍说，将于 2022 年投产英伟达自动驾驶汽车的计算系统级芯片：英伟达 DRIVE Orin。我边听边在电脑上搜索，看到理想、蔚来、小鹏、智己（上汽集团联合浦东新区政府、阿里巴巴推出的汽车品牌）等汽车生产商，还有 Cruise、Zoox、滴滴、小马智行、AutoX 等一众自动驾驶科技公司，都在过去的几个月中宣布，会搭载 NVIDIA DRIVE Orin 芯片。

我在想，当高歌猛进的时候，黄仁勋是否会想到一个帮助英伟达起飞的人，他叫亚历克斯·克里泽夫斯基。

英伟达：GPU 与人工智能

2012 年 10 月，斯坦福人工智能实验室主任，著名的计算机视觉大赛 ImageNet 创始人李飞飞教授，公布了来自多伦多大学的杰弗里·辛顿和他的团队带着 AlexNet 以错误率比第二名低了整整 10% 的优异成绩获胜。在 2012 年之前，最好的前五名参赛队，错误率都在 25% 以上，而 AlexNet 取得了 16% 的错误率。之后，深度学习在计算机视觉和语音识别方面产生了巨大的影响，错误率呈现出陡然下降的情况。以计算式视觉为例，ImageNet 的前五名的错误率已经降低到了 3% 以内。

取名为 AlexNet，是因为背后的重要推手就是辛顿的学生，亚历克斯·克里泽夫斯基。他仅仅在两块英伟达 GTX580 GPU 上训练了几天的时间，AlexNet 就赢得了 ImageNet，之后吴恩达和他的斯坦福团队也和英伟达研究合作，开发出使用 GPU 训练神经网络的方法。

英伟达一战成名，全球各地的人工智能的研究人员开始采用 GPU 进行深度学习，谷歌、脸书、微软、百度等都采用英伟达的 GPU 进行深度学习的开发和应用。

而在之前的岁月中，英伟达和黄仁勋都如履薄冰。

1993 年 4 月，黄仁勋离开了集成电路生产商 LSI，和来自太阳微系统（Sun）的工程师克蒂斯·普里姆，以及克里斯·马拉科夫斯基，共同创立了英伟达。他们的初衷是研发一种芯片，以加快电子游戏中 3D 图像的渲染速度，带来更为逼真的显示效果和游戏体验。

成立初期，英伟达迅猛发展。到了 2000 年，GPU 市场已经呈现出英伟达和 ATI 双雄争辉的竞争局面。微软为了进军游戏主机行业，邀请英伟达研发 Xbox 游戏机图形芯片、声音芯片以及主板解决方案。但是遗憾的是，双方因为价格问题产生矛盾，甚至要启动法律仲裁程序。最后微软把订单交给了 ATI，而英特尔也开始扶持 ATI。

生死存亡时刻，英伟达的首席科学家大卫·科克博士助力黄仁勋。科克博士一直在思考，如何让只做 3D 渲染的 GPU 技术通用化。最初的 GPU 只是被用来处理图形显示的任务，无须计算，这事实上造成了大量运算能力的浪费。随着显卡的发展，GPU 越来越强大，而且 GPU 为显示图像做了优化，在计算上已经超越了通用的 CPU，甚至特别擅长并行计算。

2006 年，英伟达推出 CUDA（Compute Unified Device Architecture，是一种基于新的并行编程模型和指令集架构的通用并行计算架构），打通了所有 GPU 内核心的并行计算能力，使得 GPU 可以承担和 CPU 一样的计算任务。科克博士之后因为 CUDA 当选美国工程院院士。

但是在 CUDA 发展的初期，内部有许多不同的声音，而且放眼外部，CPU 巨头 AMD 收购了 ATI，形成了 CPU 整合 GPU 的解决方案。英特尔也终止了和英伟达的合作，在自家芯片组中集成了 3D 图形加速器。在内外交困的情况下，2008 年，英伟达营收骤降 16%，股价从 37 美元下跌到只有 6 美元。

在 AlexNet 震撼世界之后，2012 年英伟达与谷歌的人工智能团队合作，建造了当时最大的神经网络模型，之后各个深度学习的团队开始广泛大批量使用英伟达的 GPU。2019 年，英伟达击败英特尔，收购以色列公司 Mellanox（迈络思）。在这之前，Mellanox 和英特尔占据着无线带宽（InfiniBand）市场的绝对份额，而 Mellanox 的份额高达 70%。2020 年 9 月，英伟达和软银宣布，英伟达将以 400 亿美元的价格收购英国芯片厂商 ARM，这在全球 IT 行业掀起轩然大波，苹果、高通、英特尔、三星等均表示反对。截止到本书完稿时，英伟达收购 ARM 的计划依然没有获得欧盟的批准。

从 2015 年开始，英伟达以"一年一迭代"的速度加快在自动驾驶领域的拓展。2015 年推出 DRIVE PX，2016 年推出 DRIVE PX2，2017 年 DRIVE Xavier 横空出世，之后 2019 年宣布推出 DRIVE Orin，2021 年更是宣布左手 DRIVE Orin 芯片，右手 DRIVE Atlan 计算平台，算力将达到 1000 TOPS，满足 L4 级的自动驾驶需求。

巩固自身在自动驾驶领域优势的同时，2021 年，英伟达还宣布推出首款基于 ARM 架构的数据中心 CPU 处理器，并且称其比现有的芯片速度快 10 倍，摆出了正面刚英特尔的架势。

其实在自动驾驶领域，早已烽火狼烟。

英特尔：收购 Mobileye 布局自动驾驶

PC 时代的绝对王者英特尔，市场占有率一度高达 80%。但也是在 PC 产业巨额利润的蒙蔽下，英特尔战略失误，完全错过移动互联网时代，眼睁睁看着 ARM 成为智能手机的市场霸主，其市场占有率高达 90%。

面对万物互联的大趋势，英特尔苦苦寻求翻盘的机会，围绕物联网、人工智能、自动驾驶等领域布局，投资、并购相关的创新企业。

2016 年，英特尔相继收购了计算机视觉公司 Itseez、人工智能初创企业 Nirvana Systems，以及计算机视觉处理芯片公司 Movidius。2017 年 1 月，英特尔还收购了高精度地图公司 HERE Technologies 15% 的股份。2017 年 3 月，英特尔宣布，以 153 亿美元收购来自以色列的 Mobileye，这是以色列科技圈历史上金额最高的一起并购案。

这一并购案距离 Mobileye 推出第一款自主研发的芯片 EyeQ，整整过去了 10 年。

时间前置到 1998 年，当时在以色列希伯来大学任教的人工智能专家安农·沙舒亚在日本名古屋的丰田汽车开会，被问到是否可以用两个摄像头来检测车辆时，他突然想到，也许一个摄像头就可以做到了。一年之后的 1999 年，沙舒亚和在零售行业担任高管职位多年的好友齐夫·艾维瑞姆共同成立了 Mobileye。

从公司成立到签下第一份生产协议，Mobileye 等了整整 8 年。Mobileye 是典型的技术企业，超过八成员工是研发人员，在没有赢利的 8 年时间内，Mobileye 每一次融资，都把钱全部投入新的研发之中。2007 年，Mobileye 推出第一代自研的芯片 EyeQ。从 2007 年到 2012 年，EyeQ 芯片的出货量达到 100 万颗。

之后从 2013 年到 2016 年，Mobileye 芯片出货量的复合年增长率达到了 66%，到 2016 年年底出货量直接跃升到了当年 600 万颗。截至 2021 年 5 月 9 日，Mobileye 的 EyeQ 芯片被搭载在全球超 6000 万辆汽车上，已经被超过 25 家汽车制造商、超过 300 个车型采用，用于支撑它们的 ADAS。截至 2019 年年底，Mobileye 占领全球 ADAS 芯片市场 70% 的份额。

沙舒亚在接受媒体采访时表示，对于商业化的企业来说，必须要考虑活下去，要考虑商业利益。因此 Mobileye 切入点是摄像头，选择从支撑 L2 级的高级辅助系统开始进行商业化，持续维持并升级到能够支撑 L4 级的自动驾驶。在 2021 年的北美国际消费类电子产品展览会上，Mobileye 宣布正在耶路撒冷、慕尼黑、底特律等城市测试具备 L4 级自动驾驶功能的 Mobileye Drive，Mobileye Drive 包含道路信息管理（REM）高精度地图技术、基于规则的责任敏感安全（RSS）驾驶策略和真正冗余，能够提供端到端的自动驾驶全栈服务。

但是在英伟达和高通的包围之下，英特尔的处理器还停留在 14nm 和 10nm 的工艺阶段，在 5nm 芯片上已经远远落后于同行。Mobileye 在被英特尔收购之后，能给英特尔带来怎样的协同效应，包括芯片的先进工艺和汽车行业的市场开拓，依然要打一个问号。根据英特尔发布的 2020 年年报，2020 年 Mobileye 全年营收 9.67 亿美元，英特尔全年营收 779 亿美元。也难怪有分析师评论道，Mobileye 仍然是英特尔公司的一小部分，相比于其他业务，无论是营收规模还是对公司市值的贡献，依然没有体现。

在这样的背景下，Mobileye 计划在 2025 年之前对摄像头、雷达、激光雷达进行整合，以适应 L4 级的自动驾驶，除此之外，Mobileye 还计划利用英特尔在硅光子领域的专长和制造能力，打造激光雷达系统集成芯片（SoC），该芯片预计也将在 2025 年之前投入使用。在 2020 年，Mobileye 还收购了出行服务商 Moovit，Moovit 基于其在 112 个国家和地区的 3400 个城市的运营，为 Mobileye 提供大量的运输数据。

在本书即将出版之前，2022 年 3 月 7 日，根据《华尔街日报》的报道，英特尔已经通过秘密形式向美国证券交易委员会提交了 Mobileye 的上市申请。目前 Mobileye 的上市申请文件仍为保密状态，但是市场预计其估值或将超过 500 亿美元。英特尔首席执行官帕特·盖尔辛格表示，Mobileye 的单独上市有助于其拓展市场，并且为英特尔的股东

释放更多价值。同时，帕特·盖尔辛格还表示，未来英特尔将继续为
Mobileye 提供技术和资源支持。

上文提到，芯片领域已经呈现出几家超级玩家共存的局面。英伟
达是 GPU 领域的龙头企业，市占率常年保持在 70% 及以上。而全球
FPGA 接近 90% 的市场被赛灵思和 Altera 瓜分，其中赛灵思一家就达
到了 50% 以上的市场份额。Mobileye 占据了 ADAS 市场 70% 的市场份
额。高通也在虎视眈眈，通过发布骁龙 Ride 自动驾驶平台以及收购维
宁尔，进军自动驾驶芯片市场。

在这一场仿佛金刚大战哥斯拉的巨头之战中，一家来自中国的芯
片制造商也开始入局其中，似乎有些弱小，但是青春蓬勃，像极了站
在歌利亚之前的大卫。

让我们拭目以待。

6. 地平线：进击的中国芯片领跑者

2021 年 4 月，中国上海。

2021 年，"芯片" 再一次出现在大众的视野中。这一次的关键词是
"短缺"。

从手机、笔记本电脑、摄像机等电子产品，蔓延到汽车行业，许
多制造商们都在着急而又无可奈何地 "保供"。从日本、韩国、印度，
再到德国、美国和中国，许多工厂因为芯片的原因暂时停工。有专家
表示，这一次的芯片短缺，有可能延续几个月甚至数年之久。

芯片短缺的背后，我们可以看到，由于 5G 和人工智能的迅猛发展，带动了各个产业的电子化和智能化程度提升，进而加大了各行各业对芯片的需求。另外，芯片也是一个高壁垒行业，技术门槛高、开发难度大、研发周期长，长期以来都由国外巨头把持。

如果再对芯片进行细分，那应用于汽车的车规级芯片，因为工作环境变化多、可靠性安全性要求高的特点，其标准和要求远高于消费级和工业级的芯片。目前车规级芯片的主要玩家包括荷兰的恩智浦、德国的英飞凌、日本的瑞萨电子、瑞士的意法半导体、美国的德州仪器和安森美等。

但是，科技创新的速度也许一直会超过巨头转身腾挪的速度。人工智能日新月异的发展，带动了 AI 芯片的高速增长。巨石崩裂时，会出现些许的裂缝，透出机会的光。于是，我们看到一家成立仅仅 5 年多的 AI 芯片公司在近年来快速崛起，2020 年其车规级 AI 芯片出货量已经超过 16 万。

这家科技创新企业有个很有诗意的名字：地平线。

因为很难，所以去做

余凯博士是地平线的创始人和 CEO。在创立地平线之前，他的主要研究软件算法、机器学习等领域，在 2012 年回国在百度成立 IDL 之前，余凯博士曾经在世界上最早从事卷积神经网络研发的五个实验室之一的 NEC 美国研究院担任媒体实验室主任，也在斯坦福大学计算机系担任兼职教授。

在百度工作期间，两件事儿启发余凯博士思考 AI 芯片的问题。首先，当时百度在国内最早应用并行的大规模云 GPU 服务器做神经网络训练，过程中余凯博士意识到，CPU 和 GPU 是非常不同的，芯片的架构应该更好地服务于软件的发展。其次，在领导百度的无人驾驶项目时，车的后备厢被机器塞得满满的，而且由于当时的芯片都是为服务器端来设计的，功耗很高，所以使得机器发热非常严重。

余凯博士思考之后认为，如果要更好地应用人工智能，并且提高效率，仅仅依靠软件是不够的，还需要为人工智能设计专门的芯片。

站在 2021 年的时间节点回望产业和技术的发展，AI 芯片近年来的高速发展，也验证了余凯博士当时的判断。赛迪顾问（CCID Consulting）发布的《中国人工智能芯片产业发展白皮书》的数据显示：AI 芯片市场规模在 2019 年超过 100 亿元，是 2017 年的 2 倍。而且赛迪顾问预测，在之后的几年保持 40%~50% 的增长速度，在 2023 年将突破500 亿元，在 2024 年将接近 800 亿元。

从技术和产品的角度出发，AI 芯片也实现了从通用向定制化、专用化的方向发展。前瞻产业研究院的研究表明，目前 AI 芯片主要涵盖云端训练、云端推理和终端推理三个领域。

云端训练芯片对于算力、精度的要求非常高，而且还需要具备一定的通用性，以适应多种算法的训练，目前英伟达的 GPU 保持领先；云端推理芯片更加看重综合能力，包括算力、能耗、延时、成本等因素，在 GPU、FPGA、ASIC 等技术路径都得到了应用，谷歌、英特尔、赛灵思等厂商正在纷纷布局；而终端推理芯片需要和差异化场景结合，满足低延时、低功耗等需求，并且衍生出众多细分市场，例如自动驾驶、智能安防、智能手机等，其中 ASIC 芯片逐渐成为主流。

产业和技术的发展趋势，促使余凯博士做出进入 AI 芯片领域的决定。在接受访谈时，余凯博士说，第一个原因，是对于产业终局的思考。

随着汽车智能网联趋势的不断深化，汽车电子电气架构也逐步向集中化发展，由 ECU 集成升级为域控制器，未来有向车载中央计算平台演进的趋势，内部结构趋向于简化，需要更为强劲的算力，支持丰富的软件功能的迭代升级。而目前制约智能汽车发展的核心瓶颈就是汽车智能芯片的算力不足。根据国际知名咨询公司罗兰贝格的测算，在 L1 级至 L3 级自动驾驶阶段，汽车的算力需求大约为 2.5 TOPS，而到 L4 级至 L5 级自动驾驶，算力需求分别达到 24 TOPS 和 320 TOPS，呈指数级增长。

"地平线坚定地认为未来机器人会无处不在。那机器人里第一个大规模落地应用的一定是智能汽车。智能汽车是堪比计算机诞生级别的颠覆式创新，也是人类历史上第一个真正意义上的移动智能终端。它能够自主感知、决策，以及实现人机交互。所以地平线选择为未来的机器人去做芯片计算平台这样一件事情，而且从智能汽车的芯片，这一清晰的赛道入手。"余凯博士介绍说。

余凯博士说的第二个原因，是"难"。

根据行业专家的分享，车规级芯片相比消费级和工业级的芯片，首先在工作环境方面变化更多。例如，消费级芯片的温度要求在 0~40℃，工业级在 -10~70℃，而车规级的要求则达到了 -40~155℃，此外还要面临高振动、多电磁干扰等外部环境。其次，可靠性、安全性要求高。汽车的设计寿命在 15 年，远远长于消费电子产品和许多工业产品的寿命要求。最后，车规级芯片涉及汽车主机厂的安全因素，所以一般要两年左右时间才能完成车规级认证，进入车企的供应链。

"做车规级的 AI 芯片非常难，因为涉及非常长链条的基础研发，以及长时间的研发投入。也正是因为很难，所以这是一个高壁垒、高门槛的行业，是适合我这样信仰长期主义的创业者去做的事情。"余凯博士说道。

创业以来，没有一天是轻松的

回溯历史，在 2015 年地平线成立时，当时 AlphaGo 和李世石的世纪大战还没有开始，谷歌还没有宣布要做 AI 芯片，深度学习算法还是非常专业的话题。无论是和投资人聊融资，还是和候选人聊合作、谈工作，把底层的机理说明白已经非常不容易，最后再加上 AI 芯片，许多时候确实应者寥寥。

就在这艰苦的 2015 年到 2017 年间，地平线逐步搭建起了技术团队，在 2017 年 12 月发布了中国首款边缘人工智能视觉芯片，包括面向自动驾驶的征程系列（Journey）和面向智能摄像头的旭日系列（Sunrise）。2019 年 8 月，地平线对外发布国内第一款车规级 AI 芯片征程 2。根据官方介绍，征程 2 具备超 4TOPS 的等效算力，典型功耗为 2W，并且每 TOPS 的算力可以处理的帧数可达同等算力 GPU 的 10 倍以上。

2018 年开始地平线的管理团队更为关注商业化应用，为许多研发自动驾驶的主机厂提供芯片。余凯博士提到，当产品一开始并不是那么标准化的时候，有时候可能连清晰明确的使用说明书都没有，只能投入资源做许多集成的工作、做服务。

特别是说服传统的主机厂搭载 AI 芯片，更是难上加难。主机厂的要求是零缺陷率，需要上百万的出货量来证明。而地平线作为一家创业企业，之前没有量产历史。余凯博士强调，他和团队一直在坚持"愚公移山"的精神，"不断地去和客户交流，而且是拿着实际的产品、系统，测试的真实数据去说服客户，地平线可以做出车规级的芯片，而且性能和国外的领先产品相比也并不差"。

外部的环境对于年轻的地平线来说，既有挑战，也在缝隙中充满机会。特斯拉的 FSD 芯片自研自用，除此之外，目前全球达到量产等级的车规级产品，一家是英伟达的 DRIVE Xavier，另一家是背靠英特尔的 Mobileye 的 EyeQ5。但是国外的竞争对手，在大部分情况下不会针对中国的主机厂去做定制化的产品和服务，而且合作条款、技术支持等方面的要求往往更为严苛。地平线则立足中国市场，在沟通合作方面具有优势。而且，地平线还提供了工具链和算法的参考模型，让主机厂可以定义产品，从比较成熟的阶段起步，加快开发速度。同时，许多国内的主机厂的正向开发能力越来越强，也有越来越多自主研发、技术可控方面的诉求。

在这样的背景下，2020 年对于地平线来说，是车规级 AI 芯片前装量产的元年：2020 年 6 月，搭载征程 2 的长安 UNI-T 正式量产上市；9 月，搭载征程 2 的奇瑞新能源蚂蚁上市；12 月，征程 2 的出货量突破了 10 万。2021 年 1 月，智己汽车宣布搭载征程 2。

此外，综合媒体的报道，地平线已同奥迪汽车、一汽红旗、上汽集团、广汽集团、长安汽车、比亚迪汽车、理想汽车、长城汽车等车厂，博世、大陆、佛吉亚等一级供应商达成深度合作。

"创业五年多来，我觉得没有一天是轻松的，每天都需要面对各种各样的挑战，有融资方面的挑战，也有很多管理、市场、产品战略方面的挑战。"余凯博士说道。

耐得寂寞，坚持长期主义

在和余凯博士交谈的过程中，"耐得住寂寞""长期主义"是他常常提起的。我也很好奇他是如何理解长期主义的。

余凯博士解释说，当时选择做汽车智能芯片，就是希望伴随产业和技术发展的趋势，去做长期的发展，通过步步为营的成长，最终企业构筑起很宽的护城河。"就像当年的 PC 产业链，从 286、386、486

一步一步发展起来，而不是第一天就可以发展到 586。钱能够砸出来的事情，创业公司其实是不好做的，因为巨头不缺钱。我希望地平线做的事情，核心壁垒不是钱，而是不可置换的时间投入。"

余凯博士进一步表示说，坚持长期主义是要以成就客户为中心的："内部也有过争论，地平线是以技术创新为导向，还是以客户为导向？争论的结果是以成就客户为中心。因为创新是没有标准的，而客户的需求则更多是世界怎么看我们，这是有标准的。企业要长期发展，要在一个绝对坐标系里去判断，今天是不是比昨天做得更好。"余凯博士也表示，满足客户的需求，也是他在创业过程中不断加深认识、不断坚定，而且不断让自己和整个团队都变得更好的唯一方式。

"要坚持长期主义其实是一件很难的事情，因为那意味着对于许多短期的、眼前的诱惑，需要去延迟满足，需要去说不。这种坚持对于年轻人来说更难。因为年轻人希望在工作中有快速的正向反馈，比较快拿到结果，这样才有方向感。要耐得住寂寞、要几年的奋斗和努力才能看到结果，对于许多年轻人来讲是很难的。"

余凯博士提到，一开始提出要做车规级的汽车 AI 芯片，团队许多年轻人恨不得把整个自动驾驶的汽车都做出来，要在路上跑，总觉得做自动驾驶的比做底层芯片的风光。曾经在战略研讨会上大家吵得不可开交，最后冷静思考，还是应该做产业的赋能者，"把大家要拓展商业边界的膨胀思维，不断收敛回来"。

余凯博士进一步解释说："从辅助驾驶到自动驾驶，是一个长期的、需要一步一步实现的过程，中间的每一步都是需要芯片的。我希望地平线跟着整个产业演进的节奏发展，每一步都可以挣钱，而不是最后搞成了才能挣钱，这样的商业模式是不够健全的。"

"当然，对于长期主义的坚持，并不是在团队顺风顺水的时候，而是在遇到真正挑战的时候。地平线的文化价值观里面很重要的一条就是耐得住寂寞，这件事不能是嘴上说说，也不是刻在墙上，核心管理团队，尤其是我本人作为 CEO，要在每一次的选择中让大家看到我们真正的选择是长期主义。久而久之，这会形成整个公司的信仰。"余凯博士最后说道。

2020 年 2 月 24 日，国家发改委、工业和信息化部、交通运输部等11 部委联合印发《智能汽车创新发展战略》，开篇第一句话就提到："新一轮科技革命和产业变革方兴未艾，智能汽车已成为全球汽车产业发展的战略方向。""发展智能汽车对我国具有重要的战略意义。"

行业研究也预测了智能汽车的快速发展。IDC 在 2020 年 10 月发布的《全球自动驾驶汽车预测报告（2020—2024）》数据显示，2024 年L2 级自动驾驶的市场份额预计将达到 34%，出货量达到 1843 万辆，而更高等级的 L3 级和 L4 级的自动驾驶汽车，出货量也将达到 69 万辆和 17 万辆。

地平线也在继续前行，把握智能汽车发展的浪潮。根据余凯博士的介绍，2021 年面向下一代智能驾驶场景的征程 5 芯片即将发布，届时征程 5 的性能将比肩特斯拉 FSD。而且余凯博士还有更为远大的目标："从 2020 年到 2023 年的目标是获得中国市场汽车智能芯片领域的第一名，到 2025 年希望拿下全球市场 30% 份额。"

在余凯博士冲刺目标的征途上，他不会孤单，因为另一场中国与全球市场领先者的较量，同样也在激光雷达的江湖上激烈地进行着……

7. Velodyne：内斗不息的昔日巨头

2007 年 11 月 4 日，美国加利福尼亚州，胜利谷乔治空军基地。

时任 DARPA 主任的托尼·特瑟宣布，在昨天举行的第三届 DARPA 无人驾驶挑战赛城市挑战赛中，根据比赛用时、安全驾驶等诸多比赛要求，卡内基梅隆大学的"博斯"获得第一名，斯坦福大学的"初中生"获得第二名，此外，还有来自弗吉尼亚理工大学、麻省理工学院、宾夕法尼亚大学和康奈尔大学的无人驾驶汽车也跑完了全程，总共 6 支参赛队跑完了全程。

全场掌声雷动！

在鼓掌的人群中，大卫·霍尔和安东尼·莱万多夫斯基相视一笑，因为冠亚军队伍卡内基梅隆大学和斯坦福大学的无人驾驶汽车，都使用了他们的激光雷达，而且更让他们开心的是，在 6 支跑完全程的队伍中，有 5 支车队使用了他们的激光雷达。

在场的人可能都没有想到，10 年以后，他们两人都会成为硅谷以及自动驾驶市场的绝对焦点。

大卫·霍尔以及他创立的公司 Velodyne，几乎垄断了自动驾驶的激光雷达市场。而莱万多夫斯基，则深陷 Waymo 与优步的官司之中，最后选择黯然离开。

又一名 DARPA 的老兵

当霍尔看到 DARPA 计划举办无人驾驶挑战赛的消息时，他立刻跑到车库里面拿了一些马达控制器，开始制造自动驾驶卡车。当时他的公司 Velodyne 已经有 60 多名员工，每年销售他发明和制造的扬声器和低音炮的收入也有几百万美元。

但是霍尔对于音箱行业已经慢慢失去了兴趣。当时他已经把所有的生产都转移到了中国，感到已经没有兴趣做任何的改进了。后来他接受媒体访谈时谈道，他感到从发明家变成了一个进口商，这显然不是他喜欢做的事情。

霍尔改装了一辆丰田坦途参加了第一届 DARPA 无人驾驶挑战赛，当时他还采用立体摄像机来观察道路、避免障碍，但是效果不理想。他发现其他团队都在使用名为"激光雷达"的技术，用激光光速来感知物体并测量其范围。

从莫哈韦沙漠回来后，霍尔开始研究激光雷达，他后来说道，激光雷达和扬声器有很多相通的地方，即如何以尽可能小的延迟来测量周围的世界，并利用这些数据来调整输入信号。

一年之后，霍尔再次回来，参加第二届 DARPA 无人驾驶挑战赛。这一次，他在车上装了 64 个激光雷达，比任何人都多。但是霍尔的与众不同之处在于，他并没有像其他团队一样把激光雷达放在车前方，而是把激光雷达放在了车辆顶部，让其每秒旋转 10 圈，这样就能够完整扫描车辆周围区域，实现了对于周边环境的三维扫描。虽然最后机械故障使得霍尔的无人驾驶汽车没有完成比赛，但是他的激光雷达给所有参赛者留下了非常深刻的印象。

卡内基梅隆大学的威廉·惠特克专门来向霍尔请教，并称赞他的激光雷达是革命性的产品。加州大学伯克利分校的安东尼·莱万多夫斯基研究生毕业之后就加盟了Velodyne担任推销员。（莱万多夫斯基在第三届DARPA无人驾驶挑战赛城市挑战赛中向至少7支队伍成功销售了Velodyne的激光雷达，之后他接受了塞巴斯蒂安·特伦的邀请，加入了VueTool，后来又加盟谷歌的"车伕"项目。）

激光雷达的前世今生

人类早就掌握了模仿回声定位的技术。例如，在潜艇上应用的声呐会发出一种声音脉冲，然后读出反射回来的声波。雷达做的也是类似的事情。激光雷达是"光探测和测距"（light detection and ranging）的简称，它采用与雷达类似的方法，不同的是它用激光代替了无线电波。休斯研究实验室的科学家在1960年演示了第一个可以正常使用的激光器，之后，很多人开始纷纷在激光雷达领域进行尝试。最开始的时候，主要是政府研究机构利用它来绘制和测量自然世界，从云的形成到海床，再到月球表面。

到了20世纪80年代后期，激光雷达开始被应用在自动驾驶汽车领域。1989年，卡内基梅隆大学海军实验室的研究人员已经使用激光扫描仪帮助检测障碍物并确定它们的范围。实验室之所以使用激光雷达，主要是因为它善于探测反射材料，比如车道标记和路标等。20世纪90年代末，三菱公司尝试在驾驶员辅助系统中使用激光雷达，但激光雷达高昂的成本让三菱最终没能如愿。随着21世纪的来临，汽车工业开始转向采用价格更低廉的雷达和摄像头。

在2004年的第一届DARPA无人驾驶挑战赛中，已经有很多团队使用激光雷达了，但是当时的激光雷达装置还比较简陋，其优点在于它返回的数据很容易被计算机读取。此外，工作在光学波段的激光雷达频率至少比微波高 2~3 个数量级，有着更高的距离分辨率、角分辨率和速度分辨率。因此，激光雷达在测量中可带来距离、角度、反射强度、速度等更丰富的信息，凭借这些数据便可生成目标多维度的图像，协助用户或系统对探测目标拥有更详细精准的认知。

除此之外，由于激光波长短，能发射发散角非常小的激光束，多路径效应小，即不会形成定向发射，与微波或者毫米波产生多路径效应，抗干扰能力强，可实现低空、超低空目标的探测。而激光主动探测拥有不依赖于外界光照条件或目标本身辐射的特性，只需通过探测自身发射激光束的回波信号来获取目标信息，所以还可实现全天候工作。当然，激光雷达还是容易受到大气条件以及工作环境中烟尘的影响。

霍尔带到第二届 DARPA 无人驾驶挑战赛的 Velodyne 的可旋转激光雷达已经发生了很大的变化。他的第一个激光雷达装置有 2 英尺（约为 0.61 米）宽，重达 50 磅（约为 22.68 千克），探测范围只有 80 米，现在已经成了史密森尼博物馆的一件收藏品。莱万多夫斯基在 2007 年销售给那些 DARPA 参赛选手的激光雷达就是这一代产品，每台售价 8 万美元。

在 2016 年的北美国际消费类电子产品展览会上，Velodyne 借用福特汽车的展台，展示了新产品，固态混合超级冰球（Solid-State Hybrid Ultra Puck Auto）激光雷达。该款产品是 Velodyne 基于第三代自动驾驶平台打造的，采用 32 线配备，扫射范围可达 650 英尺（约 198.12 米）。到了 2017 年，Velodyne 已经几乎垄断了激光雷达的市场，其中 16 线激光雷达价格为 8000 美元左右，而最贵的 64 线售价则为 8.5 万美元。

由于 Velodyne 的激光雷达处于市场垄断地位，其产品 10 万颗起订，所以汽车主机厂和自动驾驶科技公司常常联合组团，进行统一购买，以此节省成本，降低投入。

Velodyne 曾经在 2016 年 12 月推出固态激光雷达 Velarray。但是，在发布 Velarray 这款产品将近一年之后，公司仍未将成品推向市场。后来在媒体采访霍尔的时候，老爷子明确表示："我仍然钟情于旋转设计的激光雷达。我就是喜欢。"并且他强调，他最喜欢的工作就是继续完善他发明的旋转激光雷达，而不是去寻找能够大规模销售的固态激光雷达传感器。

形势急转直下

在垄断市场的时候，Velodyne 遭到了来自中美两国的激光雷达生产厂商，例如禾赛、速腾聚创、Luminar 等的联合阻击。16 线产品，速腾聚创的价格几乎只有 Velodyne 的一半。针对 64 线产品，禾赛的 40 线产品有着非常明显的竞争力，甚至许多硅谷的科技公司都使用了禾赛的激光雷达，抛弃了 Velodyne。

而在与汽车公司的合作方面，Luminar 又走在了 Velodyne 的前面，早在 2017 年 9 月份，Luminar 就跟丰田汽车达成了合作。在 2018 年，沃尔沃汽车战略投资 Luminar，并且宣布与 Luminar 共同研发自动驾驶，开发激光雷达平台。在 2018 年年底，Luminar 又跟奥迪汽车自动驾驶子公司 AID 达成战略合作。根据 Luminar 在 2019 年年底披露的数据，其已拿下全球前十五大汽车制造商中的 12 家。正在报价并安排的合同总价值超过 15 亿美元。

2019 年，百度也开始把 Velodyne 的激光雷达换成了禾赛的产品。就在 2016 年 8 月，百度曾经和福特共同出资 1.5 亿美元战略投资 Velodyne。之后百度向 Velodyne 采购了近 100 台 128 线激光雷达。后来产品因为性能不稳定被百度退回。2018 年 5 月，百度联合光速中国向禾赛投资了 2.5 亿元。

在 2019 年年底，霍尔决定裁撤中国区的销售团队和部分技术团队，仅仅保留几名负责销售渠道与大客户售后的人员，产品销售恢复到刚刚进入中国时的"代理模式"。

2020 年，霍尔被董事会卸去 CEO 一职，CEO 一职由公司 CTO 阿南德·高普兰担任。但没有人想到的是，2021 年 2 月，Velodyne 发表官方声明，宣布对创始人兼董事会主席霍尔进行罢免。伴随着双方的唇枪舌剑，3 月初，霍尔宣布正式退出董事会。而在董事会宣布罢免霍尔的前一周，曾经投资 Velodyne 的福特汽车，出售了所持有的所有 Velodyne 股票。就在 2021 年 7 月底，刚刚上任不到一年半的 CEO 高普兰宣布辞职，并退出董事会。

没有人想到，从 2017 年的盛极一时到 2021 年的这般窘境，时间仅仅过去了四年。虽然不能因为今日之窘迫就抹杀 Velodyne 曾经之于行业的先驱作用，但是在这四年时间中，看着身旁年轻的竞争对手们逐渐超过自己，Velodyne 在产品性能、供货以及售后服务方面，到底有多少改进呢？

在本书即将截稿之时，在 2022 年 2 月 8 日，亚马逊宣布通过认股权证的方式投资 Velodyne。这也是亚马逊继 2019 年 2 月投资 Aurora、2020 年 6 月并购 Zoox、2021 年 6 月投资智加科技之后，在自动驾驶领域的又一笔重要投资。

对于 Velodyne 来说，2021 年内部的剧烈动荡，使得其股价一度暴跌近 85%。亚马逊的投资似乎是一场及时雨，只是不知道雨润之后，Velodyne 是否可以真的重回正轨……

面对外部激烈的市场竞争格局，内斗又不曾停息，给到 Velodyne 的时间似乎真的不多了。在它身旁，年轻的中国厂商们，正在努力地攀爬向上！

8. 禾赛：入局激光雷达的江湖

2020 年 12 月，中国上海。

临近 2020 年的岁末，我在上海、北京、广州、深圳、长沙等城市看到并乘坐体验了一辆又一辆的无人驾驶汽车。现实的画面以及记忆中那些在美国、德国、瑞典的点点滴滴开始重合在一起，很亲切，又很陌生。感叹一声，未来，真的已经来了，而且，就在身边！

无人驾驶汽车其实很好辨认，这些汽车在车顶都会顶着一个或多个圆柱状的物体。它们就是无人驾驶汽车的"眼睛"，最重要的核心传感器——激光雷达！

就在几年之前，激光雷达市场还是一个几乎被一家美国公司垄断的市场。但是现在，我看着路上时不时行驶过的无人驾驶汽车，它们的激光雷达，都是"中国智造"！而且，都来自一家成立刚满 6 年的科技创新企业——禾赛科技。

圣何塞的禾赛

2012 年，美国硅谷。

临近年末，伊利诺伊大学的博士李一帆和斯坦福大学的博士孙恺，两位好友相聚，望着窗外的飘雪，聊起了未来，创业的梦想就在言语间被点燃。不久之后，他们又找来另一位好朋友，斯坦福大学的博士向少卿。2013 年，禾赛就在硅谷成立了。多年之后我问李一帆，当时为何公司取名叫禾赛，他笑笑说，因为公司当时的所在地就在硅谷最大的城市，圣何塞。

禾赛在美国创立初期，三位创始人都是兼职状态。李一帆当时担任美国西部数据集团的首席工程师，向少卿任职于苹果公司美国总部，孙恺在斯坦福大学担任副研究员。美国创新创业生态中的许多资源和政策的限制，以及国内正在蓬勃兴起的创新创业热潮，让三位创始人都选择放弃了在美国不错的职位，2014 年回到国内，在上海创立了"禾赛科技"。李一帆回忆说，他们三位创始人都有"硬件背景"，希望做一个看得见、摸得着的产品，让每个人都从中受益。

进军激光雷达

2015 年，禾赛的第一款产品主要利用激光进行气体检测，之后又迅速开发出了质量轻、灵敏度达到 5ppm 的甲烷遥测仪，用于天然气泄漏排查，这意味着在 50 米外百万分之几的极其微小的天然气泄漏，都可以被系统检测到。此外，禾赛还为大疆无人机开发了全球第一款搭载于无人机的机载甲烷遥测仪，使得天然气安全巡检这个传统领域，经由这款产品可以变得更为方便和快捷。产品面世之后，就获得了国内天然气分销商领军企业新奥燃气的青睐。

2017 年，在国内成立仅仅三年的禾赛科技，凭借这款甲烷遥测仪，拿下美国棱镜奖（Prism Awards），这是中国公司首次获得这项光电领域的"奥斯卡奖"。

在天然气安全检测这个细分市场快速发展的同时，禾赛的三位创始人已经在思考，如何基于自身的技术优势，寻求一条前景更为广阔、可以在未来深入人们生活的赛道。2016 年年初，禾赛瞄准了刚刚兴起的无人驾驶领域。彼时，在国外，无人驾驶方兴未艾；而在国内，还未见端倪。虽然是个陌生的市场，但是禾赛的三位创始人发现，作为当时市场上的绝对领先者，Velodyne 的产品似乎并没有那么无懈可击。

激光雷达是一种利用激光来实现精确测距的传感器 。激光雷达发出激光脉冲，这些脉冲遇到周围物体会被反射回来，通过测量激光到达每个物体和返回所需的时间，可以计算出物体的精确距离。激光雷达每秒发出成千上万个脉冲，通过收集这些距离测量值，可以构建三维环境模型，即点云。

激光雷达主要包括激光发射、扫描、接收和信息处理四个子系统，形成传感闭环。线束（简称线）表示激光雷达系统包含独立的发射器 / 接收器的数目。传统机械激光雷达以旋转的方式工作，一束激光扫描一圈，得到一条 360 度的环形点云。发射和扫描的激光束越多，环形点云越多，点云越密集，分辨率也就越高。为了获得更高的分辨率，激光雷达一般采用多线的方式，目前市场上的产品一般包括 40 线、64 线、128 线等。以禾赛 Pandar128 为例，包含 128 组发射器 / 接收器，单回波模式下每秒内就可以构建起多达 340 多万个数据点。

经过几年的发展，目前无人驾驶厂商对于传感器的选择，分为摄像头主导和激光雷达主导两种。摄像头主导的代表是特斯拉，其优势在于成本低廉，但是从技术角度来说，容易受到光照、雨雾、遮挡等因素的限制，影响视线。而且摄像头的二维图像相比三维信息更难挖掘，需要更强大的算法、大量数据的积累。

激光雷达主导的代表包括主流的无人驾驶科技公司及平台，例如谷歌 Waymo、百度 Apollo 等。激光雷达售价远远高于摄像头，但是可以获得精度更高、信息更丰富的三维图像，而且三维信息会提升算力对感知数据处理的效率和准确性，从而从系统方面支持加快无人驾驶商业化的部署。由于在安全性、可靠性方面具备显著优势，激光雷达逐步受到主流无人驾驶厂商，包括主机厂的青睐和选择。

在 2016 年，当时禾赛科技的三位创始人通过对市场的走访和深入研究，发现正在蓬勃兴起的无人驾驶领域将成为下一个"风口"。其产业链上的激光雷达传感器，此前几乎只有美国的一家厂商在主导，而且产品非常昂贵，一台 64 线的激光雷达价格高达 8 万美元，交货周期常常要由付款后的 3 个月延长到 6 个月，许多无人驾驶的玩家都在感叹"一机难求"。

此时的禾赛科技，虽然正在做气体检测的产品甲烷遥测仪，但是甲烷遥测仪与激光雷达相关核心技术有很多相通之处，禾赛的三位创始人有着多年的技术积累。

李一帆回忆说，虽然只做气体传感器也能做成一家成功的高科技公司，但禾赛希望开拓更广阔的市场，把已有的激光技术和在硬件领域的积累，转化成可以在其他行业通用的技术。当时禾赛科技的首席科学家，毕业于斯坦福大学的孙恺博士，拿着厚厚一叠论文，在黑板上写着一长串推导公式来验证可行性……最后大家肯定地说，那就这么干！

那如何定位禾赛的第一款产品呢？是做一款 16 线、2 万多元的低端入门产品，还是做一款多线束、单价可以达到 20 多万元的高端产品呢？三位创始人的观点非常一致，先做高端产品，解决行业痛点，占领顶级玩家市场，再用这些积累去降维打击低端市场。

就这样，禾赛科技选择了一条非常难走的路，开始奔跑。在 2020年的年末，李一帆告诉我，禾赛科技的客户如今遍布全球 20 多个国家和地区的 70 多座城市，众多汽车主机厂 OEM（原始设备制造商）、一级零部件供应厂商、科技公司，例如美国的通用汽车 Cruise、Zoox、Aurora，德国的宝马汽车，国内的百度、上汽、滴滴等，都已经成为禾赛的客户。它们选择禾赛的 Pandar 系列作为其主激光雷达，有不少甚至连所有传感器都选择了禾赛的产品。

李一帆和我说："降维打击，是禾赛最正确的战略决策之一！精心打磨激光雷达产品的品质，这条路漫长而艰辛。禾赛的初心是赋能机器，感知世界。坚持做正确的事，曾经因为初心选择的路，被证明是正确的路。"

Pandar=Panda + LiDAR

2016 年年初，禾赛正式踏上了激光雷达的赛道，往前每走一步——每一次测距的提高，每一次分辨率的精细，每一次性能的优化，每一次迭代的完善……都是未知的挑战。

一台激光雷达包含上千个精密部件。精密部件在高速旋转情况下的机械稳定性的影响、散热问题、各种风霜雨雪恶劣天气的影响、巨大的温差（–15℃到 85℃）的影响、高强度震动的影响、湿度和防水的影响、元器件之间串扰的影响，还有无线供电、无线数据传输的问题等，每一个细节的不完美都会导致产品的彻底失败。

激光雷达对于光、机、电系统等都有着极其严格的技术要求，开发这样一款产品，需要聚集光学、精密机械、模拟电路、数字电路、FPGA、深度学习等各个领域最顶尖的专家，只有他们通力合作，才有可能完成。

从实验室的原型产品，到最终的产品发布，几十次的迭代，跨学科的协作……2017 年 4 月，禾赛推出第一款激光雷达产品：40 线激光雷达 Pandar40，当时的新闻报道指出，这款激光雷达创造了当时市面上所有激光雷达的最小垂直角分辨率 0.33°，可以充分捕捉行驶过程中远处物体的细节特征。大家可能忽视了一个小细节，Pandar 的命名是 Panda（熊猫）+LiDAR（激光雷达）的结合，是 100% 的 "国货"。

Pandar 40 上市后不久，其以优异的产品力（包括测距远、精度高、抗震性好、耐高低温等）和有竞争力的价格，赢得了许多国内外客户的关注。在成功发布 Pandar 40 之后，禾赛又相继推出 Pandar 40P、Pandar GT、Pandar 64，以及 2020 年发布的 Pandar 128 和 Pandar XT。

站在 2020 年年末，我回望 2017 年、2018 年汽车 "新四化"（电动化、网联化、智能化、共享化）风起云涌，那是主机厂和科技公司竞速发展的美好时光。主机厂面对谷歌 Waymo、特斯拉和优步的连续冲击，在 "新四化" 的浪潮下，非常积极主动地打开围墙，以开放式创新的姿态拥抱外部的新玩家。来自硅谷的科技公司更是 "英雄不问出处"，只信赖品质更好的服务商。

在这样的背景下，禾赛科技 "初创企业" 的身份非但没有成为其接触大企业客户的障碍，反而成为加分项。在经过非常严格的技术测试以及持续多轮的商业谈判之后，禾赛科技赢得了许多客户的商业订单。

曾经的行业先行者们逐渐坐不住了……

"回到" 硅谷，直面战斗

2016 年 8 月，百度联合福特汽车以 1.5 亿美元的价格战略投资 Velodyne，希望保证激光雷达这一关键零部件的供应。2018 年 5 月，百度领投了禾赛科技 2.5 亿元 B 轮融资。到了 2019 年，经过多次的比较和测试，百度将测试车辆的激光雷达全部换成了禾赛的产品。

与此同时，在加州街头进行无人驾驶测试的许多汽车都使用禾赛的激光雷达，其中包括通用的 Cruise、Zoox、Aurora、Noro、Lyft 等美国主流无人驾驶玩家。

随着业务的发展，禾赛科技在中美两国都设立了办公室和研究院。

根据李一帆的介绍，现在禾赛的应聘职位的通过率大概在 3%，录取率在 2% 左右。公司在人才的储备、培养和管理方面也做了很多的工作，费尽心思。在初始阶段，三位创始人因为兴趣和梦想走到一起，从嘉定到虹桥，再回到硅谷开拓美国市场。随着公司的发展，现在公司已经拥有 500 多名员工，其中超过一半为研发人员，世界名校的毕业生和来自世界 500 强企业的顶尖人才更是不在少数。

李一帆说，禾赛并不是成功了就开始坐享其成的公司，他希望公司以及员工们都继续保持创业初期的斗志和创业精神。为了和员工们共同建立主人翁意识，禾赛的三位创始人鼓励员工发表不同的意见，积极参与管理决策，并且给员工适当的决定权。另外，李一帆说道，禾赛有一个价值观叫"重本质、轻形式"，希望科学家们都可以放开手脚进行具有创造性的工作。

根据我的调研，许多美国企业选择禾赛，不仅仅是因为产品和价格，还在于禾赛团队非常努力地做好服务。研发工程师常常在公司住上几个月，通宵达旦地解决客户提出的问题，尽快地给到客户答复。技术支持团队也是 7×24 保持待命状态，配合客户的时间进行会议沟通，无论是清晨还是深夜，禾赛的办公室内都可以看到年轻的工程师们忙碌的身影。

正当禾赛受到越来越多的关注和好评时，Velodyne 开始反击了！2019 年 8 月，Velodyne 在美国国际贸易委员会法庭起诉禾赛，要求法庭对禾赛颁布在美国的出口禁令。同年，禾赛迎战，在德国和中国以专利侵权为由起诉了 Velodyne。根据媒体的报道，禾赛还聘请了美国知名的 Quinn 律师事务所进行法律权益的保护。

2020 年 7 月，Velodyne 和禾赛同时宣布，双方在全球范围内达成专利交叉许可协议，这场瞩目的专利战画上了句号。双方都意识到，只有和解才能实现双赢。外人眼中的胜利，李一帆却轻描淡写地说，我们坚信做好技术和产品是推动行业前进的唯一路径。

激光雷达的赛道，商业和产品上的竞争还在继续……

巨头入局，竞争继续

2020 年 9 月 1 日，禾赛科技发布了新一代旗舰产品 Pandar128，相比之前的 Pandar 40P 和 Pandar 64，Pandar 128 提高了线束和点频，优化了垂直和水平分辨率，让点云更加精细化，达到准图像级。同时，Pandar128 发出的每一束激光都有自己的密钥，避免激光雷达彼此干扰。Pandar128 的核心零部件均满足 AEC-Q 等相关标准，DV 测试按照国际 OEM 标准覆盖电气、机械、气候、密封、材料、电磁兼容等 50 多个项目。

2020 年 10 月 12 日，禾赛科技又发布了中距离激光雷达 Pandar XT。这款产品搭载了禾赛科技自主研发的芯片。

李一帆介绍说，激光雷达成本一直居高不下的原因在于，产品集成度不高，每一个发射 / 接收都需要两块电路板、数个芯片和电子元器件等来实现，而且每一线都要装调，生产过程复杂，随着线数的增加，成本便呈指数级上升。"激光雷达还没有普及，早期市场并不会因为价格降低而快速变大。为了降成本，唯一可行的办法是，用更先进的底层技术，结构性地降低成本。这个底层技术，就是芯片化。"

禾赛科技想到研究激光雷达的专用芯片，把激光发射 / 接收通道都集成到几颗分别负责发送和接收的芯片上。通常 32 线机械式激光雷达需要安装 32 个收发系统，而在新的工艺下，这 32 个收发系统都被集成到芯片中。这意味着，一套激光雷达所需的装调次数从原来的 32 次减少到 1 次，装调工作量下降了 97%（31/32）。

长期聚焦无人驾驶产业的资深媒体人苏清涛，在研究 Pandar XT 之后曾经感慨道，禾赛科技把激光雷达面临的成本和量产的问题，变成了一个"半导体"问题，如果之后遵循摩尔定律，那激光雷达的价格可以进一步下降，这对无人驾驶的方案会形成长期的影响。

李一帆说，从几十人成长为几百人的团队，禾赛不满足于只做激光雷达这一件事，这群人更远大的梦想是做机器人技术，改善人类生活。"禾赛的目标是'在 2025 年成为世界最好的激光雷达公司'，希望能够让 90% 的汽车摆脱方向盘。业务还是会以传感器为主，同时立足于成为最好的感知类公司，结合硬件和软件，提供整套感知方案。"

创业路上的挑战总是与梦想如影随形。大疆、华为等消费电子巨头开始进入激光雷达的市场，主要的汽车一级供应商也在加大对于激光雷达的投资和业务拓展。博世、法雷奥、电装、麦格纳、德尔福……或已经加入战局，或正在前来的路上。Velodyne 曾一度获得了尼康的投资，并且考虑整合尼康位于泰国和日本的工厂，而且也曾经考虑过，在青岛生产的可能性……

窗外华灯初上，我回头望了一眼禾赛在上海虹桥的办公室：开放式办公室、游戏机、太空舱、创始人依然坐着经济舱满世界跑客户、闲暇时间呼朋唤友一起打篮球……这家与圣何塞有着千丝万缕关联的公司，依然保持着浓浓的硅谷味道。

我在想，此刻在遥远的圣何塞，Velodyne 的科学家们正在前往公司的路上，他们一定知道，在遥远的上海，在一家叫禾赛的公司，科学家们还在工作。也许他们曾经是同学，曾经是同事，曾经是很好的朋友；现在，他们彼此遥望，淡淡一笑，用产品说话！

9. 华为：哪里会是真正的边界

2021 年 4 月 12 日，中国深圳。

华为全球分析师大会正在召开，华为的轮值董事长徐直军在公布完华为未来的五项关键战略举措之后，迎来的第一个问题就是：华为是否会考虑造车？

徐直军笑笑说，大家都觉得华为应该造车，华为有这个品牌，有这个技术能力，应该造车。但是华为为什么不跟大家一起造车呢？徐直军停顿了一下，继续说道，华为是经过了多年的讨论，慎重决策的。产业界不是需要华为这个品牌的车，而是更需要华为提供 ICT 的能力，帮助它们造好车。

坐在我边上的王学文递给我手机，上面是一张截图，显示华为 EMT 决议〔2020〕007 号，由任正非先生签发。其中开宗明义表示，华为不造车，但我们焦距 ICT 技术，帮助车企造好车。然后下面的第三条更是严厉指出：以后谁再建言造车，干扰公司，可调离岗位，另外寻找岗位。

过去几年来，几乎每年都会传出华为造车的消息，而且越来越逼真，但是几乎每次都受到华为高层的否定。多次传言造车，又多次遭到否认，华为造车的问题已经如薛定谔方程一般难以预料，也难以求解……

蛰伏多年，火力全开

早在 2013 年，华为就已经开始布局汽车业务。当时，华为推出车载通信模块 ME909T，进军车联网。到了第二年的 2014 年，华为在其著名且神秘的 2012 实验室成立车联网实验室，专注车联网领域的纵向开发。到 2015 年，华为拿到了奥迪、奔驰的通信模块订单，到了 2016 年又被曝出和奥迪、宝马、戴姆勒、爱立信、诺基亚以及高通联合成立了"5G 汽车联盟"。也在同一年，华为被曝出与汽车零部件厂商麦格纳接触。在 2017 年到 2018 年期间，华为物联网解决方案总裁蒋旺成多次声明华为不造车，只专注车联网。

2019 年 5 月 29 日，华为官方公布了由任正非亲自签发的组织变动文件，正式成立智能汽车解决方案事业部，由无线事业部总裁王军挂帅，直接向任正非汇报。不久之后，华为开始受到越来越多外部的不公正待遇，甚至有外部以国家为单位对华为进行围追堵截。遭遇前所未有打击的华为，开始在智能汽车业务上寻求突围。

2020 年 4 月 20 日，华为在上海全球旗舰店召开发布会，出乎意料，但又在情理之中的是，华为消费业务 CEO 余承东宣布，华为不仅要帮助车企造好车，还要帮助汽车企业卖好车。赛里斯 SF5 这款车会进入华为的门店和旗舰店。余承东坦诚地说，华为手机业务受到影响，卖车能部分解决手机业务销量受到影响造成的利润下滑问题，同时也强调，华为拥有 5000 家以上的高端体验店，具有优势。

2020 年 10 月底，华为首次发布智能汽车解决方案品牌 HI（HUAWEI Inside），其全栈解决方案包括芯片、操作系统、感知硬件、决策融合算法和云计算等。华为智能汽车解决方案事业部总裁王军介绍说，华为针对不同的汽车主机厂对于汽车智能化的不同规划总共提出了三种商业模式。首先，如果汽车主机厂软件基因相对匮乏，华为可以提供全套 HI 解决方案并在车身上印出 HI 的 logo；其次，如果汽车主机厂具备部分软件算法，华为可以提供智能驾驶、智能座舱、整车控制三个计算平台以及其对应的 AOS、HOS、VOS 操作系统。汽车主机厂以及第三方供应商可以基于上述应用软件进行自动驾驶决策算法的开发；再次，华为可以作为传统一级供应商，为汽车主机厂提供激光雷达、AR-HUD（增强现实抬头显示系统）等硬件。

到了 2020 年年底，华为宣布其智能汽车解决方案事业部，业务模式从 To B 调整为 To C。关于华为是否造车的讨论又开始在业内进行讨论。随后就有了流传甚广的由任正非签发的 EMT 决议〔2020〕007 号《关于智能汽车部件业务管理的决议》，文件中明令禁止员工再建言造车，否则请另觅岗位。

自动驾驶：全栈解决方案进行时

多年之后有媒体曝光说，在 2013 的时候，华为的 2012 实验室就有专门的自动驾驶项目，并且当时华为中央研究院下属的车联网创新中心，就在招募智能驾驶等领域的人才。也是早在 2017 年 2 月，就有科技媒体曝出华为与清华大学联合秘密研发自动驾驶技术；随后有国际知名咨询公司的合伙人在和我闲聊时认真地谈道，华为在邀请多家国际知名咨询公司，研究智能网联和自动驾驶的课题。在 2019 年，华为正式成立一级部门——智能汽车解决方案事业部，主做智能车云、智能网联、智能座舱、自动驾驶和智能电动共五个领域的业务。自动驾驶赫然在列。

2020 年 10 月底，华为首次发布智能汽车解决方案品牌 HI，其全栈解决方案包括芯片、操作系统、感知硬件、决策融合算法和云计算等。值得关注的是其中的计算与通信架构（Computing and Communication，以下简称 CC 架构）、智能驾驶计算架构以及 AOS 操作系统，还有激光雷达。

华为的 CC 架构通过分布式网关组成环网，进行高速的网络数据传输，并在智能驾驶 MDC、智能座舱 CDC 以及整车控制 VDC 三个平台的计算中心进行数据实时分析及处理，实现整车的感知、算力和电源共享。基于这三个平台，华为又相应构建了操作系统，包括自动驾驶操作系统 AOS、鸿蒙智能座舱操作系统 HOS，以及车控操作系统 VOS。

华为的智能驾驶 MDC 计算架构，包含昇腾芯片、自动驾驶操作系统 AOS，以及标准化的硬件产品和配套工具链等，可以支持组件服务化、接口标准化和开发工具化，兼容 AUTOSAR Adaptive Platform。同时，MDC 计算架构可以进行软硬件解耦，汽车主机厂可以基于此进行开发、调试，运行自动驾驶的算法和功能。

华为的自动驾驶操作系统 AOS，包含确定性实时通信框架、分布式数据框架、实时调度框架以及兼容 POSIX 的车规级内核、安全隔离引擎和工具链，已经通过了 ASIL-D 等安全认证。关于 AOS 的定位，业内依然保持两种观点，一种认为是完全自研的 OS，另外一种认为还是基于 Linux 内核的中间件，但是对 Linux 的内核做了深度裁剪，增加了一些安全固件以及驱动程序，并在此基础上开发了中间件。

根据世界知识产权组织国际局发布的消息——华为在 2020 年 7 月公布的一项名为"多线程微振镜激光测量模组和激光雷达"的专利，我们可以推断华为的激光雷达应该属于 MEMS 半固态激光雷达，并且采用多线程微振镜激光测量模组技术进行了改进。根据之后披露的更多信息，华为的激光雷达研制早在 2016 年就开始了，在调研了车企对于激光雷达的需求后，华为明确了研发方向，以"直接生产面向前装量产的中长距激光雷达"为目标，在 2017 年进行原型验证，最后在 2020 年实现量产。目前华为已经建立了一条车规级激光雷达的实验产线并且按照年产 10 万套的节奏继续推进。

2021 年，华为进一步整合其软硬件，推出了自动驾驶全栈解决方案（Autonomous Driving Solution, ADS）。在设计运行区域（ODD）方面覆盖了环路、快速路、十字路口和车库等，并且变道、上下匝道、等红绿灯的操作，均由车辆自动完成，从功能上来说已经超过 L2 级和 L3 级的自动驾驶。同时，按照工信部的标准，华为 ADS 属于 L2 级自动驾驶系统，所以这是把 L3 级以上的系统降维应用到了 L2 级。

华为 ADS 的硬件主要包括系统、ECU 以及传感器。在系统方面，包含基于华为的智能驾驶计算架构的自动驾驶操作系统 AOS、车控操作系统 VOS，以及配套的工具链。ECU 采用定制的计算中枢 ADCSC（Autonomous Driving Central Super Computer）的域控制器，算力从 400 TOPS 到 800 TOPS。同时华为的 96 线中长距激光雷达以及自研的毫米波雷达等传感器也进行了搭载。例如，用于演示的极狐阿尔法 S 华为 HI 版新车，在传感器方面配置了 3 个激光雷达（左前、右前以及中间）、13 个摄像头，以及 6 个毫米波雷达。

华为 ADS 的软件主要包括了算法和数据。在算法方面，根据对高精度地图的依赖程度提供了三种自动驾驶模式选择：NCA 模式车内有预制的高精度地图；ICA 没有预制高精度地图，仅自适应巡航；ICA+ 介于两者之间，即没有高精度地图，但具备自学习能力。NCA 模式只需要在地图中输入目的地，然后通过车辆的巡航拨杆，可一键开启此功能，即可驶向目的地；ICA 模式即完全不依赖预制地图数据，可以实现简单的自适应巡航；ICA+ 模式介于 NCA 与 ICA 之间，本身不依赖高精度地图，但具有自学习能力，随着自身驾驶数据和环境数据的积累，体验会越来越向 NCA 模式靠拢。

在数据方面，华为自动驾驶地图数据系统被称为 Roadcode，它由两部分组成：Roadcode HD 与 Roadcode RT。Roadcode HD 即传统高精度地图，是专门的地图制作团队做的离线地图。Roadcode RT 是智能汽车的自学习地图，需要不断地自学习数据进行循环迭代。对于车主的驾驶行为数据，华为通过 DDI（渠道数据自动采集）系统来实现自学习，类似于"影子模式"。

更需要值得注意的是，陷入芯片苦恼的华为，在自动驾驶的智能驾驶计算架构上，从一开始就采用了自研的芯片，包括基于 ARM 架构的 CPU 处理器鲲鹏，以及基于达·芬奇架构的 AI 处理器昇腾。截止到本书完稿时，华为总共推出了四款 MDC 计算架构，包括 MDC 600、MDC 300、MDC 210 和 MDC 610。其中，MDC 600 搭载了 8 颗昇腾 310，最高算力能达到 352 TOPS，主要面向的是 L4 级自动驾驶。MDC 300 算力达到 64 TOPS，主要针对的是拥堵跟车、高速巡航、自动泊车等 L3 级自动驾驶应用。

以昇腾 310 为例，它采用 12nm 制程工艺，最大功耗仅为 8W，算力达到了 16 TOPS，能效比为 2 TOPS/W，优于业界的平均水准，这款芯片由台积电负责代工生产。

昇腾 310 的一大亮点就是采用了达·芬奇架构。这个架构是华为自研的面向 AI 计算特征的全新架构，采用了 ARM 核心 +AI 加速器的方式，具备高算力、高能效、灵活可裁剪的特性。具体来说，达·芬奇架构采用 3D Cube，针对矩阵运算进行加速，大幅提升单位功耗下的 AI 算力，每个 AI Core 可以在一个时钟周期内实现 4096 个 MAC 操作，相比传统的 CPU 和 GPU 可实现数量级的提升。同时，为了提升 AI 计算的完备性和不同场景的计算效率，达·芬奇架构还集成了向量、标量、硬件加速器等多种计算单元，同时支持多种精度计算，支撑训练和推理两种场景的数据精度要求。

事实上，华为在自研达·芬奇架构之前就开启了 AI 芯片的开发。2017 年 9 月华为推出了号称是"全球首款手机 AI 芯片"的麒麟 970，这款芯片上集成了寒武纪（Cambricon）的 AI 模块寒武纪 1A。后来，由于寒武纪的 AI 模块无法支持全场景应用，华为结束了与寒武纪的短暂合作，转而自研 AI 芯片模块，这才有了达·芬奇架构以及后来的 AI 芯片昇腾。

此外，以鲲鹏 920 为例，鲲鹏 920 采用 7nm 制程工艺，通过优化分支预测算法、提升运算单元数量、改进内存子系统架构等一系列微架构设计，使其主频可达 2.6GHz，单芯片可支持 64 核，集成 8 通道 DDR4。

由此，华为构建了包括 MDC 计算架构、自动驾驶操作系统 AOS、CPU 处理器鲲鹏、AI 处理器昇腾、激光雷达、毫米波雷达、高精度地图、算法和数据在内的全栈解决方案。比较英伟达、Mobileye 和高通，也几乎是非常独立的存在。在背后支持的，是华为自动驾驶业务已经达到 2000 人规模的团队，知情人士分享说，其中纯算法团队 1200 人左右，一年花费 10 亿美元，未来每年增速 30%。

但是不同的声音，开始从汽车主机厂这边响起。

灵魂和躯体，哪一个在自己手上

2021 年 6 月 20 日，上汽集团董事长陈虹在股东大会上表示，与华为合作开发自动驾驶是不可接受的。这就好比一家公司为我们提供整体的解决方案，如此一来，它就成了灵魂，而上汽就成了躯体。对于这样的结果，上汽是不能接受的，要把灵魂掌握在自己手中。

之后华为借助媒体回应称，华为根据汽车主机厂不同的汽车智能化规划总共提出了三种商业模式。如果汽车主机厂软件基因相对匮乏，华为可以提供全套 HI 解决方案并在车身上印出 HI 的 logo 标志。全栈解决方案不适用于所有厂商。之后华为再次申明不造车，不会投资和控股任何一家车企，哪怕仅占有 1% 的股份也不可能。

陈虹董事长的这段话触及了自动驾驶的关键核心问题，那就是软件、硬件和调试，难以剥离。如果采用华为的全栈解决方案，那意味着软件、硬件和调试都掌握在华为手中，而主机厂只是做一个外壳，加上底盘，当然会有不安和忌惮。

头部的汽车主机厂因为价值链条的重新分配很难放下戒心，而对于想要赶上自动驾驶的快车，和华为深度合作的中小型汽车主机厂来说，合作也不是一件轻松的事情。有一家和华为合作的汽车主机厂管理者向我透露，在和华为的合作过程中，自己在设计和研发端几乎是不会拥有话语权的。

同时还有消费市场中的消费者责任问题，在传统的汽车产业链中，技术归供应商研发，销售和品牌溢价归属于整车品牌，在这样的情况下，具有可观利润的汽车主机厂愿意也必须承担消费者责任。但是和华为的合作，技术和研发归属于华为，甚至卖车的渠道都是华为的渠道，那汽车主机厂无异沦为代工企业，在微薄的利润之下，它们是否有责任和意愿承担消费者责任，要打上一个巨大的问号。

汽车主机厂的自动驾驶总监在接受访谈时表示说，业内目前对于华为还是保持观望态度。首先是华为对于汽车主机厂还是比较强势的，这样导致大的汽车主机厂不愿意与华为合作，目前和华为合作的汽车主机厂都比较偏低端，也没有量的支撑。其次也是更为重要的，虽然华为几次申明自己不造车，但是在商业世界里没有绝对的事情。相比较博世，博世有不造车的信任基础，但这一点华为明显不足。

而且令业内非常困惑的是，传统的汽车一级供应商，比如博世、大陆、德尔福、佛吉亚等，一直以来都默默站在汽车主机厂身后，公众熟知程度和曝光度都不高。但是华为却过于抢眼，例如发布 HI 计划、给合作厂商贴上 HI 的 logo 等。

在 2021 年即将结束的时候，12 月 23 日，华为在冬季旗舰新品发布会上推出了 AITO 问界 M5，消费者业务 CEO、智能汽车解决方案事业部的 CEO 余承东用"四轮智能终端"介绍这款汽车。华为深度参与了车辆的工业设计和功能定形：电驱动、座舱系统、辅助驾驶等组件是华为的产品，车辆的软件体验和后期 OTA 是由华为提供的，从上市的宣传到销售渠道全部由华为掌控，这款车在座舱系统、音响甚至配备的家用充电桩上都印有华为的 logo。作为汽车生产、制造、组装的合作伙伴，一家传统的汽车主机厂在整个过程中几乎处于隐身的状态，被有意无意地忽视。

余承东也在该场发布会开场时不避讳地谈道，华为具备制造一辆汽车的全部能力……

在 Wintel 辉煌之后，总有许多人想成为新时代的 Intel。2005 年 9 月，苹果借助 iPod 载体，以 iTunes 音乐服务席卷天下之际，乔布斯向公众展示了第一款内置 iTunes 服务的手机。当时是功能手机向智能手机转变的大时代，乔布斯也在一开始选择了风险最低的办法，希望依附摩托罗拉、诺基亚、爱立信，进入生态系统之中去。所以第一款内置 iTunes 服务的手机，是摩托罗拉的 E1。

随后，E1 非常失败，乔布斯心灰意冷……

2007 年 1 月 9 日，乔布斯走上讲台，几分钟之后，台下尖叫声、掌声雷动。苹果公司的第一代手机产品 iPhone 登上历史舞台。

2002 年 10 月，也是在深圳，时任华为运营商解决方案部副部长的张利华，收到徐直军的命令，参加一次讨论会。在会上，张利华说，华为 3G 设备只能卖一次，但消费者一年会换好几部 3G 手机，而且中国有好几亿手机消费者。华为应该尽快立项 3G 手机，否则会失去巨大的市场机会！

任正非一听，"啪"一声很响地拍桌子说，华为不做手机这个事，已早有定论，谁又在胡说八道。谁再胡说，谁下岗！

2002 年年底，华为的销售业绩出现了第一次负增长。张利华再次被要求到集团报告，介绍手机立项可行性的调研成果。汇报结束后了，没人敢吭声，后来任正非平缓了情绪说，我们拿出 10 亿元来做手机。大家要想清楚，为什么中兴手机没做好，亏损了好几年……

对于华为的自动驾驶来说，哪里会是真正的边界？最后是否会因为产业链错综复杂，选择自己上阵？

当算法单兵突进遇到瓶颈，亟待系统提升的时候，英伟达、Mobileye、Velodyne、禾赛、华为等厂家从错综复杂的汽车产业供应链的边缘切入，同自动驾驶共同发展，并且引领着传统的汽车行业以及供应商转型升级，构建起更为适合自动驾驶发展的产业链格局。这个过程正在进行之中，我们看到华为已经开始构建起包含软硬件和算法的整个全栈解决方案，并且这样的产品和服务组合，已经引起了汽车主机厂的忌惮和不安。

在这样的演化过程中，汽车主机厂、科技企业、新式或传统的一级供应商，都在互相磨合，力图构建出可以彼此依靠、合作共赢的生态系统。过程中一定会有摩擦，一定会有激烈的争吵，但是就在进一退二、进二退一的来回博弈中，最为适合自动驾驶发展的产业格局和生态系统正在萌芽之中。我们还无法看到它的形态，但是我们已经感受到它呼之欲出，生机盎然。

而有着百年历史的汽车行业，也听到了敲门声。曾经改变这个世界的它们，正看到自己面临着蜕变和重生，机械褪去，数字赋能，似乎很青春，但过程极为艰难……

痛并快乐着，难舍难分。

第四章

从汽车行业到跨界融合

宝马汽车、英特尔和Mobileye达成战略合作，合作开发自动驾驶汽车

2017年

奔驰与博世宣布开展基于自动驾驶汽车的合作

2020年

2016年

大众汽车"2025战略"的目标是20世纪20年代初期，在每个细分市场推出自动驾驶汽车

2017年

华为发布智能汽车解决方案品牌HI

1. 汽车行业的变革进行曲

2021 年 7 月，德国沃尔夫斯堡。

全球最大的汽车集团——大众汽车，正在其位于德国沃尔夫斯堡的总部发布 2030 NEW AUTO 战略。大众汽车管理董事会主席赫伯特·迪斯说道，现在新的机遇在召唤。基于软件技术的发展，汽车行业下一个根本变化是向更安全、更智能、最终实现自动驾驶演进。对大众汽车来说，这意味技术研发、加速转型与规模化发展将前所未有的重要。

在随后的演讲中，迪斯介绍说，大众汽车的汽车软件公司 CARIAD 将着手研发三个软件平台，到 2025 年，CARIAD 计划推出一个全新的、统一的、可扩展的软件平台和端到端电子架构，其中软件堆栈 2.0 版本将包含一个适用于大众汽车所有品牌车型的通用操作系统，并预搭载 L4 级自动驾驶技术。

同时，迪斯也宣布，大众汽车将与 Argo AI 携手研发自动驾驶汽车系统，CARIAD 将为大众汽车旗下乘用车型开发 L4 级自动驾驶技术，使大众汽车得以利用全球道路创建最大的车辆神经元网络。

在发布会之后，迪斯接受媒体采访时进一步表示，自动驾驶将比电动汽车或者电气化更能改变行业，汽车将因为自动驾驶变得与众不同。之后他解释说，控制一辆汽车所需的代码行数可能是智能手机的

10 倍之多。从他的观察来看，汽车已经是一件软件产品，当自动驾驶成为可能时，汽车将成为你能想象到的最复杂、最先进的互联网设备。

这位掌控全球最大汽车集团的老人，用深邃的目光望着拥有百年历史的汽车工业，他似乎已经看到，变革的进行曲从远方传来，响彻云谷……

碳达峰，碳中和

汽车是工业革命最伟大的作品和结晶，回望汽车的百年历史，早期的汽车发展来自技术的简单迁移。蒸汽机普及之后，很快被应用到交通领域，出现了早期的蒸汽汽车。19 世纪早期的英国伦敦，虽然人口已经达到百万，但是主要的交通工具基本和中世纪相差不大，依旧是马车。早期的蒸汽汽车如同那个时代的工业极客，虽然噪声大、喷吐烟尘、运行也非常不稳定，但它是古代交通运输和近代交通运输分野的标志，宣告机械力开始代替人力和畜力。此后，随着内燃机的发明和应用，1886 年内燃机汽车诞生，汽车成为第二次工业革命的重要组成部分，并且逐渐替代马车，成为城市内部交通的主导方式。亨利·福特在 1908 年推出的移动装配生产线极大地改变了汽车工业，汽车成为工业时代生活的重要组成部分。

之后的漫长时光，汽车工业在产品的研发、生产制造、管理、营销以及延伸的后市场，都在进行越来越精细化的演化，并逐步形成产品技术门槛高难度大、供应链条横跨全球、生态体系共生共存的格局。汽车行业百年发展形成了以燃油动力和机械硬件为中心的产业链格局，但是时间进入 21 世纪，两个不可阻挡的趋势正在从外部环境的角度对汽车行业产生深远的影响，整个产业链的各个环节都在进行着持续的变化。

首先到来的影响深远的大趋势，就是碳达峰和碳中和。2020 年 9

月 22 日，习近平总书记在第七十五届联合国大会一般性辩论上，向世界宣布了中国的碳达峰目标和碳中和远景，承诺中国二氧化碳排放力争于 2030 年前达到峰值，努力争取 2060 年前实现碳中和。这是中国领导人首次向全球明确了中国实现碳达峰、碳中和的时间表，从相对减排到绝对减排，进而实现"零排放"。2021 年《政府工作报告》提出扎实做好碳达峰、碳中和的各项工作，这意味着中国已正式将"碳中和"理念纳入顶层布局。

世界气象组织报告的数据显示，2017 年相较于 1901 年升温幅度已高达 1.1℃。若平均温升幅度大于 2℃，将会给全球环境带来不可挽回的灾难性后果，而温室气体排放正是地球升温的罪魁祸首。为了应对全球气候变暖，联合国从 1979 年就启动了卓有成效的保护气候工作：1979 年第一次世界气候大会呼吁保护气候；1992 年通过《联合国气候变化框架公约》，确立了发达国家与发展中国家"共同但有区别的责任"原则；1997 年通过《京都议定书》，确定了发达国家 2008—2012 年的量化减排指标；2007 年 12 月达成巴厘路线图，其重中之重是《巴厘行动计划》，主要包括减缓、适应、技术和资金四个方面的内容；最后，于 2015 年 12 月在巴黎气候变化大会上通过、2016 年 4 月在纽约签署了气候变化协定，即《巴黎协定》，为 2020 年后全球应对气候变化行动做出安排。

中国实现碳中和的路径可以被拆分为两个部分：可避免的排放和不可避免的排放。在可避免的方向上，国家提出优先解决电力生产过程的碳排放，进而完成从燃油车向电动汽车的转化，最终实现深度脱碳。在不能完全避免排放的领域，可通过碳捕捉、封存技术（CCUS）或者通过森林和海洋等的自然吸收，最终实现碳中和。

在碳中和政策驱动下，电动汽车的发展正在快速进行。全球知名研究机构 IHS Markit 预测，到 2023 年轻混及以上电动汽车渗透率有望超过 25%，到 2027 年轻混及以上电动汽车渗透率有望超过 50%，其中 MHEV（轻混电动汽车）和 BEV（纯电动汽车）增速最快，FHEV（强混电动汽车）和 PHEV（插电式混动电动汽车）增速略低。2020 年 11 月，国务院办公厅印发了《新能源汽车产业发展规划（2021—2035 年）》，其中指出，到 2025 年，将纯电动乘用车新车平均电耗降至 12 千瓦时 / 百公里，新能源汽车新车销售量达到汽车新车销售总量的 20% 左右。到 2035 年，纯电动汽车将成为新销售车辆的主流。全球顶级投行摩根大通在 2021 年 10 月发布报告，称看好中国新能源市场，报告中预测到 2025 年，中国汽车销量中的 35% 来自新能源汽车。

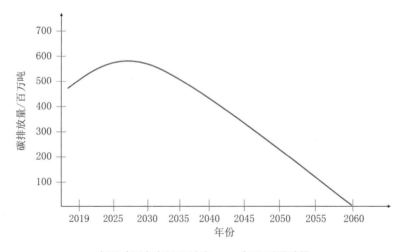

中国乘用车市场预计在 2060 年达到零碳排

数字化转型

伴随碳中和碳达峰到来的另一个影响深远的大趋势，就是数字化转型。

伴随着工业 4.0、云计算、物联网、5G、人工智能等新技术的发展，数字技术正在以新的理念、新的业态和新的模式，全面融入人类的经济、政治、文化、社会、生态文明建设等各个领域的全过程，给人类社会生活带来广泛而深刻的影响。人类世界正在不断朝数字化跃迁，并逐步在局部领域实现智能化。

信息化是建设计算机信息系统，将传统产业中的流程和数据通过信息系统来进行处理。信息化的特点在于将技术应用于个人资源或流程来提高效率。数字化是通过数字技术对物理世界进行仿真模拟，对产业中的各个业务流程进行数字化打通，破除数据墙，实现系统互通、数据互联。从数据角度看，数字化把数据看成资产，连接数据在降本增效的同时会产生去中间化的效果，重构新的商业模式；智能化是数字化的发展目标，其核心问题是人和机器的关系，目标是通过大数据智能、群体智能、人机混合增强智能等方案，实现机器自主决策、执行，使人和机器之间的语义裂隙被逐步填平，逐步走向共生、共赢、共创。

当前，数字技术正全面融入汽车产业的全生命周期运营体系，深度重构汽车价值链及运营模式。从产业价值链来看，数字化未来汽车价值体量得到提升。"造好车"通过在研发端提升智能技术、电池技术等领域的研发投入占比，加强生产、营销端的数字化转型，提升价值体量，使"微笑曲线"上移；"用好车"通过对汽车的数字化升级，在丰富车内数字化生活和便利后市场服务的同时拓宽企业赢利空间，价值内涵得到拓展。

简单总结来看，目前拥有百年历史的汽车行业，正在经历电动化和智能化变革。电动化与智能化正在推动汽车产业链重构，成为未来汽车行业发展变革的两条主线。

电动化路径推动汽车从燃油动力向电力动力转变，供应车内系统的能源将被全面转换为电力能源。而智能化路径对机械硬件进行了颠覆性革命，转变为以集中式电子电气架构、智能网联和软件 OTA 为核心的架构，形成了以自动驾驶和智能驾驶座舱为核心的服务生态网络。

这两条发展变革的主线，直接或者间接地影响着百年汽车行业的基石假设，随之引起了整个产业的解构与重构，以电动化、网联化、智能化、共享化为中心的汽车行业"新四化"，正在深刻地改变着汽车行业的发展和演化历程。

2. 基石假设的颠覆与重构

回望汽车的百年历史，作为工业革命最伟大的作品和结晶，汽车一直是人们出行的重要选择。长期以来，"人们驾驶燃油汽车，实现从A 到 B 点的位移"，这一点似乎成为汽车行业的基石定理，前仆后继的从业者都在研究如何实现更快的移动、如何增强燃油的效率、如何提升驾驶的乐趣，并且如何把这一切都传递给消费者。

但是当时间来到 2010 年之后，新进入者不再和在位者比拼从 1 到 100 的速度进化，而是直接挑战从 0 到 1 的基石假设。首先，为何一定是燃油汽车？其次，为何一定要自己驾驶汽车实现位移？最后，为何一定要人类驾驶汽车？对于基石假设的三大挑战，促进了三个新的细分行业的形成，三批从边缘走向前台的挑战者正在崛起。

首先，对于燃油汽车的挑战直接导致了对电动汽车的研发，造车新势力们在质疑声中起航；其次，对于汽车使用的挑战促成了出行行业的诞生和发展，汽车正在从产品成为服务；最后，对于驾驶主权的挑战催生了人们对于自动驾驶的追求。整个汽车行业面临被重新解构的风险，100年来传统车企用技术和机械装置所构建起来的铜墙铁壁，似乎在很短的时间内就被砸开了三个缺口。并且，招招致命！

面对汽车行业百年未有之大变局，汽车巨头们也感觉到了战场的硝烟，新的挑战者已经不是熟悉的面孔，它们年轻富有活力，而且拿着不同的武器，目的不是王座，而是打破旧秩序，建立一个完全陌生的新结构。汽车巨头们带着过去的荣耀，正在带领其他传统车企，在三大战线上同时和新的挑战者开展争夺。

但是，新的挑战者们各自怀揣着不同以往的武器。惊吓、惊慌、惊恐，是挑战者们给传统车企的 answer ball（回应球）。

惊吓：电动汽车的冲击

以特斯拉为主的电动汽车生产商，在奔驰宝马等传统汽车主机厂们的固有的地盘，已经发起了猛烈的攻击。而在汽车最大单一市场中国，许许多多造车新势力，例如理想、蔚来、小鹏、哪吒等，也正在推出一款又一款新车型，以电动汽车杀进传统车企的市场。

但是，特斯拉和造车新势力，也许把这场竞争想简单了。由于动力系统和能源输入的不同，这场竞争并非简单的燃油汽车和电动汽车的竞争，而是燃油汽车＋加油站网络和电动汽车＋充电站网络的系统对抗。如果充电站无法形成一定的网络规模，那电动汽车只能是非常小众化甚至区域化的产物。但是充电站的拓展远远不是一家造车企业可以承担的任务，况且，石油公司几十年攻城略地，几乎已经在全球最好或者最适合的区域，布局了加油站网络。从数量到质量，加油站网络都完胜充电站网络。在这样的竞争格局下，燃油汽车＋加油站网络在系统的两个分支都对电动汽车＋充电站网络形成了优势。如果不是政策的导向以及政府的补贴鼓励，可能这场战争早已结束。但是从长久来看，竞争的天平或许在一开始就已经倾斜。

燃油汽车和电动汽车的动力系统确实不同，但是传统车企并不是完全造不了电动汽车。当主流的传统车企纷纷投身电动汽车的研究，纷纷推出电动汽车进入市场，这场电动汽车和燃油汽车的竞争，似乎已经进入了传统车企非常熟悉的领域，甚至是它们具有碾压性优势的领域：领先的制造经验和流程，遍布全球的销售网络，以及数以百万计的现有客户……

所以，电动汽车和燃油汽车之间这场竞争貌似硝烟弥漫，但是更多是在局部的战争，而且从 2019 年打到 2021 年，特斯拉和造车新势力们，在欧洲市场和中国市场都受到了强势的攻击。在欧洲，大众和雷诺已经重新夺回了领先的位置；在中国市场，五菱、长城、比亚迪也在逐步蚕食市场份额。

对于主流的传统车企来说，来自电动汽车的冲击，也许更多只是惊吓。

但是，不仅仅只是惊吓！

惊慌：从产品到服务？

2009 年 3 月，旧金山，优步的诞生使得汽车的功能属性在之后的 10 年中，慢慢发生着巨大变化。汽车从作为出行产品被拥有，到作为出行服务被使用，从产品到服务的转化正在渐渐发生，而这些变化的产生也是对人口统计学以及消费者行为学方面的趋势所进行的回应。麦肯锡的统计表明，在过去 8 年中，每个年龄段持有驾照的美国人的比例都有所下降，其中 16 至 19 岁下降 12%，20 至 24 岁下降 6%。千禧一代和 Y 世代对于汽车的使用权和所有权保持更加开放的态度。

在这样的背景下,出行服务的出现满足了消费者的需求,也契合了他们对于车辆的新态度。出行服务在过往的10年狂飙突进,从美国到欧洲,从中国到东南亚,从一个小市场发展成为一个巨大的市场。思略特(Strategy &)的研究表明,2017年的中国出行市场规模就已经达到了5600亿元。而且,出行市场的发展还未停步。根据罗兰贝格当时的研究,预计到2020年,被用于新型出行服务的车辆将占新车销售总量的13%,到2025年将上升到20%。波士顿咨询公司研究认为,到2035年,共享汽车服务里程将占到所有汽车乘客里程的18%。埃森哲对于德国市场的研究显示,到2027年,所有汽车出行中将有20%是通过出行服务的形式进行的。

对于汽车厂商来说,出行服务实在是个门外的野蛮人,但是它们的发展已经影响到了传统车企的主营业务——新车销售!统计显示,在美国除70岁以上的消费者外,每个消费者购买量都在下降。在新车销售增长乏力的情况下,毛利还在逐步被侵蚀。根据波士顿咨询公司的预测,到2035年,自动驾驶、出行服务、电动汽车等新出行技术创造的利润,在行业总利润中的占比将高达40%。那意味着,如果传统车企没有提前布局出行服务市场,已经逐渐稀薄的利润将再次遭到稀释,并且传统车企有可能沦为出行企业的硬件供应商。

在这样的背景下,传统车企们其实早就积极布局出行服务市场。以奔驰汽车为例,2008年奔驰汽车就在德国推出了Car2Go,2016年又在慕尼黑推出Croove汽车共享服务。又以宝马汽车为例,2011年宝马汽车就与出租车公司Sixt合作,在慕尼黑推出分时租赁服务DriveNow,2017年DriveNow的用户数量已经达到60万。在中国,2015年首汽集团推出了首汽约车,同年吉利汽车推出了曹操专车。上汽集团不仅推出了分时租赁业务Evcard,也推出了网约车业务享道。但是,出行服务市场目前依然由科技公司所把持，它们的主要业务数据对于传统车企来说几乎具有压倒性的优势。例如：优步，在全球约 800 个城市运营，用户数量超过 1 亿；滴滴，用户数量超过 4 亿，每天的日订单量约3000 万单……

但是，家家有本难念的经。首先是赢利难题。这些在公众视野中的明星公司，在资本眼中的未来之星，其实一直面临赢利的难题。优步已经连续亏损 10 年，滴滴、来福车等基本都处于亏损的状态，而且行业整体对应 GMV 的毛利率都非常之低。传统车企们的试水也不容乐观，目前还没有哪家车企宣布自己的出行服务业务已经或者即将赢利。传统车企们进入出行服务市场，本意为抢夺未来业务的制高点，但是现实却是，这些试水和尝试，都在不断消耗现有的利润和资源。其次，出行业务的运营、数据的管理应用等也并非传统车企的优势所在，有许多领域还是它们的盲点，它们需要从零开始组建团队。最后，出行业务最后将在哪个细分领域具有明确商业前景，依然还有待市场检验，出行公司连年的亏损也使得资本在近年来开始逐渐关注其他领域，例如优步上线了外卖服务，而许多企业也积极布局充电桩业务。

所以，传统车企正面临一个进退两难的困局：在出行服务领域继续进击，必然面临商业模式的不确定以及赢利模式的困扰；但是仅专注于老本行，也会担心在未来出行版图中，自己是否会淡出或者离开。传统汽车主机厂还在出行领域内摸索前行，带着对于未知的惊恐。

但是，不仅仅只是惊慌。

惊恐：无人驾驶的前路何在？

这是 Waymo 独自挑起的竞赛！2016 年之前，无人驾驶似乎只是科研人员和极客们津津乐道的话题。DARPA 在 2004 年到 2007 年举办了三次无人驾驶挑战赛之后就不再继续，而且比赛的过程也很像斯坦福大学、卡内基梅隆大学的天才学生们秀技术的狂欢派对。我甚至觉得 2009 年，拉里·佩奇让斯坦福大学的塞巴斯蒂安·特伦进行无人驾驶汽车的制造开发，也更多是脑洞大开的实验和尝试。在很长一段时间内，谷歌的这个项目都非常小众，知者甚少。但是时间来到了 2016 年，同样来自谷歌的 AlphaGo 战胜李世石，引起了全世界对于 AI 的讨论，许多评论家都担忧，机器将在很多领域替代人类。而就在此前不久，在美国得克萨斯州奥斯汀，谷歌的无人驾驶汽车正在慢悠悠地行驶在路上，这下完全触动了传统车企甚至整个交通运输行业的神经。

之后的故事有点传奇。没有正式宣布，但许多分析报告都预测 Waymo 将在 2020 年推出自动驾驶汽车。而后 Waymo 在 2016 年一出手就向菲亚特克莱斯勒汽车采购 100 台大捷龙；2018 年年初又和捷豹路虎达成协议，签订 2 万台的捷豹 I-PACE 纯电动 SUV 采购协议；半年之后，又向菲亚特克莱斯勒汽车继续采购，这次的数字更为惊人——6.2 万台大捷龙！

之后汽车企业和科技企业纷纷在自动驾驶的赛道上押注，把源源不断的资金投入了自动驾驶领域：2016 年通用汽车用 10 亿美元收购 Cruise，2017 年福特汽车用 10 亿美元收购 Argo AI，2018 年软银出资 22.5 亿美元拿到了 Cruise 约 20% 的股份，2018 年丰田汽车宣布将投入 20 多亿美元进行无人驾驶技术的研发……在此期间，一堆专注于无人驾驶技术研发的初创公司在美国和中国拿到了海量的投资，并且逐步和汽车生产企业开始了合作。而从 2017 年到 2018 年，似乎没有经过技术论证和商业模式探讨，传统车企纷纷喊出 2020 年（保守一些的喊出 2020—2025 年）推出自动驾驶汽车，吆喝的名单可以列出长长的一串——奥迪、宝马、奔驰、通用、福特、日产、丰田，当然还有一堆中国的汽车企业或者新势力。

但是时间到了 2019 年，无人驾驶领域越来越显出迷茫和徘徊。华尔街的分析师们对于无人驾驶的判断出现严重的分化，有些分析师把 Cruise 的估值从 115 亿美元下调到 90 亿美元，但也有分析师把 Waymo 的估值标到 1750 亿美元。麦肯锡在 2019 年发布的报告显示，虽然发展面临瓶颈，但是 2025—2027 年将是自动驾驶的拐点，自动驾驶每公里的总成本将与司机驾驶传统汽车的成本持平，之后市场对于自动驾驶的需求将稳步上升。但与此同时，Waymo 的掌门人克拉富西克坦承，L5 级的无人驾驶是有局限的，而且承认在今后的很长一段时间内，自动驾驶汽车都会需要司机的协助。随后，在美国加州机动车辆管理局 2018 年发布的"自动驾驶系统脱离报告"中，Waymo 以无可争议的优势名列第一。成绩的背后，是 Waymo 在数据积累和道路测试上的绝对优势。

同时，在无人驾驶商业化的进程方面，也似乎取得了些许进展，限定区域的无人出租车服务有可能成为商业化的突破口。Waymo 已经在美国推出付费服务 Waymo One，同时在密歇根州新建汽车改造工厂。Cruise 也宣布将在旧金山推出自动驾驶网约车服务项目。Lyft 和 Aptiv 合作的无人驾驶出租车业务在拉斯维加斯悄然测试。此外，百度在长沙进行了无人驾驶出租车的测试，并且与红旗合作的 L4 级无人驾驶汽车在 2018 年已经实现了落地与交付。同时，软银在 2018 年投资 Cruise 之前，已经投资了滴滴、Ola、Grab 和优步，几乎已经覆盖了全球最具有潜力的出行企业，自动驾驶驱动的出行平台网络已经成为软银董事长孙正义的布局。

科技企业在一次又一次触动自动驾驶领域的敏感神经，而此时，传统车企举步维艰，而又显得有些狼狈。就在上文提到的加州机动车辆管理局 2018 年"自动驾驶系统脱离报告"中，传统车企的成绩完全可以用惨淡来形容。通用汽车的 Cruise 名列第二，宝马汽车已经位列第二十，丰田汽车位列第二十二、本田汽车第二十四、奔驰汽车只有第二十五位。成绩的背后，是因为自动驾驶的研发，已经远远超过了汽车企业的能力范围。自动驾驶的研发需要非常强大的软件工程以及 AI 知识系统，这样才能支撑对感知、决策等关键能力的开发，这方面的人才不在传统车企原本的核心人才序列之内。这几年虽然它们大规模招收相关的工程师，但是在数量上已经被许多领先企业拉开了差距。综合来看，Waymo、Cruise、优步、百度等企业在自动驾驶人才的储备上至少有 1000 人，而且众多软件和 AI 的顶尖人才更愿意去这些一线团队，这使得传统车企与这些一线企业的能力差距已经形成，而且将越拉越大。

所以，在无人驾驶的竞争中，汽车企业其实已经落了下风。它们曾经号称"核心技术必须掌握在自己手中"，但豪言壮语似乎正在啪啪打脸。这是一场汽车企业完全陌生的竞争，似乎每一步棋都落在未知的黑暗森林，而且对手更强、更快，手上有更多的现金流。当我们看到奔驰和宝马选择在自动驾驶领域开展合作的时候，我的耳边似乎传来这个听上去很贴切的形容："留给它们的时间，真的不多了！"

惊吓、惊慌，到惊恐，面对三重挑战，汽车企业又能如何破局呢？

毁灭且重生

全球汽车市场的增长已经逐渐趋缓，传统车企已经明显感觉到核心业务的利润率正在不断下降。波士顿咨询公司的报告显示，到 2030 年，传统汽车企业在每辆车零部件价值中所占的份额将降低到 15%，相比 2015 年的 27% 减少将近一半。同时，电动车、出行市场、自动驾驶所导致的汽车市场格局变化，又使得汽车企业需要在这些面向未来的领域进行投资。

在这样的背景下，传统汽车企业将不得不依靠合作和联盟来节省开支，同时抱团取暖，在新的领域做好布局准备。除了宝马和奔驰的合作，大众和福特也在近日宣布组建联盟，双方明确表示，将合作降低研发制造成本，提升竞争力。除了这些面向整体的合作，汽车企业在某些项目上的联盟其实已经早就形成：在 2016 年 8 月，宝马联合 Mobileye、德尔福等企业组建了自动驾驶研发联盟，随后大陆集团、菲亚特克莱斯勒和麦格纳也相继加入联盟；从 2017 年到 2018 年，丰田几次牵头，联合日本的车企、材料和零部件企业以及高校科研院所，共同研发电动车的基础结构、电力总成系统和固态电池。

但是，这些联盟往往干打雷不下雨，实际的成果乏善可陈。不同公司之间的定位分工、沟通的积极性以及有效性、涉及的技术专利等，一旦不到位，都将成为联盟松散的原因，也许合纵连横只是当事人美好的愿望，通过兼并收购等方式，实现公司内部的整合，可能是今后的一个选项。而且这些兼并收购将不仅仅在汽车企业之间，而且会跨行业出现，最后利用资本的力量完成转型和升级。根据普华永道 2021 年发布的报告，私募基金从 2018 年就开始大举投资汽车行业，而且预测未来几年汽车行业的价值有进一步提升的机会。曾经我们目睹了汽车企业之间的兼并收购（雷诺收购日产 36.8% 股权，吉利汽车全资收购沃尔沃汽车），也在近几年看到许多跨行业的合作（滴滴和大众汽车设立合资企业、百度领投威马汽车等），但这些都不是结束，而是开始。

以古为鉴，可知兴替。20 世纪 70 至 80 年代，能源公司面临油价下跌以及勘探支出上涨的不利局面，通过兼并收购的方式成就了一个又一个石油帝国，以庞大的力量去投入勘探和研发，利用协同效应降低成本，最终以垄断性的资源获得超额利润。面对来自电动车、出行服务以及无人驾驶的挑战，传统车企显然已经无法依靠单打独斗取胜，而是需要更加聚焦研发，提高竞争力，去扛起某条战线甚至是三线作战的巨大压力。这也许会让很多传统车企难以接受，但市场已经传递了清晰的信号：特斯拉的市值一度超过宝马，并且逼近戴姆勒；优步的上市价格超出通用、福特和菲亚特克莱斯勒的总和。

传统车企已经不再是这个时代的宠儿，它们需要去对抗年轻的竞争对手们，不是通过乏善可陈的联盟，而是借助扎实的体量以及无间的协同。在不断的演化中，许多如小作坊一般墨守成规只关注现有产品的企业会首先离开市场，许多在研发上投入不足、故步自封的企业也会被慢慢淘汰。最后留下来的几家超级汽车公司会变得异常强大，它们将引领整个汽车行业去和出行服务公司以及互联网巨头们抗争、合作。

有关汽车行业的战争也许会慢慢趋于惨烈，巨变前夜，诸神之战即将到来，稳定了几十年的传统产业体系一定会被解构、被重构，有人会离开，有人会强大，有人会因为迎接变革而浴火重生，也有人会因为故步自封而走向失败的深渊。参与其中免不了疼痛，但伤痕是重生的标志，是传统车企从制造企业向未来转型的必经之路！

3. 伴随 5G 发展的车路协同

在自动驾驶寒冬 2019 年，《复仇者联盟》也走过 10 年，来到了"终局之战"（End Game）。记忆中无所不能的超级英雄，因为自身的小瑕疵，终究无法抵挡灭霸的攻击，只有全员集合，方能一战。

这似乎多多少少预示了自动驾驶的未来，单车的智能化似乎走到了深水区，而智能的车加上智慧的路，也许是突破点。每次的寒冬和危机，雪莱的激励都一直在耳边："冬天到了，春天还会远吗？"十几年前在欧美蹒跚起步的"车路协同"解决方案，因为通信技术的突破，正在逐渐重回人们的视野，并且在中国获得了发展的催化剂。

车路协同的诞生

"车路协同"并非新近诞生的黑科技，相反，它已经有十多年的历史，起源于 V2X 技术。V2X 意为 Vehicle to Everything，意为车辆与一切可能影响车辆的实体实现信息交互，减少事故发生、减缓交通拥堵、降低环境污染等。V2X 的主要内容包括车与车交互的 V2V，车与道路和其他技术设施交互的 V2I，以及车与行人进行安全警告的 V2P。

早在 1997 年，美国运输部（USDOT）就启动了智能车辆计划（Intelligent Vehicle Initiative），加快防碰撞系统的部署，并且在此基础上，于 2003 年 12 月在马德里召开的第十届 ITS 世界大会上，宣布在 5.9GHz 分配 75MHz 频谱进行 DSRC（Dedicated ShortRange Communications，专用短距离通信）测试。DSRC 技术在一开始就是基于低移动场景的 Wi-Fi 技术，难以支持高速移动场景。移动速度一旦提高，DSRC 信号就开始骤降，同时存在可靠性差、时延抖动较大的问题。目前 DSRC 支持车速 200km/h，反应时间 100ms，数据传输速率达到平均 12Mbps，传输范围 1km。美国运输部已经确认 DSRC 为 V2V 标准，欧盟的协同式智能交通系统和日本的 V2X 也基于 DSRC 技术进行发展。

而 C-V2X 更多由电信行业推动，基于蜂窝技术，专为高速移动应用设计，并且对于汽车的应用进行了专门的优化。2015 年年初由 3GPP

（第三代合作伙伴计划）开展研究，2017年6月3GPP完成了第一版的标准。由于C-V2X结合了蜂窝基础设施以及路侧单元（以下简称RSU），可以充分利用现有的蜂窝基站，具有部署的成本优势，而且在终端侧可对LTE（长期演进技术）、V2X的相关芯片进行集成，融合在T-BOX（车联网），形成统一的连接性解决方案。由于其相比较DSRC拥有诸多优势，其标准获得了5G汽车联盟（5GAA）的支持，高通、英特尔、三星等也发布了芯片提供计划，并逐步推出芯片组。

车路协同相比单车智能的优势

正是由于C-V2X技术的发展以及与汽车行业的深度结合，自动驾驶的部分难题可以得到部分解决。而且由于中国的基础设施以及中国的通信企业在C-V2X上的积极参与和投入，车路协同方案正在发展成为极具中国特色的自动驾驶的解决方案。

1.车路协同形成单车传感器的性能延伸

我在上文中提到，任何应用在车上的传感器都有局部的缺陷，需要做多传感器的融合，而众多传感器在车上的集合，又会增加能耗，同时增加单车的成本。

车路协同的方式，可以有效减少传感器在车上的应用，相当于把车上的传感器移到路上，直接获取感知结果。由于C-V2X包括两种通信接口，短距离直接通信接口PC5以及终端和基站之间的长距离通信接口Uu，所以无论是否有网络覆盖，汽车都可以通过PC5接口和其他车辆、RSU进行通信，在有蜂窝网络的情况下使用Uu接口。目前国内测试案例中使用的RSU，许多都部署在交通灯附近，这样在位置上处于高处，视野广，可以有效地处理遮挡的问题，而且以静止状态探测移动物体，有很高的准确率。RSU之间还可以进行通信，形成局部网络，从而使得汽车的感知距离可以达到无穷远。

2.MEC 的运用缓解计算平台的算力压力

同样也是在上文中提到过的，基于多传感器获得的数据，车载的计算平台将进行决策，并输出决策和控制信号。如果需要增加算力，要么是完全提升芯片的性能，要么通过云平台的协助。但是由于自动驾驶对于数据传输延时性极为敏感，所以云平台的协助无法成为一个选项。在这样的背景下，多接入边缘计算（Multi-access Edge Computing，MEC）形成的比较实用的网络结构，可以部分缓解计算平台的压力。

多接入边缘计算指的是将云计算平台从移动核心网络内部迁移到移动接入网边缘，并且通过多种网络接入，进行计算。以国内目前测试场景中的实践为例，MEC 服务器大多选择部署在 RSU 上。当传感器信号，例如摄像头拍摄的信号被 MEC 服务器接受后，就会在 MEC 服务器中直接得到处理，MEC 服务器将根据规则对自动驾驶情况做出调整。此外，MEC 服务器还将对自动驾驶汽车的数据进行实时的处理和分析，并将所得结果以极低的延迟传送给区域内的其他联网汽车，以便其他汽车进行决策选择。

3.5G 发展进一步赋能传感器的通信能力

相比较 DSRC，C-V2X 的优势很大一部分在于其能够更为顺畅地向 5G 过渡。目前 3GPP 定义的 5G 包含两个部分，一部分是新空口技术，另一部分就是 LTE 技术的演进。5G 的主要特点包括低延时、大带宽、高可靠性以及多并发数，这些特点将进一步赋能车和路相关基础设施的通信能力，进一步提升车路协同的效应。

首先，5G 多并发数的特点使得海量传感器的连接成为可能，道路的传感器之间可以进行实时的信息交互，汽车端也可以利用多元异构的传感器从海量的传感信息中获取汽车周围的感知环境和动态信息，并且 5G 技术也提高了数据传输的速度，在一定程度上提高了信息传输的安全性。

其次，MEC 和 5G 技术的结合可以进一步降低端到端的通信时延，并且提供结合地理信息的本地服务。MEC 将业务部署在边缘节点以降低端到端的通信时延，而且可以在紧急情况下将警告等信息直接发送到车载单元。另外 MEC 作为本地服务托管环境，可以支持部署本地更具地理和区域特色的服务，可以实现路径优化分析、安全辅助信息推送等，并且可以被应用于行人防碰撞、车辆防碰撞等场景中。

基于车路协同，落地中国的自动驾驶方案

当单车智能逐渐走向瓶颈期，车路协同方案正在中国慢慢获得越来越多的关注，成为实现自动驾驶的重要技术路线。而且由于 5G 的发展、中国通信行业的基础设施情况，加上政府以及企业的参与，这条技术路线正在显现出越来越清晰的演进路线，并且让自动驾驶有可能在中国加速落地。

1. 通信基础设施的完善与进一步拓展

C-V2X 相比 DSRC 技术，其中一个显著的优势就是可以利用现有的通信基础设施。由于 C-V2X 的基础设施是在蜂窝技术上发展起来的，因此通过对于现有基站的改造，可以对 C-V2X 基础设施进行集成。目前，中国的三大通信基础运营商已经拥有了百万级别的基站，其中中国移动还是全球移动基站数量最多的运营商。

在 2019 年 6 月 6 日中国正式发布 5G 牌照之后，基站的建设也正进入快车道。截止到 2020 年年底，中国已经建成了 70 万个 5G 基站（包括小基站）。由于 5G 使用频率更高，需要更高密度的基站，选址难

和成本高成为许多国家发展 5G 基建设施的难点。但是中国在过去的城市化过程中积淀下的城市路灯、电线杆等都可以成为重要的"共享资源"，从而降低初期的网络建设成本。例如，中国铁塔就有储备千万级别的社会杆塔资源，包括路灯杆、监控杆、电力杆等，这些资源都将为 5G 基站低成本快速部署奠定基础，而且这些基础设施许多都具有路面属性，可以被快速应用到车路协同的部署之中。

2. 各级政府以及通信企业鼎力支持 5G 与车路协同融合

在博鳌亚洲论坛 2019 年年会上，工信部部长苗圩表示，正在与交通运输部合作推进中国公路系统的数字化、智能化改造，利用 5G 技术发挥车路协同优势。这番表态明确传递了政府高层对于车路协同方案的支持。其实早在 2018 年 4 月，工信部就与公安部、交通运输部联合发布了《智能网联汽车道路测试管理规范（试行）》，为自动驾驶上路测试奠定了基础。之后，同年 12 月 25 日，工信部发布《车联网（智能网联汽车）产业发展行动计划》，明确了近期的阶段性目标：2020 年后，技术创新、标准体系、基础设施、应用服务和安全保障体系将全面建成，高级别自动驾驶功能的智能网联汽车和 5G–V2X 逐步实现规模化商业应用。

在中央政府的鼓励支持之下，围绕 5G 接入自动驾驶，国内各大城市之间已经形成竞赛。2018 年 3 月，《上海市智能网联汽车道路测试管理办法（试行）》发布，全国首批智能网联汽车开放道路测试号牌发放。2018 年 12 月，天津市开放首批智能网联汽车测试道路。在 2019 年 2 月，北京市智能网联汽车示范运行区（首钢园）正式启动，北京的顺义北小营，正在打造未来"北京的 M City"。

此外，已经处于世界领先地位的中国的通信行业也在积极布局，为 5G 和自动驾驶的结合布局。目前，大唐电信已发布 PC5 Mode 4 模式的 LTE-V2X 测试芯片模组；华为也已发布了支持包括 LTE-V2X 在内的多模 4.5G LTE 调制解调芯片 Balong 765。在通信模组方面，大唐、华为等芯片企业都将提供基于各自芯片的通信模组；而在通信基站方面，华为、中兴、诺基亚贝尔已推出测试用 LTE-V2X 基站，支持 V2I 类应用。

3. 汽车企业的积极参与布局车路协同的自动驾驶

车路协同特别是与自动驾驶的结合，也吸引了许多世界级汽车企业的关注。汽车企业积极参与，并且同通信行业以及科技行业合作，共同探索车路协同的技术落地方案。

在 2019 年 4 月 15 日上海车展前夕，包含广汽、上汽、东风、长安、一汽在内的 13 家汽车企业共同宣布支持 C-V2X 商用路标，并规划于 2020 年下半年到 2021 年上半年实现 C-V2X 技术支持汽车的规模化量产。在同年 5 月 10 日举行的宁波龙湾论坛上，吉利宣布在 2020 年杭州亚运会的时候，依托 5G 与 V2X 车路协同路线，在亚运会区域内完全实现自动驾驶。

自动驾驶路测牌照更是成为众多汽车企业追逐的"热点"。截至本书完稿时，中国已经发布了超过 200 张自动驾驶路测牌照，允许路测的城市有 20 个。获得自动驾驶路测牌照数量最多的城市是北京，数量为 77 张，其次是长沙和上海，数量分别为 53 张和 26 张。以上牌照主要颁发给了上汽、一汽、东风、长安、广汽、吉利、PSA（标志雪铁龙集团）、宝马、奔驰、奥迪、蔚来等中外汽车企业。

在车路协同的热闹氛围之中，汽车正在逐渐脱离原本的交通工具和出行手段身份，传统的 ICE 正在与 ICT 做深度的结合，并且对这两个行业的产业价值链都进行了延伸和拓展。

从这个角度来说，自动驾驶以车路协同的方式在中国落地和发展，已经脱离了单独的驾驶体验或者是单个行业，这也许将成为汽车行业的下一个产业转型的机遇。

其中值得关注的是，一个曾经默默无闻的行业，因为 ICE 和 ICT 的结合，更因为自动驾驶的发展，吸引了众多科技巨头和传统在位企业的积极涌入。这个行业，就是高精度地图。

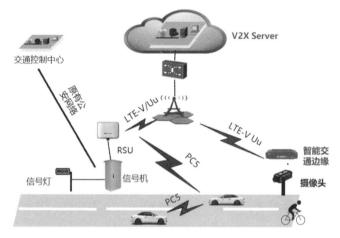

车路协同应用设备组成

4. 科技巨头涌入高精度地图

2019 年 4 月，中国北京。

来自高德的 Andrew 正在一场自动驾驶的行业会议上发表演讲，介绍高德地图。因为前面的技术内容之前在和高德交流的时候已经比较熟悉，所以我悄悄起身准备去会场外打个电话，正准备推门外出，我听到 Andrew 在台上说，高德决定在"自动驾驶开发测试阶段高精度地图数据免费"政策的基础上，即日起大幅降低高精度地图数据在车型量产阶段的商业化应用价格，承诺标准化高精度地图每车年费价格不超过 100 元。

接着 Andrew 说，随着后续搭载辅助驾驶、自动驾驶功能车型规模的不断增加，每年还将提供不低于 2% 的降本幅度。

台下一片哗然，大家纷纷举起手机拍摄。10 分钟之后，几个微信群里就开始了热烈的讨论，根据行业专家的分享，目前行业里面没有一个统一的标准的高精度地图报价，但是一般认为 700~800 元 /（车·年）是一个可以接受的价格。这次高德曝出 100 元的价格，直接把价格降低到了行业水平的 15%。也有行业专家分享说，高德的这把操作，对于四维图新和百度肯定有影响，但是基本上把其他初创公司挡在了今后的市场之外了。

时间来到 2021 年 4 月，华为在华为全球分析师大会上宣布，已经拿到了高精度地图采集的资质，计划年内进行商用……

伴随自动驾驶的发展，高精度地图从原本默默无闻的地图行业，越来越走向前台，一场混战正在进行。

作为自动驾驶核心部件的高精度地图

高精度地图在自动驾驶汽车中能够起到辅助环境感知的作用。首先，高精度地图可以告知前方道路信息以及交通状况信息，提供额外的冗余感知，使车辆即使正面对不太友好的天气，依然保持良好的检测和外界通信能力。其次，高精度地图能够提供先验信息给其他传感器，有助于提取感知的 ROI（Region Of Interest，感兴趣区域），提高感知效率。由于高精度地图的感知范围超广，所以有能力提前告知自动驾驶系统一些先验信息，帮助自动驾驶系统做出正确的路径规划和决策。最后，高精度地图在每一次迭代更新后，都能收录新增的交通标志、地面标志、车道线、信号灯等，从而帮助自动驾驶汽车在行驶过程中精确识别。

高精度地图与普通提供导航服务的电子地图不同：高精度地图具有更高的精准性，高精度地图包含更为详细的元素，并且可以实时更新。在精准性方面，普通地图的误差在 10~15 米，高精度地图的误差要求为 ≤ 10 厘米；在地图要素方面，高精度地图包含的要素有汽车位置、路标、行人、物体乃至交通信号灯等；此外，普通地图并不需要具备实时更新的能力，但高精度地图必须能够实时更新道路交通数据、街景数据，从而才能实现自动导航、提供最优的路径规划。

目前 L2 级自动驾驶主要需要 ADAS 系统地图，精度要求在 1~5 米，地图信息主要为道路基本属性和规制信息，数据内容主要包括道路曲率、坡度等要素。而 L3 级及以上自动驾驶级精度要求在 0.2~0.5 米，要素更是囊括了交通标志、路沿护栏、指示牌、龙门架、路杆、绿化带、道路的曲率、航向、坡度以及横坡等多个要素。

伴随着人工智能技术的发展，目前在行业中也有企业将深度学习、大数据处理等应用到高精度地图的后期处理方面，这极大地提升了数据标准、数据处理、数据补缺等方面的效率，同时也能够降低部分人力成本支出。不仅如此，地图厂商为了降低成本也会在高精度地图初始绘制的时候采用高精度采集车进行专业测绘，在后续的更新中采用精度较低的众包采集方式。

众包采集与专业测绘

地图厂商获取高精度地图数据一般采用两种路线，一种是众包采集、一种是专业测绘。众包采集，指的是利用行驶在道路上的汽车的一些设备获取道路信息并上传，这些数据包括带 GPS 定位信号的车辆的行驶轨迹、行驶路线、车载传感器上传的摄像头及雷达数据等。而专业测绘指的是用专业的测绘车辆采集具有高精度的道路信息。

专业测绘采用自动化的生产线，包括了设备采集，云端后处理以及测试验证，所以其采集的数据相比其他方式精度更高，但是也意味着企业将背负更大的成本压力。根据行业专家接受访谈时的说明，仅雷达设备就达到了 2 万美元一套，还不算其他设备、人员、编译的成本费用。

专业测绘主要是以惯导加上 RTK 融合的位姿作为先验，然后基于激光雷达点云进行三维场景的高精重建。得到精确的位姿和点云后，再通过激光雷达在地面上的反射率图恢复路面标识，并进一步矢量化，最后完成高精度地图的生产。

由于专业测绘的方式成本太高，测绘的单车成本达上百万元，制作的地图数量有限，高频词更新慢，许多图商将目光放在了众包采集方式上，采用专业测绘与众包采集两手抓的方式。地图厂商一般是采用精度较高的采集车来完成初始绘制，在后续地图更新过程中转用精度较低的众包型采集车降低成本。我们也能很明显地发现，近几年车辆的摄像头、雷达和行车记录仪装得越来越多。

目前在众包采集过程中较常使用的是集成了 GPS、惯导测量单元模块与摄像头模块的一体式设备，其采集的原始数据通过网络回传到服务器，经过数据清洗工作之后形成建图数据集，并进一步通过地图重建算法形成高精度地图。

此外，自动驾驶的局部动态地图数据还有更新的要求，永久静态数据更新频率为 1 个月、半永久静态数据更新频率为 1 小时、半动态数据更新频率为 1 分钟、动态数据更新频率为 1 秒。想要满足 1 秒 ~1 分钟的更新频率，依靠专业测绘制图不仅在实操上难以实现，即使可以实现，成本也难以估量。并且更新问题如果长期存在，专业测绘制图的成本也很难得到控制。

关键难题：实时更新

目前，高精度地图最需要解决的难题是实时更新，而这也将决定未来高精度地图市场的格局。我们以自动驾驶最终目标完全自动驾驶来看，驾驶的核心是依靠各个软硬件组合的技术。要想保证技术不出差错，作为支持自动驾驶技术实现最基础的感知环节的高精度地图至关重要。

驾驶环境每一秒都在变化，实时更新的高精度地图能够捕捉到非常多的信息，进而能够为自动驾驶汽车做出决策、控制提供准确的信息。同时，实时更新的高精度地图也能够捕捉到道路拥堵、车祸等信息，从而可以提醒其他汽车避开这一路段，以此解决道路拥堵问题，并且能够帮助整座城市在节假日等高峰期进行出行规划。

其实高精度地图在完成初始绘图之后，实时更新非常重要。而地图厂商可以通过搭载高精度地图和行车记录仪的汽车来捕捉道路信息，动态更新数据，因此率先获得车厂大量订单的地图厂商将在这场"实时更新战"中占据有利地位。

法律规定的红线

地图测绘是一个比较特殊的领域，在高精度地图的数据采集、编辑、加工等过程中，往往会涉及对中国敏感目标的地理坐标及影像等数据的收集与处理，而这些信息多被视为国家机密，所以地图测绘领域被政策监管约束，并非所有厂商都可以直接开展测绘工作，哪怕它有钱也有资源。地图测绘的采编、加工等需要取得测绘资格才可以进行，资质关系到合规和安全。

2014年国家测绘局修订印发的《测绘资质分级标准》要求申请资质的测绘单位需要同时达到通用标准和相应的其他标准，具体包括：大地测量、测绘航空摄影、摄影测量与遥感、地理信息系统工程、工程测量、不动产测绘、海洋测绘、地图编制、导航电子地图制作、互联网地图服务。对于想要进入这一领域的企业来说，达到这样的标准难度极大。

获得地图的测绘资质通常有两种方式：一是自主申请，二是收购具有资质的单位。而申请和维持地图测绘资质的难度和成本都非常高。比如申请的标准要求中，需要满足测绘及相关专业人员应达到100人，其中至少包括高级测绘师10人、中级测绘师20人；同时，专业技术人员还需满足学历标准、相关岗位的工作年限以及取得任职/职业资格的要求。

因为申请和维护的成本较高，很多大企业都选择直接收购具有测绘资格的公司，例如腾讯投资四维图新、阿里巴巴收购高德等。目前获得资质的单位仅有24家，其中企业单位有20家，包含华为、京东、滴滴、小米、百度、阿里巴巴、腾讯等。参与的企业少，制约图商玩家进入这个赛道的重要原因就是法律规定的限定。

　　高精度地图包含敏感信息，甚至是保密信息，还可以实时更新。鉴于网络安全审查日趋严格，信息安全越来越被重视，预计高精度地图在审查方面只会越来越严谨。

　　地图厂商们需要在政策规则之内有序发展，整个地图的采集、制作、存储、发布等全流程必须在自然资源部的监管下进行，参与绘制的工作人员也需要进行保密培训和保密协议的签订。根据我的了解和访谈，目前审核部门对于高精度地图的审核非常严格，整个过程几乎需要一个月的时间。前期国家对于地图测绘领域的监管不太严格，现在行业的发展开始变得更加规范有序，进入了精细发展的阶段。

高精度地图的标准

　　因为高精度地图牵涉国家安全，像高精度地图中的核心数据，例如道路曲率等，是不能公开的。任何商用的电子地图都加装了偏转插件，偏转至少在 2 米。除了偏转插件外，国家统一地图标准，方便车企能够在几个图商之间轻松切换，也便于和国际上的机构或图商沟通交流。

　　在 2018 年 4 月份，在中国汽车工程学会和智能网联汽车联盟（运营实体为北京国汽智能网联汽车研究院）的支持下，自动驾驶地图和定位工作组成立。工作组目前成员单位已有 86 家企业，包括汽车主机厂 OEM（红旗、一汽、北汽、长安、上汽、广汽、奔驰、大众、蔚来、福特、奥迪、东风商用车、东风汽车、通用、爱驰等）、零部件生产商（博世、大陆、电装、镭神、Velodyne、东软、德赛西威、亿咖通、经纬恒润、博泰、均胜车联）、图商（易图通、百度）、科技公司（中兴、三星、诺基亚、华为）、初创公司（地平线、初速度、小马智行、驭势）等，涵盖了中国汽车行业和智能驾驶产业的绝大部分重要企业和高校研究机构。工作组牵头单位包括清华大学、北京国汽智能网联汽车研究院、北京四维图新科技股份有限公司、高德软件有限公司、武汉中海庭数据技术有限公司等，由清华大学车辆与运载学院院长杨殿阁担任组长。

目前进度最快的是《自动驾驶地图采集要素模型与交换格式》标准，由易图通科技（北京）有限公司牵头研制。2020 年 1 月 8 日正式启动，2020 年 12 月 18 日完成《GB/T 1.1—2020 标准化》初稿，2021 年 1 月 18 日到 2 月 26 日公开征求意见，3 月 23 日正式通过审核成为中国第一个高精度地图领域的团体标准，3 月底公开发布。起草单位包括易图通科技（北京）有限公司、清华大学、北京国汽智能网联汽车研究院有限公司、北京百度网讯科技有限公司、北京四维图新科技股份有限公司、武汉中海庭数据技术有限公司、广东星舆科技有限公司、厦门大学、北京华为数字技术有限公司、北京初速度科技有限公司、中移智行网络科技有限公司等。这份标准只是高精度地图标准的一部分，全部标准出炉估计要等到 2023 年或 2024 年，这个团体标准基本可以被看作国家标准。

混战的缘起

早在高精度地图的混战开始之前，互联网三巨头 BAT 已经在电子地图上进行了一场"三国杀"。这场争夺战，又起源于百度。

2011 年百度率先推出百度地图手机版，又在 2013 年收购长地万方正式入局，以免费的方式打败了高德，让地图这一服务成为百度流量的重要入口。2013 年支持全景功能的百度地图正式上线，百度随即对外宣布永久免费向公众开放百度地图。从当时来看，百度推出全景地图的动机主要有两个：一是方便推进百度当时正在全力进行的 LBS（基于位置的服务）业务；二是通过发展电子地图，为当时还在孕育中的自动驾驶、人工智能业务做准备。

彼时，百度旗下以百度外卖为代表的 LBS 业务急需高效导航的支持，而百度自研的百度地图，对于百度提升其外卖配送效率、降低外卖配送成本具有十分重要的作用，尤其是在百度外卖、美团外卖、饿了么"三国杀"的情形下，其作用就更不言自明了。这也是百度将电子地图升级为流量入口的开始。

在这一点上，阿里巴巴与其有类似考量。2014 年阿里巴巴收购高德地图，逐渐建立起了其在电子地图领域的优势。依托电子地图建立的优势，阿里巴巴开始在本地生活、共享出行等众多领域四路出击，此后阿里巴巴又通过收购饿了么、整合口碑、投资哈啰出行，逐渐确立起自己的本地出行、本地生活版图。

就在百度、阿里巴巴布局电子地图领域的同时，2014 年腾讯豪掷 11.7 亿元收购了知名数字地图服务商四维图新 11.28% 股份，并投资了导航测绘企业科菱航睿，也将自己的触角深入出行、本地生活等领域，此后腾讯先后投资美团、滴滴等新兴巨头，开始以微信为入口布局自己的本地生活、共享出行生态。

以高精度地图为基点的战争

电子地图的硝烟刚刚散去，随着人工智能以及自动驾驶技术的发展，互联网三巨头 BAT 在承继原有地图技术的基础上，开始推出以高精度地图为重要节点的智慧出行解决方案，将地图"装到了"车上。

近几年百度为推进自动驾驶技术研发，更先后推出了车载系统 Apollo、DuerOS 等。借助这些优势，百度在车联网、自动驾驶领域不断取得突出成果。同样，阿里巴巴推出了自己的车载系统 AliOS，并将高德地图搭载在 AliOS 系统上，使得高德地图也因此成为阿里巴巴车联网的一个重要组成部分。腾讯也在近来提出了自己的自动驾驶的技术方案和发展路线，并把高精度地图摆在重要地位，在地图技术领域持续加码，持续提升自己在相关领域的影响力。

随着自动驾驶的发展，许多科技巨头以及初创公司也加入这场混战。2018 年年初，国内专注于众包采集高精度地图的科技创企宽凳科技宣布完成 A 轮数亿元融资。2021 年 4 月，华为智能汽车解决方案事业部总裁王军在接受媒体访谈时透露，华为已经有了高精度地图采集的资质，计划在 2021 年内商用。而且为了把采集高精度地图的成本降下来，华为利用自己开发的处理器、传感器自研采图设备，只要将采图设备装到 SUV 或者 MPV 上就可以采集数据，进而有计划地采集全国高精度地图。

知情人士和我分享，华为已经基本上具备高精度地图生产的能力和技术，数据采集速度不断加快，范围不断扩大。初步计划 2021 年完成北上广深四个大城市的高精度地图采集，2022 年会将采集范围扩大到十几个大城市，每三个月就会迭代同时再增加几个城市。

随着自动驾驶赛道日趋成熟，高精度地图也逐渐成了众多玩家试图抢占的一块高地。高盛此前预测，2025 年全球高精度地图市场将达94 亿美元，到 2030 年，市场规模还将继续扩大到 201 亿美元。

关于中国市场，2021 年 5 月 27 日由自动驾驶地图与定位工作组发布的《2020 智能网联汽车高精度地图白皮书》显示，若按照中国 3 亿辆的汽车保有量以及高德地图在 2019 年 4 月宣布的单车百元年服务费进行测算，那么中国高精度地图市场的潜在规模将达 300 亿元左右。

虽然科技巨头们混战正酣，但是没有人会忽视站在身旁的四维图新，作为传统图商进军高精度地图的代表，四维图新在 2019 年的关键一役中，最终战胜其他竞争对手，拿下了宝马中国的高精度地图订单。

四维图新：进军高精度地图的传统图商

2019 年，四维图新发布信息表示，已与宝马中国签署自动驾驶地图及相关服务许可协议，将为宝马汽车所属品牌在中国 2021—2024 年量产上市的新车提供面向 L3 级及以上级别自动驾驶系统的自动驾驶地图产品及服务。

在前装车载导航电子地图领域，四维图新一直以来都是领头羊。根据易观智库的前装车载导航的检测数据，按照出货量进行统计，其市场份额长期位居行业第一，约占 40%。而且，四维图新一直在为众多互联网企业提供基础地图数据。在其一长串的合作车企名单中，与其长期合作的主流车企客户超过 50 家。

经过十余年在传统导航地图领域的耕耘，四维图新建立起了一支规模庞大的地图团队。四维图新的自动驾驶研发部是自动驾驶基础技术研究院下的子部门，诞生于 2015 年 8 月份，3 个团队分别负责导航引擎、数据编译以及视觉激光雷达的数据处理。截至 2018 年 3 月底，四维图新拥有覆盖全国的采集车数百辆，道路和 POI（互联网电子地图上的点类数据）采集人员超过 500 人，建有覆盖全国的 23 个外业基地以及超过 60 个本地化基地，每个基地配备单独的快速采集车组。自主研发的 Fast Map 生产平台，对生产流程进行工艺升级及自动化改造，快速推进地图数据采集、制作、更新及发布一体化，具备日更新能力。

从 2013 年开始，四维图新的智能地图团队就在不断进行技术的研发和打磨；2015 年成立智能地图事业部，负责 L3 级及以上级别自动驾驶地图业务；随后，四维图新搭建了自主研发的自动驾驶系统，目的便是使自动驾驶地图产品和自动驾驶系统之间互相验证。

目前，四维图新已经掌握了一套数据采集、自动化制图、众包更新以及快速迭代的自动驾驶地图完整产品解决方案。自主研发的专业采集车和更新车，对外部环境变化进行采集，基于深度学习的自动化生产工具对采集数据进行自动化降噪、分类、提取，形成产品数据。此外，在众包更新技术方面，四维图新的 Map Learning 地图学习体系，能够实时收集、处理、融合大量来自众包、车企等多源传感器的数据，自动发现、处理变化，并通过分发平台实时发布。

由于自身的属性，地图这个原本默默无闻的行业，伴随着自动驾驶的发展，成为备受关注的焦点。高精度地图的发展与自动驾驶汽车紧密相关，与以往的车载导航地图、ADAS 地图不同，自动驾驶对于地图提出了更高的要求，包括更加丰富、精确的车道级信息，实时的路况信息更新等，而且服务的对象是自动驾驶汽车的系统，这一切的变化，推动了高精度地图应势而生，快速发展。

除了高精度地图之外，智能座舱的萌芽和发展，特别是近年来的快速腾飞，也和自动驾驶的发展有着紧密的关联。当大家的视野从自动驾驶的系统集成中转移之后，一个之前没有被关注的问题开始浮现：当我们不再需要方向盘，甚至不需要驾驶员时，那现在的座舱结构，还是一个最优的选项吗？

5. 智能驾驶释放座舱空间

汽车是由众多繁杂的体系构建而成的行业，但是从消费者的角度来说，汽车终究是商品，有着明确的功能和不太明确的品牌溢价，以满足消费者和使用者显性或隐性的需求。在社会文化和新技术蓬勃发展的今天，需求的变化快如闪电，工业产品不管如何"柔性生产"，不管如何"敏捷""快速迭代"，也一定无法跟随需求的变化。这也是汽车行业从业者这几年一直感叹的，已经非常努力、非常快速地行动，但还是跟不上市场的变化、消费者的变化。

供应与日益增长的美好生活需要之间的差距，这几年在慢慢扩大，也许在不远的将来就将量变引起质变。并且我们看到，这样的"质变"已经悄然开启。近年来，消费者不断提高对汽车座舱，比如座椅的舒适度、内饰的智能表面、中控显示屏的尺寸以及响应速度等的要求。而伴随自动驾驶的发展以及未来的想象空间，汽车座舱的功能属性，以及空间布局等也引起了大家的关注和思考。

当我们的双手离开方向盘之后，现在的座舱结构，还是一个最优的选项吗？

对这个问题的思考，引发了对智能座舱的功能挖掘。也是在这样的不断迭代和演化之中，对于汽车的产品功能，我们也可以产生更多的思考。

汽车现在时：空间移动、身份彰显和驾驶乐趣

汽车是对马车的颠覆式创新，一开始就天然承担空间移动的产品功能。伴随汽车的发展，汽车的使用者和消费者也从最先的"科技极客"慢慢变成"王公贵族"再到后来的寻常百姓，汽车成为城市空间移动的重要承担方。汽车的生产商和使用方当然会追求差异性，于是汽车的另外两个功能被逐渐开发和完善。

首先被发展的功能是"人有我优"，主要指对身份的彰显。汽车的生产厂商从汽车的外观线条、前后脸、轮毂、灯光设计，到内饰面料、

车内控制仪表的触觉和声音等，做了很多的优化和提升。设计更优美、配置更多更先进的汽车往往与众不同，而这份不同就成为使用者和消费者重要的身份彰显标志。

其次被发展的功能是"人无我有"，主要目的是满足驾驶乐趣。汽车作为空间移动工具，使用者天然追求速度和移动舒适感，而这份追求需要通过精妙的机械设计来完成和体现。各家公司的研发能力和研发中心在此基础上形成分野，部分公司专注于开发更精良的发动机和动力设备，使得消费者和使用者可以充分享受速度和舒适性所带来的快感。

至此，汽车的功能呈现已经完成，而使用者和消费者如何接触并使用这些功能满足需求，便演化出许多不同的商业模式，购买、租赁等模式应运而生。

基石假设的动摇：开车还是坐车

汽车的功能在20世纪50年代已经基本形成，并且围绕其空间移动、身份彰显和驾驶乐趣三大主要功能演化出一系列设计、开放、供应链以及销售模式。汽车在大部分场景下，是为了实现"开车者"从A点到B点的空间移动、为了"开车者"的身份彰显、为了让"开车者"体验驾驶乐趣和机械快感。"开车"成为汽车发展的基石假设。

在此后的发展过程中，身份彰显的功能悄悄发生变化，许多精英人士不再自己开车，而是选择"坐车"。但是更大一波对于基石假设的动摇发生在21世纪初，优步在旧金山上线，在推出第一版App之后的第二年，优步在芝加哥测试低价模式，降低出租车的使用价格，此后迅速在全世界扩张。尽管在全球各地都有优步的竞争对手，但它们采取的竞争方式几乎如出一辙：更低的价格。于是，"坐车"已经不是只属于精英人士和商务人士的选择，慢慢成为空间移动的选项之一。新西兰的 Go Rentals 在 2017 年 8 月对全球 85 个城市做了分析，比较了采用出租车、1 天短租以及优步，从市中心前往机场的价格。研究结果显示，在有优步运营的 64 个城市中，52 个城市的优步价格低于出租车价格、54 个城市优步价格低于 1 天短租汽车的价格，并且，在优步价格高于出租车的 12 个城市中，仅有意大利米兰、芬兰赫尔辛基和爱尔兰都柏林的价格差距大于 5 美元。

当空间移动可以通过"坐车"的方式来实现，当身份彰显也可以通过"坐车"的方式来体现，汽车的基石假设在悄然发生着变化。过去的功能依然会存在，但新的功能已经在孕育之中。

汽车未来时：出行的体验以及生活工作的延续

当越来越多的消费者和使用者选择"坐车"，汽车作为一个空间的概念越来越得到彰显，出行不仅是空间移动，更是一种体验。而在此基础上，出行的时间需要被进一步开发，成为生活和工作时间的延续。

出行的体验是汽车未来时的功能之一，驱动着设计、产品的变化，更会驱动汽车产品的垂直细分。出行不仅仅具备以往空间移动的功能，使用者和消费者更希望在整个出行过程中拥有更好的体验。

首先，坐车者的感受将被充分考虑，要求得到满足，体验得到提升。内饰面料以往更多体现车辆的豪华程度，但现在更多成为乘坐舒适度的象征。此外，车内的空气、安全座椅的配置、后排座椅的纵深和垂直空间的设计，甚至副驾驶座位的位置设计，以及后排座椅的角度设计等，都将成为设计者和产品的构建者所需要考虑的重要指标。

其次，不同的出行体验将演化出不同的产品内容组合。每个人的手机各不相同，这体现在硬件的配置以及应用程序 App 的组合上，以达到每个人不同的使用目的。汽车的智能化当然是大势所趋，其硬件和软件配置也将呈现出不同的组合，以满足不同使用者和消费者的需求。

从硬件配置的角度出发，消费者的偏好和需求将使得产品的细分越发呈现出精致化的状态。例如，更偏好音乐者，会选择搭配更多、更好音响的汽车，并希望其在车内有限空间内形成更好的位置组合，以更好地呈现声音。更偏好车内舒适度的使用者和消费者，会偏好更大的休息空间，欧洲某豪华汽车品牌也曾经在中国市场推出了三座版汽车，直接把头等舱的体验移植到了汽车的空间，构建出更大、更舒适的休息空间。

从软件配置的角度出发，软件在汽车中承担或扮演的角色越来越重要，将成为汽车生产商 OEM 之间，甚至是汽车和汽车之间的最大区别所在。根据麦肯锡咨询的预测，全球汽车软件与硬件产品内容结构正发生着重大变化，汽车软件在大型乘用车的整车价值中占比为 10%，未来预计将以每年 11% 的速度增长，到 2030 年，汽车软件将占整车内容的 30%。目前，众多汽车生产商 OEM 正通过成立子公司（例如沃尔沃、丰田、上汽、长安、一汽等），成立软件研发部门（例如大众、雷诺日产、长城等），抑或是与软件供应商合作（例如宝马、吉利、广汽等）三种不同的模式，加快布局车载软件领域。

再次，不同的汽车产品会进一步加深汽车的垂直细分。由于不同配置和组合可以极致满足使用者的某一部分体验需要，今后可能会出现实现不同功能的汽车，例如专用于购物的汽车、专用于商务人士休息的汽车、专用于接送老人的汽车等。

最后，当出行体验成为汽车的功能之后，使用者将进一步要求在车上的时间能成为生活和工作的延续。在这样的需求下，汽车后排的空间将不再是现在的设计和配置，空间将更加服务于生活和工作的需求。例如，商务人士希望在车内可以继续进行工作和商务沟通，会需要在后排有更宽阔的空间，同时有多屏幕的配置以提高工作和沟通的效率。又如，家庭希望在车内可以有更多的沟通和乐趣，会需要在后排空间内有面对面，甚至可以移动组合的座位设计。进一步推演，汽车的空间设计和组合将更为柔性和可扩展，方便快速变化和组合以适应不同的工作和生活目的。更进一步，后排的空间也许会成为一个模块的一个部分，可以组合、切换甚至自由搭配。

甚至在远期，当自动驾驶可以部分或者进一步实施时，汽车作为生活和工作空间的概念将得到彰显。在移动中，汽车作为一个非常个性化的空间将串联起不同空间的时间，形成生活和工作的时间延续。

解构与重构

2018 年 9 月，沃尔沃汽车在瑞典哥德堡发布了 360c 自动驾驶概念车，除了极具科技感和未来感的外观设计外，沃尔沃汽车还在内饰设计方面更为自由和前瞻，颠覆了传统的车内布局。整个内饰布局仿佛是一个真正的起居室，同时概念车的内饰也可以应对不同的模式选择，例如睡眠环境、办公室环境、起居室环境、娱乐环境等，可以在车内形成休息空间、工作空间、生活空间和娱乐空间。

沃尔沃汽车集团全球高级副总裁、亚太区总裁兼 CEO 袁小林先生在 2018 年世界智能网联汽车大会的演讲中表示，360c 不仅满足对未来出行的所有想象，同时，未来的汽车可以给人们的出行带来更好的体验，让工作和生活实现完美的平衡，让生活更加美好，实现随心而行。

无独有偶，在 2018 年拉斯维加斯的国际消费电子展（CES）上，丰田汽车展示了 e-Palette 概念车，外表其貌不扬，却同样在进行着空间的实验。丰田汽车介绍，车内可以根据需要搭载不同的设备，从而构建不同的场景，来满足消费者的不同需要，比如移动办公室、娱乐场所、餐饮服务、配送快递等，而且可以根据不同的时间和区域进行应用间的切换，让车辆处于更高的应用效率之中。在 2021 年的东京奥运会上，e-Palette 已经进行了运营，以每小时 10 公里的速度，沿着指定路线，往来接送运动员和工作人员。中国的蔚来汽车也在 EVE 概念车中，提到了"第二起居室"的设计理念，主打舒适的大空间，并且把整个车顶都变成了一个巨大的天窗。

也许在不远的未来，每天早上从汽车内的空间起来，都在不同的城市，看着不同的风景；路上不再是无聊的时光，而是和朋友们一起"吃鸡"，一起玩着 VR 游戏……当汽车变成了空间，工业革命的伟大发明也变得温柔而时尚，它是新零售，它是新技术，同时，它也是新生活！

从空间的角度出发，原本已经发展到成熟阶段的包含座椅和内饰的座舱系统，因为汽车电子的发展，以及自动驾驶带给人们的想象空间，又被赋予了新的发展方向。当座椅、内饰、灯饰、汽车电子等在空间的维度进行着实验性的组合和演化之时，一个新的市场正在升腾，温柔但又充满力量的声音就在前面响起：

欢迎来到，智能座舱！

6. 智能座舱从未来走向现在

2018 年 9 月 5 日，瑞典斯德哥尔摩。

细长的车头灯贯穿整个车头，左右两端显现出经典的雷神之锤的造型，灯光向尾部延伸，两个类似飞机尾部垂直安定面的造型置于车辆尾部，灯光向下点亮维京战斧。伴随 360c 的标识被点亮，一行文字出现在大屏幕上：The future of mobility（未来移动性）。

沃尔沃的全新概念车 360c 揭开了神秘的面纱。

沃尔沃汽车集团总裁兼首席执行官汉肯·塞缪尔森介绍说，自动驾驶将使我们不仅能够在安全方面取得显著进展，并且还将开启令人振奋的全新商业模式，让消费者能够在车中享受更自由愉悦的时光。最后汉肯强调说，360c 代表着沃尔沃汽车对地面交通工具的最新诠释：花费在旅行上的时间将被更充分地利用。

随后，沃尔沃汽车集团战略高级副总裁马腾·列文斯坦展开介绍说，360c 自动驾驶概念车代表了出行办事行业的新趋势，比如晚上在豪华舒适座舱内舒适地睡一觉，抵达目的地时精神饱满地醒来。

站在 2021 年的年尾，当我再次翻看这些过去的照片，我好像读懂了一些当时没有理解的深意。那时的我可能会对自动驾驶时代到来的说法，汽车可能取代飞机的观点淡然一笑，但是几年过去，当我从智能座舱的视角出发，再次去回顾那段和 360c 并行的时光，在某一时刻我突然领悟到，不善言辞的瑞典设计师们，一直在思考，当自动驾驶来临的时候，未来的座舱空间，可以呈现出怎样的姿态。

360c 对于未来座舱空间的探索

当座舱空间内不需要方向盘和脚踏板，没有任何控制车辆的设置，那座舱空间为何还需要前后两排座椅呢？比较 Waymo 和 Zoox 等曾经推出的自动驾驶汽车，座舱空间是否一定要被局限为两排座椅面对面展开的布置呢？

沃尔沃汽车的设计师们在思考，在自动驾驶的座舱空间内，可以出现哪些场景。从这点出发，不再拘束于原有的内部空间设计，在360c 概念车上，内部空间只有一个可以在 10 秒内从垂直到躺平的座椅，车内的一个抽屉是冰箱，另一个则放着枕头和睡毯。

在 360c 的座舱空间，出现了四个场景，分别是卧室、移动办公室、起居室和娱乐空间。在上车之后只需要设定目的地就可以了，剩下都是人和座舱空间之间的互动时光。

而且一个很小的细节是，以"安全"和"以人为尊"享誉全世界的沃尔沃汽车，考虑到在无人驾驶的发展过程中，还是可能出现交通安全事故的，所以座舱内的睡毯，被专门设计成一个在自动驾驶过程中的安全保护装置。当乘客躺下之后，盖上这款原车自带的睡毯，同时将睡毯的边缘固定在座位上，一旦发生碰撞，睡毯将很快自动收紧，起到安全带固定的作用，把人类的身体紧紧固定在床上，避免因为惯性飞出去。

沃尔沃汽车对于未来座舱的理解和设计表现出了极强的引领性。而在汽车从传统交通工具到未来自动驾驶座舱，甚至所谓的第三生活空间的转移过程中，智能座舱由于实现难度相对较小、成果易感知而越来越受到业内的关注。罗兰贝格在 2019 年 11 月发布的《智能座舱发展趋势白皮书》中就讲到，消费者对于汽车的认知逐渐转变，而座舱就是实践空间塑造的核心载体。同时《白皮书》还强调说，智能座舱作为衔接交通工具和第三生活空间的核心用户界面，是未来汽车企业产品竞争力的核心差异化体现。

智能座舱的演化和发展

智能座舱主要涵盖座椅、内饰和座舱电子的系统集成和创新联动，是从消费者应用场景角度出发而构建的人机交互体系。智能座舱的发展当然受益于 5G、大数据、人工智能、人机交互、汽车芯片与操作系统技术等核心技术，同时在中国市场，也更多受到消费者应用端的驱动。根据罗兰贝格的研究，智能座舱的发展特别是在中国的发展，重要的驱动力在于消费电子产品的场景转移，以及消费者对于数字座舱类体验的支付意愿的提高。

同时在研究中我也发现，当汽车进化到自动驾驶阶段，当人们很少或者不需要控制汽车的行驶的时候，所有以往涉及驾驶方面的要求和体验都会逐渐消失，而以往被消费者放在略微次要位置的需求，例如乘坐的舒适性、空间的静谧性、行驶的稳定性和平稳度，以及座舱内的人机互动界面友好程度以及使用场景的丰富性等，将成为更为优先考量的指标。

因为汽车电子的发展，特别是大屏带来的对于现有座舱空间的影响，使座舱呈现出更大的纵向和横向空间，同时集成化的大屏也带来了简约化的工业设计整理风格，从而更能凸显出座舱内部声音、光线以及显示屏等构建出来的气氛。再往前一步演化，以往只是以功能件呈现的座椅、内饰等产品，正在演化成为彰显舒适性和个性化的媒介，更为重要的是，它们正在成为传感与交互的承载体，人们能通过智能表面碰触、语音、手势等人机交互，实现对座舱电子的操控。

进入智能座舱时代，HUD（平视显示系统）、仪表、车载娱乐信息（infotainment）、T-BOX、ADAS、360 度全景、自动泊车系统等不再是一个个孤岛，而是各部分互相联系的一个整体。其中值得注意的是，"一芯多屏"成为目前最热的应用领域。车载显示屏向着多屏、大型曲面屏转变，而"一芯多屏"的智能座舱解决方案因为通信成本低、延时短的优势，可以更好地支持多屏联动、多屏驾驶等复杂电子座舱功能。

	阶段一：电子座舱	阶段二：智能助理	阶段三：人机共驾	阶段四：第三生活空间
定义	电子信息系统逐步整合，组成"电子座舱域"，形成系统分层	利用各类传感器，通过感知环境、收集数据、处理数据，增强车辆能力	语音控制和手势控制技术的突破，车内软硬件一体化聚合，实现座舱感知精细化	以乘客为中心，提供场景化服务以及沉浸式体验，成为延伸的"第三生活空间"
智能驾驶等级	L1级及之前	L2级	L3级	L4级及以上
阶段特点	车内信息整合和信息分层	生物识别技术的引入，基于不同场景提供主动交互	更为精准的场景服务，机器自主/半自主决策	基于高度自动化的智能驾驶提供更加丰富和生活化的服务
驱动因素	• 消费电子产品的场景延伸 • 中控屏、液晶仪表等显示方案的技术成熟	• 消费者对于交互体验的升级需要（从被动到主动） • 生物识别技术的发展、车内独立感知层的形成	• 消费者对于汽车整个用车周期中，场景化决策的需要 • ECU向DCU架构的过渡，AI技术的逐步成熟	• 汽车作为生活和工作之外"第三生活空间"的需求 • 5G、AI、大数据等技术的成熟，核心技术的突破

智能座舱发展的四个阶段

宝马汽车的自动驾驶人机交互概念座舱

在 2020 年的北美国际消费类电子产品展览会上，宝马汽车带来了全球首发的 Vision BMW i Interaction EASE 自动驾驶人机交互概念座舱。功能实现的核心是位于座位正前方的超大全景平视显示系统，座舱可针对不同的场景需求变换成"探索"（explore）、"娱乐"（entertain）和"悦享"（ease）三种车内环境模式。

在"探索"模式下，车舱将专注于驾驶者对周围环境了解的需求。BMW 智能个人助理利用 AR 技术将乘客感兴趣的信息叠加在显示屏上，使其出现在乘客视线与现实世界相对应的位置，并通过视线或者手势进入下一层交互级别。

在"娱乐"模式下，全景平视显示系统变为电影屏幕，车厢内两侧玻璃调暗，与此同时，氛围灯调至私密模式，整个车内犹如私人影院。

"悦享"模式则将车舱变为了一间静谧安逸的卧室。乘客可通过触摸智能材料，将座椅移至"零重力"位置，从而获得飘浮放松的坐姿。这时 BMW 智能个人助理会将全景平视显示系统屏幕调暗，车内两侧的玻璃将变为不透光的私密玻璃，灯光及音响也将适时调整。

另外在不同模式的体验过程中，BMW 智能个人助理已经不仅仅以常见的声音或图像形式出现，还加入了灯光的元素。从靠近车辆开始，迎宾照明系统便会启动，引导你进入车内。上车之后，你会发现将要乘坐的位置已经被灯光打亮。进一步与汽车交互时，如果系统需要你进行手势控制，灯光会照在双手的位置。而当全景平视显示系统变成屏幕后，整个座舱内的灯光也会根据屏幕播放的内容进行同色系光影变幻。

佛吉亚的"智·甄"座舱

作为智能座舱的先行者，佛吉亚在 2016 年就提出了"智享未来座舱"的战略，它通过一系列的收购和整合（特别是从 2016 年至今在座舱电子、软件等方面的收购，佛吉亚收购了中国好帮手、法国派诺特、日本歌乐电子、加拿大 IRYStec 等 7 家公司，将其纷纷整合到佛吉亚歌乐电子事业部），加上在座椅、内饰等传统业务领域的全球领先地位，构建了在整套智能座舱解决方案方面的竞争能力。

在 2019 年的上海车展上，集成多项创新技术，搭载在沃尔沃量产展示车上的"智能未来座舱"就引起了业内的广泛关注。其中，佛吉亚与采埃孚共同设计了多样化座椅结构，前排座椅可向外旋转，方便乘客上车，同时能向内旋转，方便前排乘客与后排乘客进行互动。座椅靠背被分为两部分，上方靠背可以倾斜。此外，佛吉亚还与马勒合作研发了热管理系统，连接了座椅、空调、香氛、通风口等。通过车载摄像头或可穿戴设备收集实时数据，测量体温、心率、脉搏和血压，以此调节车内座椅的通风、温度，以及座舱的空调系统，为每位驾乘者提供定制化的温度。

经过两年面向中国消费者的市场调研，加上和中国高校、实验室、孵化器以及初创企业的合作，在 2021 年的上海车展上，由中国团队主导设计和打造的"智·臻座舱"惊艳亮相。该座舱整合了佛吉亚在座椅系统、内饰系统、汽车电子等多个领域的最新科技，在个性化车内体验、智能化驾驶环境、沉浸式娱乐系统三方面有非常突出的表现。而且其中大部分最新科技都已经达到了量产标准，是一款可见且可得的座舱。

"智·臻座舱"通过"迎宾""驾驶""分享""放松""欢送"五种模式来为消费者打造一个智能化、沉浸式的舒适出行体验。当用户步入座舱，"迎宾"模式即刻开启，通过嵌于座椅和门板的动态灯光效果及贯穿式座舱显示屏为用户带来宾至如归的体验。座舱内的 IRYStec 显示屏可根据驾驶员的视野和环境光线对显示屏进行个性化调节。

佛吉亚的最新座椅技术，特别是其在驾乘舒适性方面的应用，也在"智·臻座舱"内得到了体现。针对前排座椅，佛吉亚通过座椅骨架和机构件的组合，可以让用户灵活调整头枕、靠背和坐垫的高度及倾斜度。而针对后排座椅，佛吉亚提供的解决方案是，可以通过对例如侧翼支撑、靠背、坐垫、腿托等的灵活调节，提供给用户更好的缓冲支撑。

佛吉亚的座舱域控制器提供了可量产的车载信息娱乐系统，通过前后排"五屏联动"，简化了驾驶员与乘客、车辆之间的交互方式。座舱内整合了车载摄像头与雷达，可以为驾驶员和乘客提供实时检测，并联动座舱内的电子通风系统和座椅，与它们进行声光交互。

"光影炫动座椅 LUMI"通过在座椅中融入发光组件，在汽车座舱内营造与众不同、别具一格的光影内饰风格。其中，LUMI Piping 将柔性发光纤维和彩色 LED 模块有机集成到座椅面套中；而 LUMI Stitch 则应用了业界首创的发光新材料，通过缝纫嵌入座椅表面，营造出全新的发光效果。

直到走出座舱，佛吉亚还设计了一套整合灯光和语音的程序与用户告别。如果有任何物品或任何人被遗留在车内，基于毫米波雷达的车载监控系统都可以提醒已离开的车主及时检查车辆。

翻看过去的老照片，我似乎读懂了很多年之前没有看懂的，埋在沃尔沃 360c 之中的细节及其内涵。我在想，在哥德堡漫长的极夜中，不善言辞的瑞典设计师们，可能在美丽的欧若拉的舞动中，看到了来自未来的启示。当自动驾驶来临的时候，未来的座舱空间，可以呈现出怎样的姿态？

而这些想象，正在因为技术的发展、汽车供应链体系的整体推动，以及领先企业的带动，逐渐从遥远的未来走到我们目力所及的身旁。

当年轻的极客们在莫哈韦沙漠中焦急地看着改装的自动驾驶车辆缓步前行的时候，他们可能不会想到，轻轻扬起的尘沙，将形成改变汽车行业的风暴。从算法的单点突破，到整个汽车供应链体系的缓慢起步、大步跟上，一直到整个变革的大时代中，汽车行业开始和信息行业紧密融合，带动了诸如车路协同、高精度地图、智能座舱等领域的发展，许多原本不被关注的垂直细节部分，也正在从默默无闻走向一个个细分领域的前台，受到瞩目，受到追捧，乃至于有很多新的玩家进入，带来新的发展和演化的可能性。

轻轻扇动翅膀的雨蝶，还在继续飞翔，这一次，汽车开始被高空俯视，被置身于更为宏大的交通背景下，融入的巨大洪流，叫作"智慧城市"！

第五章

从交通工具到智慧城市

国家发改委等11部委
联合印发《智能汽车
创新发展战略》

2021年

元宇宙概念
的提出

中国正式将"碳中和"
理念纳入顶层布局

2020年

2021年

1. 汽车演化与智慧城市

我们每次探究未来汽车的发展时，总是绕不开汽车与城市的关系。近代城市发展和崛起后不久，汽车就被发明和应用，汽车与城市相生相伴。在城市的演化进程中，汽车总是作为一个重要载体，连接居民，与城市形成不断变化和繁衍的共同体。

汽车与城市曾经互相赋能，互相促进，然而在最近的10年，汽车的无序发展也给城市带来拥堵、环境污染等问题，两者间的矛盾日益显著。而未来，智慧城市和汽车将构建发展出怎样的关系？伴随大数据、云存储、人工智能等众多新技术的发展和应用，城市将逐步成长为"智慧城市"，汽车也有望跨越原本的交通属性，承载更多数据节点的功能，再次和城市和谐共处，相生相伴。

这样的未来不可谓不激动人心！不过，也许在展望未来的时候，我们可以先回望一下这段并不悠久但精彩的历史。最为有趣的是，这段历史还在不断演化的过程中，许多片段我们曾经身处其中，许多未来也将由我们共同创造。

汽车与城市互相赋能，加速发展

近代城市的发展是工业革命的产物。伴随生产方式和产业结构的变革，城市的主要职能从以往的政治中心和军事要地，逐步向经济枢纽发展，工业生产和商业活动成为城市的主导力量。伴随着城市与乡村，以及城市与城市之间的人口和物资流动的迅猛发展，如何通过技术发展，升级交通方式，令这样的流动更加便捷，便成为城市发展的重要课题之一。

回顾历史，我们不难发现，早期的汽车发展来自技术的简单迁移。蒸汽机普及之后，很快被应用到交通领域，出现了早期的蒸汽汽车。19世纪早期的英国伦敦，虽然人口已经达到百万，但是主要的交通工具基本和中世纪相差不大，依旧是马车。早期的蒸汽汽车如同那个时代的工业极客，虽然噪声大、喷吐烟尘、运行也非常不稳定，但它是古代交通运输和近代交通运输分野的标志，从此机械力开始代替人力和畜力。此后，随着内燃机的发明和应用，1886年内燃机汽车诞生，汽车成为第二次工业革命的重要组成部分，并且逐渐替代马车，成为城市内部交通的主导方式。

福特在1908年推出的移动装配生产线极大地改变了汽车工业，汽车成为工业时代生活的重要组成部分。随着以汽车为代表的城市内部交通的发展，城市生活给人们带来了极大的出行便利，吸引了更多的人来到城市定居。19世纪初，美国的城市人口比例从不足30%迅速上升到超过40%。19世纪40年代，英国的城市人口已经占全国人口的75%。同时，汽车的发展还扩张了城市半径，越来越多"大城市"开始形成。城市半径指的是交通工具在一小时内所能达到的距离。19世纪早期，意大利米兰的城市半径仅为4公里，但到了19世纪后期，西欧许多城市的半径达到了25公里，美国东海岸城市的半径达到了50公里。

汽车的普及化和大众化在拓宽城市半径的同时，也大大提升了人们的活动半径以及交流频率。人们的生活空间更加广阔，活动范围从点扩大到面，使得生活和工作的效率大大提升，人和人之间交流、通信、沟通的便捷性也大大提升。

一言以蔽之，在上两次工业革命中，城市的发展为汽车的诞生和扩张提供了需求和空间，而汽车的发展也为城市的空间发展和内部交通便利性奠定了基础。城市和汽车似乎彼此赋能，策马奔腾，让人们充满了期待。

汽车与城市矛盾存在，何去何从？

正如经济学中边际效用递减原理所描述的那样，当城市和汽车互相赋能，加速发展到某个节点，一些先前不那么显著的由汽车数量增长所带来的问题，也逐渐浮现出来：空气污染和交通拥堵为城市居民所诟病；而停车难问题也引发了城市空间是以人为本还是以车为本的争论。汽车与城市相互赋能的蜜月期逐步走向尽头，彼此的矛盾逐步凸显……

1. 引起空气污染

20 世纪早期，美国洛杉矶的城市人口和汽车数量快速增长，空气污染的状况也越来越令人担忧。1943 年 7 月 26 日的"洛杉矶雾霾"事件以及 1952 年和 1955 年的"光化学烟雾"，使得洛杉矶从"天使之城"变为"雾霾之城"。伴随雾霾成因调查的深入，汽车逐渐成为关注的对象。1952 年，加州理工学院的化学家阿里·哈根斯米特首次提出，洛杉矶雾霾的形成与汽车尾气以及光化学反应下的气粒转化有着直接关系。

汽车曾经是洛杉矶市民生活的重要组成部分，但现在却成为污染源的关键原因，不仅洛杉矶市民很难接受，加州政府对汽车装备标准的建议也遭到了福特汽车等公司的抵制。直到 1970 年联邦《清洁空气法》出台，以及美国环境保护署（EPA）成立，洛杉矶的雾霾治理才走上快车道。汽车燃料、尾气排放、汽车装置等都受到了严格的监控和管理。

汽车带给城市的环保的压力一直持续到了现在。2015 年冬天，北京出现重度雾霾事件，在污染期间曾多次启动空气重污染红色预警。环保局分析称，机动车对污染贡献突出。不仅仅在中国、印度等发展中国家，发达国家的某些大城市也依然饱受污染之苦，马德里和巴黎在近几年也采取过几次交通限行措施。2018 年，世界卫生组织在其最新的报告中指出，汽车及其他机动车辆产生的有害气体，同工业废气一样，对于人类的死亡负有重大责任。

2. 形成交通拥堵

早在 20 世纪 80 年代，伦敦的机动车保有量就已经超过了 240 万辆（2014 年伦敦的汽车保有量为 259.2 万辆）。2002 年，伦敦中心区的平均行驶速度仅为 14 公里 / 时，高峰时期行驶在中心区内的驾车者至少需要花费一半的时间等待。大量的车流和频繁的拥堵也导致了机动车尾气污染的增加，中心区居民的生活和工作效率也受到了极大的影响。伦敦于 2003 年 2 月开始在中心地区对行驶车辆加收拥堵费，以缓解交通拥堵。此外，新加坡、斯德哥尔摩等城市也因为交通拥堵状况，出台了拥堵收费政策。

交通的拥堵问题不仅仅出现在发达国家，许多发展中国家的拥堵情况更加不容乐观。根据美国交通信息数据公司 Intrix 发布的报告，哥伦比亚首都波哥大是拥堵时间占比最高的城市，一年 30% 的驾车时间内速度仅为 15 公里 / 时。中国的诸多城市也深受交通拥堵之苦。不仅北京、上海、广州、深圳等一线城市在通勤高峰处于严重拥堵状态，银川、济南、洛阳、哈尔滨、茂名、汕头等城市在高峰时期也拥堵严重，平均车速在 20~30 公里 / 时。交通拥堵使得在北上广深等一线城市中，每天 1 小时以上的通勤时间已经成为日常出行的常态，更有甚者会达到每天 5 小时。

彼得·卡尔索普是著名的城市规划和设计师，他在《TOD在中国：面向低碳城市的土地使用与交通规划设计指南》一书中分析道，由于中国人口密度很大，以私人汽车为导向的交通所呈现出来的问题比起低密度的西方国家更为严重。虽然中国正在马不停蹄地修建高速公路、环路和停车场来满足汽车的需要，但交通拥堵依然严重。

3. 挤压空间资源

汽车在城市内行驶时，会导致环保和交通拥堵的问题，而当汽车不再行驶时，又会滋生出停车难的问题。Intrix的研究发现，美国司机平均每年要花费17小时寻找停车位，因此造成的浪费高达730亿美元，包括浪费的时间、燃料，以及额外的排放等。在美国所有的城市中，停车最难的是纽约市，纽约的司机平均每年要花费107小时寻找停车位。

伴随着中国城市居民汽车保有量的快速提升，停车难也成为中国城市典型的"城市病"。根据公安部交管局发布的数据，在2016年，城市停车位大约面临50%的缺口，相当于每月5000万个左右。目前中国大城市汽车与停车位的平均比例约为1∶0.8，中小城市约为1∶0.5。而在西欧发达国家，平均比例为1∶1.3。

停车难背后的本质矛盾在于汽车资源对于城市空间资源的挤压。新加坡陆路交通管理局在2013年发布的报告中坦承："新加坡是个弹丸小国，12%的土地已经用来建设道路，而14%则作为住房用地。可想而知，我们不能毫无限制地建造道路。"此外，由于汽车的保有量提升，城市还需要修建更多的行车道和停车场来解决问题，这更进一步挤占了人行道和城市的公共生活空间，久而久之形成了恶性循环。

综上所述，有别于此前两次工业革命，在第三次工业革命中，汽车成为城市问题的一部分，原本互相赋能的汽车和城市，成为彼此矛盾的共同体，引发的诸多难题，也让研究者和城市居住者深感困惑：面对这样的矛盾，我们该何去何从？

从限制到效率：新技术发展重塑汽车和城市关系

汽车的发展导致了诸多的城市问题，因此，通过城市管理的行政指令或是经济调节，在数量上限制汽车的发展，就成为许多城市管理者的首要选择。

2017 年，伦敦市市长萨迪克·汗发布了《2017 伦敦交通战略（草案）》，《草案》中将减少使用汽车的需求作为首要目标。为了达成目标，伦敦市政府计划采取一系列的管理措施，包括推广可替代交通方式、减少停车空间，以及实施办公场所停车收费等。同样在 2017 年，新加坡宣布将停止乘用车总量的增长，停止发放购车所需的拥车证。此外，从 2009 年开始，新加坡就通过一系列经济方式，限制汽车的发展，其中包括高昂的消费税、注册费、停车费等。同样的限制性措施，也在纽约、东京等著名全球性都市颁布。在中国，北上广深加上天津、成都、武汉、西安等大城市，也早早开启了限牌或限行的措施，预计将有更多的城市加入颁布限制性措施的阵营。

在外界限制汽车发展的同时，在汽车行业内部，伴随移动互联网、大数据、物联网、云计算等众多新技术的发展和应用，许多汽车和互联网相关企业也正在实践新的方式，从集合性、指令性和经济性的方式，转为分布式的效率提升方式，即提升现有汽车的使用效率，降低汽车使用的总量，使得单位时间汽车的使用量得到下降。

2017 年 5 月，美国智囊机构 RethinkX 创始人、斯坦福大学的经济学家托尼·塞巴与科技投资人詹姆斯·阿尔比布联合发布分析报告，报告预测到 2030 年，美国私家车保有量将下降 80%，绝大多数人都会使用可共享的无人驾驶汽车。国内某著名出行企业创始人也在公开演讲中表示："大量的私家车只有 5% 的时间在使用，而城市却要为它们在 95% 时间内的闲置建造大量的停车场。"他认为，今后大量的城市内出行，都可以通过"共享"现有车辆的方式来解决。不仅能解决出行问题，停车难的问题也可以通过"共享"的方式进行优化和解决。共享车位、停车位在线交易等尝试已经在美国、中国等国家的多个城市进行试点和运行。

而此次，城市的发展又一次有望与汽车的发展相伴相生。眼下，随着新技术的应用，城市也逐步向"智慧城市"进行演化。共享模式也将与其他解决方案一起，成为智能城市方案的重要组成部分。

新加坡就从城市管理体系、信息化服务平台、公共交通体系，以及新产品与共享模式四个角度出发，构建了 360° 解决方案，成为智慧城市建设的典范。美国总统科技顾问委员会（PCAST）提交奥巴马总统的报告中也提到，利用信息通信技术的综合集成模型、按需的数字化交通等将成为未来重点发展和使用的新技术，并且提出利用传感器和实时数据来解决交通领域的问题，提议通过更有效的数据集成和共享解决城市间发展不平衡的问题。

随着智能网联等技术的发展，传感器在汽车上的应用使得汽车得以脱离原本交通工具的属性，成为数据的贡献者和接收者，并发展成为智慧城市的数据节点。随着数据通信技术，特别是 5G 技术的未来应用，许多汽车和互联网从业者都在展望自动驾驶在今后的城市发展中所扮演的角色。当数据接收和处理达到较为成熟的阶段，伴随智能设备在城市基础设施建设中的大规模应用，无人驾驶技术将突破目前的通过设备识别—运算—决策的模式，而依靠城市内众多智能设备和汽车的通信，完成识别工作，并在运算的基础上做出决策。这将大大提升自动驾驶的运行效率，并通过算法的演化使得城市道路、停车场等设施的使用状况不断优化。

当然，以上的展望和畅想，都依赖数字技术的发展深化和城市管理、汽车行业的数字化转型。法国里昂负责可持续交通的市政官员吉勒·韦斯科曾经描述说，"数字信息将成为推动城市机动性的新燃料"。诚然，数字化转型将重塑汽车和城市的关系，使得汽车和城市重回互相赋能的阶段，促进彼此的发展，但是数字化转型本身依然面临诸多的挑战。

首先，开放性的生态亟待构建，使得各组成部分的信息可以彼此相通，数据的价值可以得到唤醒和彰显。在目前的环境中，有关城市和汽车的数据分别属于公共管理部门、汽车相关企业以及互联网相关企业，在内部甚至还属于个别重要部门，从而出现严重的"信息孤岛"现象。单独的数据由于无法和其他相关数据连接，使得其价值也无法得到充分体现。要解决这个重点难题，公共管理部门的顶层设计规划必不可少，主要的汽车和互联网企业也需要在数据开放的过程中做出表率和积极尝试。

其次，法律规定需要给予创新模式生存改善的空间。新生事物的出现以及对创新模式的探索，很多时候会对现有的利益相关者形成冲击，并对传统的管控模式造成挑战。如果法律规定过于细节和僵化，有可能使得任何改进和探索都要冒着违法的代价，这样就会对创新造成打击和限制。19世纪30年代在伦敦的街头已经出现了早期的蒸汽汽车，但是1865年英国议会却通过了第一部机动车道路安全法规，对于时速、驾驶人员数量等细节问题做了多项规定，其中甚至规定必须有1人在车辆50米之外，一边步行一边摇动红旗，为机动车开道，提醒汽车即将通行。这个著名的"红旗法案"使得英国半只脚踏入了汽车行业，却又退缩回来了，最终把大好机会让给了德国，而英国自身则在第二次工业革命中大大落后。

最后，数据的安全将成为数字化转型的决定因素。尽管开放性的生态、数据的充分打通和应用会使得汽车和城市的未来更加美好，但是在数据的收集、上传、分享、存储过程中涉及的应用程序、设备、网络以及使用者都是数据的承载者，一旦产生应用程序的编码漏洞、设备的管理漏洞、网络的传输协议漏洞，抑或是人为恶意操作，都将为数据带来安全隐患，而这些安全又和城市的居民、和城市本身紧密相关。因此数据安全作为最后防线，直接关系着汽车和城市的数字化转型能否跨越挑战。

美国城市理论家刘易斯·芒德福曾经在《城市发展史》中提到："城市，通过它自身复杂和持久的结构……大大扩大了人们解释这些进程的能力并使人们来参加发展这些进程，以便城市舞台上上演的每台戏剧，都具有最高程度的思想上的光辉、明确的目标、和蔼的色彩。"

记得在1859年，在英国出版了一本书。那是在第二次工业革命的前夜，马车和蒸汽汽车矛盾地存在，整个城市脏乱而又生机勃勃。这本书的开头写道："那是最美好的时代，那是最糟糕的时代；那是智慧的念头，那是愚昧的念头……那是希望的春天，那是失望的冬天……"

汽车曾经作为城市发展的重要组成部分，增强了城市内交通运行、物资流动、人员沟通交流的快捷性，并进一步提升了城市运行的效率。然而，当原有的数量线性发展遇到瓶颈时，汽车反而成为城市的麻烦制造者。但可喜的是，如今，技术的创新发展也许有望解构现有的矛盾，使得汽车和网络可以在新的转型变革中再次彼此共享成果，彼此促进，共同发展。

2. 车路协同与城市更新

2019 年 6 月，中国上海。

两场盛会接踵而至。先有亚洲消费电子展（CES Asia）[①]，后有世界移动通信大会（MWC）。当时间来到 2019 年，过去几年在亚洲消费电子展上"吸睛无数"的自动驾驶，已经显现出明显的降温迹象。而在世界移动通信大会上却是另外一番景象，基于 5G 和车路协同的自动驾驶几乎在展会现场无处不在。从单车智能到车路协同的进化，似乎在这个 6 月的上海显现出越发明显的迹象。

而在这迹象背后，有着许多无奈和未知。单车智能的发展似乎来到了深水区，在现有技术条件下，实现 L4 级的时间表早已一推再推，乐观的从业者也已经看到了 10 年之后。但是 5G 时代的到来，特别是中国在通信基础设施上的优势，加之各级政府的鼎力支持，伴随着通信企业与汽车企业的协同合作，十几年前在欧美蹒跚起步的"车路协同"解决方案，正在中国获得了发展的催化剂，走上了快车道。并且，基于 5G 和车路协同的自动驾驶，正在使得传统的 ICE 与 ICT 深度结合，在此基础上进一步延伸和拓展了这两个行业的产业价值链。

但是，当书面的推演过程遇见现实，商业模式的问题开始提醒所有利益相关方实践的复杂和曲折。如何实现真正的商业化运营和落地

① 2020 年 7 月，亚洲消费电子展及其主办方美国消费技术协会（CTA）宣布，从 2015 年开始的每年在上海举办一次的亚洲消费电子展从 2020 年起正式停办。

成为摆在从业者面前的一道必须破解的难题。

进入城市：商业的必然与技术的茫然

基于 5G 和车路协同的自动驾驶由三个部分组成：首先需要有具有自动驾驶功能的汽车；其次需要有搭载智能设备的道路；最后需要链接车和路的网络，包括通信系统、云服务平台等。在思考商业模式的起始阶段，首先需要思考自动驾驶的落地区域，以及如何可以获得最佳的使用效率以及财务收益。

1. 商业上的必然

进入城市，从商业的考量上来说是顺理成章的选择。并且车、路、网络等单体因素都可以提供强有力的支持。

首先，从自动驾驶的最终落地载体——"车"的角度来说，汽车的地理分布主要集中在城市，而且是一线、二线城市。根据发改委公布的数据，2021 年中国每千人汽车保有量是 170 辆左右，距离美国的800 辆和欧洲国家、日本的 500 辆自然是有很大差距，数据上甚至比不上马来西亚、南非等国家。但是，如果从城市的角度来看，2021 年中国有 13 个城市（包括北京、上海、成都、深圳等）汽车保有量超过300 万辆，其中北京汽车保有量超过 600 万台，成都和重庆超过 500 万台。再根据人口进行计算，目前郑州的千人保有量已经超过了 350 辆，深圳、成都、苏州、昆明等也已经超过了 300 辆。

另外，根据全球知名战略咨询公司罗兰贝格的研究，消费者选择私家车出行时，在"低频次、长距离"（例如自驾旅游、度假等），以及"高频次、短距离"（例如上下班代步）等场景中偏好使用自动驾驶，并且对"拥堵路况下跟车功能"，以及"封闭环境下自动停车功能"最为青睐。这些自动驾驶的适用场景以及对于功能的选择，都有着强烈的城市属性，而且是一线、二线城市属性。

其次，一线、二线城市的道路基础设施也具有优势，包括更为清晰的车道线、道路指示牌，更多的路灯和电线杆等设施。目前在我所经历的试点项目中，如果要满足自动驾驶的测试要求，RSU 的部署一般要达到 600 米到 1 公里一个，而随着路况以及交通状况的复杂，RSU 的部署密度还需要进一步提高。所以，目前一线、二线城市拥有更多的城市路灯和电线杆等，不仅可以搭载更多的 RSU，同时还可以布局更多的 5G 基站。（由于 5G 使用频率更高，所以需要更高密度的基站，可以利用城市路灯、电线杆等作为"共享资源"，降低初期的网络建设成本。）这些道路基础设施方面的优势，将使得网络设施得以在较短时间内以较低价格进行部署。

最后，一线、二线城市由于人口密度大，也可以实现很低的人均成本分摊。从 5G 网络的发展布局来看，中国首批 18 个 5G 试点城市，大部分集中在东南沿海地区。而且 3 家中国运营商已经达成统一，初期将在高密度城市中心区域布局 5G，以更好地测试网络性能和用户使用水平。

2. 技术上的茫然

但是，从技术的角度来看，目前的发展水平尚且无法支撑自动驾驶，甚至是基于 5G 和车路协同的自动驾驶在城市的落地。

我在前文中曾经论述过目前单车智能在多传感器融合以及芯片性能方面存在的问题。更为重要的是，这些局限性都是在封闭路段或者是交通情况较为简单的情况下，在测试中体现出的瓶颈问题。

所以，自动驾驶的落地以及后续的商业化开发，面临商业和技术上的矛盾。从商业的逻辑上来说，自动驾驶在一线、二线城市，甚至是城市的中心区域，可以产生最大的商业价值。但是从目前的技术条件来说，自动驾驶无法一步到位进入一线、二线城市，还需要更多的测试进行验证，以保证安全性和可靠性。

因此，自动驾驶在城市的郊区（或者新区）进行封闭场地测试以及公开道路测试，便成为过渡方案。

3. 过渡方案的局限

目前，为了保证车辆上路的安全性，自动驾驶汽车必须要进行仿真测试和封闭场地测试，并且在此基础上逐渐在开放道路进行测试。

封闭场地方面，位于北京通州、西安经济技术开发区和重庆高新区的三处自动驾驶封闭测试场所已经得到交通运输部的认定。同时全国还有多个城市已经建成或正在建设自动驾驶的封闭测试场地。

在开放道路测试方面，2018 年 4 月，工信部、公安部、交通运输部就已经联合发布了《智能网联汽车道路测试管理规范（试行）》，对于测试主体、测试驾驶人、测试车辆、测试管理、事故处理等方面进行了规定。此后，北京、上海、重庆、长沙等多座城市也出台了各地的道路测试管理规定，其中多座城市已经发放了自动驾驶路测牌照。在获得某地自动驾驶路测牌照的基础上，自动驾驶测试车辆可以在该地区划定的开放道路测试区域（道路）内进行测试。

截止到 2021 年 6 月，全国有近 30 个省、自治区、直辖市发布道路测试实施细则，已建设 16 个智能网联汽车测试示范区，开放 3500 多公里测试道路。全国 20 个城市向 70 家企业累计发放 700 余张测试牌照，测试车辆总数超过 500 辆，测试道路总里程超过 700 万公里。

综合来看，各地区在开放道路的划定方面，大多以城市郊区作为起始点，并（计划）逐步向城市中心区、核心区扩展。目前开放的测试道路大多位于城市郊区，人口居住密度低、交通流量小、道路较为通畅、地形较为简单。例如，北京 44 条开放测试道路（总长度约 123

公里）位于经济技术开发区、顺义区和海淀区；上海 5.6 公里开放测试道路位于嘉定区；福州 6 公里开放测试道路位于平潭岛麒麟大道；重庆 12.5 公里开放测试道路位于礼嘉环线；广州 33 条开放测试道路共 45.6 公里位于黄埔区、白云区、花都区和南沙区；长沙 7.8 公里开放测试道路位于湘江新区；杭州 5 条开放测试道路位于未来科技城。

但是，目前的过渡方案依然存在以下三个问题，这些问题依然制约着自动驾驶的进一步发展。

首先，场景过于单一，无法反映真实的城市出行场景。如前文所述，目前选择的开放道路测试区域大多位于城市的郊区，交通流量小、道路较为通畅。但是大多数一线、二线城市普遍的出行场景恰恰与之相反，大部分情况下是繁忙的、拥堵的，甚至会出现很多人车混杂的情况。即使在简单场景下验证成功的技术方案，在进入城市核心区之后，依然需要技术团队再次攻克难关、进一步升级。同时，由于道路数据的属地性，技术方案验证成功仅仅只能证明自动驾驶在此道路上的成功，拓展性有限，在进入其他道路后依然需要进行再次验证。

其次，由于缺乏测试场景数据，多家公司在相同的场景下做重复验证，浪费技术资源。目前正在进行的封闭道路测试以及开放道路测试，对于数据的归属性缺乏统一的标准，而且更加缺乏通用数据的共享以及交易机制，所以大部分道路测试的数据都仅仅归属于测试主体。在这样的情况下，许多测试主体都会在相同的道路上不断累积数据，做重复的实验和验证，这对于各公司的技术资源，实在是一种浪费和无谓的消耗。

最后，由于场景远离出行业务的主要需求区域，所以测试仅限于技术验证，无法进行商业模式的探索。因为选择的开放道路大多位于城市的郊区，并非出行业务的主要需求区域，所以许多诸如自动驾驶出租车、自动驾驶小巴等业务探索缺乏实际有效的需求，只能以技术验证为主，以对外公开展示为辅，无法收集实际的产生于真实需求的数据，更无法在此基础上进行产品和服务的升级、商业模式的探索。在此背景下，许多商业化的运营设想更多从理论到理论、从设想到设想、从方案到方案，无法真正探索模式的可行性。

城市更新下的基于 5G 和车路协同的自动驾驶

城市更新的最早定义可以追溯到 1858 年的荷兰，在第一次城市更新研讨会上，与会专家学者提出，由于生活在城市中的人对于自己所居住的房屋、环境或者出行、购物等有着不满，从而对房屋、街道、公园等进行改善，以形成舒适的生活环境，这些建设活动可以被称为"城市更新"。2017 年以来，"城市更新 4.0"的概念逐渐从学术界的讨论逐渐转变为在诸多实践之中的应用。

简而言之，随着社会的发展，城市更新逐渐由原先硬性的维护、建设、拆除等单点项目改造，演化为对整个街区、整个城市片区的系统更新和改造。在这样的背景下，"智能化"被认为是新的城市更新的解锁密码。由于过去几十年的快速发展，城市的基本骨架已经形成，但是现在的功能已经不能满足生活需要，更为高效、布局更为合理、更加适应未来需求的城市发展是大势所趋。

而此时，5G 的发展恰好到来。根据 GSMA（全球移动通信系统协会）的预计，中国在 2025 年将拥有大约 4.3 亿的链接，将成为 5G 的最大市场。但是 5G 的发展将不仅仅是对消费端的推动（如 4G 的发展），同时将被更多地应用于产业端。从消费者的角度来说，8K 视频、虚拟现实、增强现实等都可以成为 5G 应用的场景，但这些应用还在发展的初期阶段。虽然 LTE-A 提供的速率增益也足够接近 5G 技术，但是 5G 将由于其低延时、高可靠性以及多并发数，在产业端扮演更为重要的角色。

而基于 5G 和车路协同的自动驾驶正好是消费端和产业端的重要结合地带：自动驾驶，无论私人车辆还是其他自动驾驶出行载体，都是面向消费端的；而智能车辆和智能道路的协同又需要产业界的巨大投入以及各方协同。

城市更新、5G 发展、自动驾驶等在这样的背景下形成了最大的公约数。我认为，在城市更新的过程中，各方可以考虑基于 5G 和车路协同的自动驾驶的应用，进行提前布局。同时，自动驾驶的公开道路测试也需要借此东风，进入城市主要区域，甚至是核心区，进行技术测试和验证，并由此验证商业模式，形成业务的闭环。我在此提出以下三项措施，以供各方讨论。

首先，在城市的主要区域，划定若干特定车道，进行自动驾驶车辆的开放道路测试以及商业模式验证，并使其在今后逐步演化为自动驾驶的专用车道。

在初期阶段，政府需要进行主导，选择满足典型出行场景需求，但非核心交通路段的道路，限定特定车道、限定特定时间，以进行自动驾驶的开放道路测试。此类开放道路测试应设定较高的门槛，只有在目前的城市非核心区的开放道路上完成一定时间、一定公里的测试，并且技术的安全性和可靠性已得到验证，经由专家技术团队进行考核论证后，方可在规定的时间内进行测试。

在后期，这些特定车道可以成为自动驾驶的专用车道，车辆在这些区域才能手动或自动开启自动驾驶功能。专用车道和城市道路信号灯结合，以确保车辆通行的顺畅。同时，车辆进入自动驾驶专用车道后，通过联网的方式启动计费机制，使用方（消费者或出行服务提供商）以付费的形式享受自动驾驶带来的便捷和高效。

其次，在城市中若干居民集中居住的区域，进行自动驾驶出租车以及自动驾驶小巴的测试以及商业模式验证，并在今后使其逐步演化为自动驾驶载人运输专用区域。

在初期阶段，政府可以将特定的居民集中居住的区域（例如距离地铁站三公里以上的居民集中的区域），划定为自动驾驶运输的测试区域，在特定时间（例如早高峰、晚高峰、深夜时间等）进行测试。对早期的测试路段应该严格限定，后期可以在区域内逐步放开。同样，对于进行测试的车辆以及运营服务提供商应该进行严格的论证，车辆通过论证后方可上路测试。

在后期，自动驾驶出租车以及自动驾驶小巴可以在特定时间成为交通运输的重要辅助手段。同样，车辆在自动驾驶运输专用区域内将获得高速、稳定的通信服务，并且将对此类服务进行付费以享受服务。

最后，政府进一步制定有可操作性的规定，要求进行测试的主体对信息进行脱敏处理后上传至指定的城市数据平台，城市数据平台进行数据清洗和分析后，形成城市自动驾驶道路和区域的数据平台。

在初期阶段，政府可以邀请具有开发能力的第三方机构进行数据平台的搭建，并在与各利益相关方协商的情况下，确定上传数据的种类、格式和方式。随着自动驾驶的发展，政府需要独立发展并组建数据分析的团队，并逐步升级数据平台。

数据平台不仅仅可以作为城市内自动驾驶汽车以及服务的监控、管理平台，同时也可以作为产品，提供给自动驾驶服务参与方使用。通用性的数据可以被免费提供给自动驾驶行业从业者，鼓励创业者和中小企业基于数据开发新的产品和服务，从而避免重复简单测试造成的技术资源浪费。具有高价值的脱敏数据可以通过收费或者租用的方式提供给自动驾驶汽车提供商和服务提供商，使其以此为基础进行技术方案的仿真测试以及验证。

利益相关方的收获与付出

基于以上的商业模式设想，基于 5G 以及车路协同的自动驾驶的实现需要多方主体的参与，其中主要的利益相关方包括：政府通信设施（5G 网络、RSU 等）建设运营方、智能道路建设方、出行服务提供商、出行车辆提供商等。

1. 政府

前期制定自动驾驶相关的运行、服务要求，并建设大数据和云平台，以收集、处理自动驾驶专用车道、专用区域内获得的车辆、道路等信息，并进行脱敏处理。后期可以免费提供通用的数据库，鼓励自动驾驶相关的服务商进行仿真测试，并基于道路情况等开发更适用于本地化的服务；同时可以提供高价值的信息数据库，供出行服务提供商、出行车辆提供商等进行购买和租用，帮助其基于数据库进行产品和服务的开发。

2. 通信设施建设运营方和智能道路建设方

前期建设通信网络以及智能道路，后期通过车辆对于自动驾驶专用车道、专用区域道路的使用付费获得收入。

3. 出行服务提供商以及出行车辆提供商

前期购买数据库，并以此为基础开发适合本地出行的自动驾驶产品、服务，后期通过消费者购买、租用等获得收入。

基于以上商业模式设想，各参与方都可以获得收益并支持自身服务的开发和后期维护、运营、升级。同时，在自动驾驶的发展进程中，也可以逐步改善机制，保证各主要的利益相关方都可以获得应有的收益，并且不会形成单点垄断。

在整个过程中，政府不仅需要制定相关的政策，规范运行，防止垄断，同时也要积极开放，鼓励更多的中小企业和创业者参与自动驾驶产业链的各个环节，在市场的环境下不断创新，提升自动驾驶使用者（个人使用者和车队）的使用体验，并在此基础上不断开发新的服务和产品，并形成新的创新模式。

汽车的发展以及自动驾驶的进步，都和城市的演化密不可分、息息相关。在纸面推演过程中，自动驾驶可以提高交通效率、降低二氧化碳排放，甚至优化城市空间。但是在真实的实践中，自动驾驶走近城市的每一步都面临和现有系统的融合问题，困难重重。

简·雅各布斯在《美国大城市的死与生》中提到："设计一个梦幻城市很容易，塑造一个活生生的城市则煞费思量。"回望历史，19世纪的城市才开始出现隧道、地铁站和污水管；20世纪的城市才开始出现电线和办公楼；21世纪的城市才开始出现越来越多的共享空间、创新空间……城市的变化有时候慢得惊人，有时候令人眼花缭乱。

在变化来临之前，我们虽然可以苛责思维的惯性和僵化，但是思考如何更好地设计商业模式，如何让更多的参与者可以获益，并在此基础上提升整个社会的福利，也许更为实际！

3. 聪明的车，还需加上聪明的路

2021年2月，中共中央、国务院印发的《国家综合立体交通网规划纲要》中提出，在未来15年，通过实现北斗时空信息服务、交通运输感知全覆盖，中国智能网联汽车（智能汽车、自动驾驶、车路协同）将达到世界先进水平。

具体来说，未来中国将推动智能网联汽车与智慧城市协同发展，通过建造城市道路、建筑、公共设施融合感知体系，打造城市动静态数据融为一体的智慧出行平台。

有研究表明，自动驾驶的发展可以使得交通事故的发生率降低90%，交通效率提升10%，所以交通主管部门也因为可以解决交通安全与拥堵两大痛点，对自动驾驶的发展特别关注。中国工程院院士、科技部副部长黄卫指出，在中国智能交通系统探索创新的关键期，自动驾驶、车路协同应运而生，车路协同自动驾驶也是中国智能交通系统实现创新发展的探索方向之一。中国工程院院士、中国汽车工程学会理事长、清华大学教授李骏也持有相同的观点，他认为，发展智能汽车要推动车路协同的落地，而车路协同的落地需要整个交通体系的支撑，下一步便是发展智慧城市。

伴随自动驾驶的发展，特别是近年来在智能交通创新发展，以及国家政策高度重视的环境下，车路协同成为在中国实践和落地自动驾驶的重要的技术路线。同时，车路协同又和智慧城市的发展和建设高度重合，于是，"聪明的车"加上"聪明的路"成为新的探索方向。

车路协同的发展

车路协同指车用无线通信技术，V2X 中 V 代表车辆，X 代表任何与该车辆交互信息的对象，例如其他车辆、人、交通路侧基础设施和网络等。

车路协同在行驶过程中可以为驾驶员提供全面的出行信息服务，支持车辆的自动驾驶。在全球范围内，车路协同是目前最受各方期待的 5G 垂直用例之一，有望成为单体规模最大的 5G 垂直行业融合创新应用。

综合各方的现有研究成果，车路协同系统一般有三个核心组成部分：智能车载系统（车端）、智能路侧系统（路侧端+云端）和通信平台。

概括来说：智能车载系统，负责车辆端海量数据的实时处理和多传感器数据融合，保证车辆在各种复杂的情况下稳定、安全行驶；智能路侧系统，负责路况信息搜集与边缘侧计算，完成对路况的数字化感知和就近云端算力部署；通信平台，负责提供实时传输的信息管道，通过低延时、高可靠性、快速接入的网络环境，保障车辆端与路侧端的信息实时交互。

自 2016 年起，中国就出台了一系列政策支持车联网以及智能网联汽车的发展，而且伴随着 5G 商用和车联网政策的推行，车路协同产业的发展逐步成为国家智能汽车产业战略以及基础交通设施数字化、智能化发展中不可缺失的环节。

2019 年 9 月，中共中央、国务院印发《交通强国建设纲要》，针对 V2X 相关的智慧公路、数字交通建设，从政策层面给出了更为明确、具体、可行的目标与任务，并做出中央财政资金补助安排。

2020 年 2 月，国家发改委等 11 部委联合印发《智能汽车创新发展战略》，把"推进智能化道路基础设施规划建设"以及"建设覆盖全国路网的道路交通地理信息系统"作为重要的战略任务，进行了系统阐述和专门部署，其中提到"到 2025 年，智能交通系统和智慧城市相关设施建设取得积极进展，车用无线通信网络（LTE-V2X 等）实现区域覆盖，新一代车用无线通信网络（5G-V2X）在部分城市、高速公路逐步开展应用，高精度时空基准服务网络实现全覆盖"。

据不完全统计，目前全国已经拥有超过 30 个测试示范区，其中包括上海、京冀、重庆、无锡、浙江、武汉、长春、成都等 16 个国家级示范区。这些示范区涵盖了无人驾驶和 V2X 测试场景建设、LTE-V2X-/5G 车联网应用、智慧交通技术应用等功能，提供了涉及安全、效率、信息服务、新能源汽车应用以及通信能力等测试内容。

案例：国家智能网联汽车（长沙）测试区

国家智能网联汽车（长沙）测试区，位于长沙市岳麓高新区内，开放测试道路总长 135 公里，采用 5G、北斗高精度定位、物联网、大数据、人工智能、智能驾驶、车路协同等新技术，全线支持 L3 级及以上自动驾驶车辆测试与示范的开放道路项目。构建包含车路协同、自动驾驶等测试类相关场景和车辆行驶安全、道路信息提示等应用类场景 90 余个。

在测试区中，百度 Apollo 与一汽红旗联合研发的"红旗 EV"自动驾驶出租车车队进行了中国第一个面向普通民众的自动驾驶出租车试运营服务；此外，湖南智能网联汽车产业云在湘江新区发布，这是华为自动驾驶云服务在全球的首次落地。

案例：无锡市车联网先导性应用示范区

以《加快发展以物联网为龙头的新一代信息技术产业三年行动计划》等政策为基础，江苏无锡国家智能交通综合测试基地由工信部、公安部和江苏省政府牵头于 2017 年 9 月 10 日在无锡市揭牌。目前开通了全长 4.1 公里的封闭高速公路，封闭测试道路分为公路测试区、多功能测试区、城市街区、环道测试区和高速测试区等。目前已经有一汽、奥迪、东风等十多家企业入驻。

示范区在技术路线上采用 LTE 与 5G 通信。示范区的 V2X 平台支持 10 万台车载终端同时接入，每秒可并发处理多达 100 万条数据，延迟小于 50ms。无锡市 V2X 平台包括中心计算、区域计算、边缘计算三级架构，能够实现无线信息共享与高精度定位等需求。

通过边缘计算、RFID（射频识别技术）、摄像头、信号机、RSU 等打造智慧路口。部署具有 LTE-V2X 与 PC5（直连通信接口）的 RSU 设备，可实现行人预警、事故预警、车速引导、绿波车速引导、盲区变道预警等多种功能。

道路智能化面临的挑战

智能路侧系统，负责路况信息搜集与边缘侧计算，完成对路况的数字化感知和就近云端算力部署。主要的智能路侧系统包括 RSU、感知设备和交通基础设施三大部分。

首先，RSU 一般安装在路侧，与 OBU（On Board Unit，车载单元）和各系统组件进行通信，实现路与车、路与人、路与云平台之间的全方位连接，还具备边缘计算等功能，主要产品有读写天线、射频控制器等。

其次，感知设备由一系列路侧感知检测设备与处理设备构成，实现对本地交通环境和状态的实时感知，包括信号灯信息、交通参与者信息、交通事件信息、定位信息等，主要产品有高清摄像头、激光雷达、毫米波雷达等。

最后，交通基础设施被统称为为社会和居民提供公共服务的产品设备，主要有交通信号机/灯以及 LED 显示屏、交通视频、标志、标线、护栏、交通气象设备、高速公路收费设备、隔离护栏示警桩、减速防撞带等。

交通基础设施的智能化改造离不开政府支持。以目前道路智能设施的发展来看，仍然处于探索阶段，在当下的政策中，针对路侧设施的建设、投资、运营的主体以及赢利模式等方面尚未清晰，导致路侧智能化设施建设进度缓慢，无法带动用户的消费意愿，无法形成商业闭环。

业内有过许多关于路网体系智能化普及应该从高速公路开始，还是从城市道路开始的争论。如果从量的角度来看，中国高速公路里程超14万公里，国道里程超36万公里，省道里程超37万公里，农村公路里程超400万公里，城市道路超40万公里，城市交叉路口超50万个。以每公里智能化改造费用100万元保守测算，仅高速公路智能化改造投入即高达1400多亿元。如果需要覆盖全国高速公路和城市道路，基础建设投资预计在3000亿元以上。如此巨额的路侧基础设施投资存在回报不确定、须承担法律安全责任风险等问题。

而且虽然与智能网联汽车示范相关的城市都划分了各自的示范区域，但每一块示范区域都是由各个不同城市的快速路、环道、支路、主次干线、主次集散道路、接入通道等路段组成，其道路类型的复杂程度远超高速公路，一旦道路智能设施进行路网普及，城市道路的铺开建设难度更大。

此外，路侧设施作为公共服务，前期是由政府主导，后期是否会有运营商参与尚未可知。但可以确定的是，当看不到直接的应用效果时，无论主导权归属谁，其对后期的投入都会特别慎重。

除此之外，道路的智能化改造势必会带来大量亟待运算处理的路况数据，数据处理的问题成为重中之重。

传统的云计算架构是将路测收集的数据上传到跨区域的中心云端，由云端将运算结果下放到路侧设备，但是由于中心云端距离较远，所以容易导致数据传输延迟。因此，在路侧就近部署边缘云计算设备就成为一种解决方案。中心云通过网络管理各个边缘云，实现中心云、边缘云在资源、安全、应用、服务上的多项协同。

伴随5G的发展，其低延时、高带宽、高稳定的特点虽然意味着从车端到路侧端、云端信息高效连接的普及，但同样因为各区域通信布局不一，汽车在高速行驶过程中经常会面临4G/5G、LTE-V2X通信网络的实时切换。车载操作系统必须实现在不同通信网络之间的平滑切换，这是行驶安全的刚需，也是用户体验所提出的要求。

伴随自动驾驶的发展，汽车已经突破了原本车辆自身以及汽车工业的范畴，扩展到了信息行业；因为和信息行业深度融合，以及5G等通信技术的发展，自动驾驶现在已经融入了整个智慧城市、智慧交通的发展框架之内，成为逐渐改变未来交通、出行和城市生活的重要环节。

从单纯的技术到影响汽车行业及其整个供应链的改变，自动驾驶早已经突破了单一的行业边界，进入了更为宏大的叙事范畴当中。当自动驾驶延展到了未来的城市生活中，那现有的法律规定是否需要改变，成为最后的问题。

4. 法律规定与监管的变化与适应

消费者对于自动驾驶安全性的要求，近几年来受到越来越多的关注。美国汽车协会(American Automobile Association, AAA)与哈佛大学的一项研究结果显示，高达77%的人表示担心自己与自动驾驶汽车共享道路时的安全，62% 的人则担心自动驾驶汽车发生意外时的肇责归属难以确认。另外根据易车研究院的研究，高达 92% 的中国消费者对于自动驾驶的安全性表示担心。

与此同时，消费者对于自动驾驶的尝试程度依然保持逐年上升的态势。根据罗兰贝格的研究，比较 2020 年和 2019 年，中国消费者对于自动驾驶出租车的尝试意愿，从 2019 年的 82% 增长到 2020 年的 87%，而北美是从 27% 增长到 43%。

消费者这种看起来矛盾的心态，正是自动驾驶从研发、封闭测试到量产和商业化运营所必须经历的阶段。在这样的背景下，对自动驾驶的法律的制定，特别是对于安全方面的规定，有着现实的迫切性。

中国在自动驾驶法律规定方面的进展

2021 年 3 月 24 日，公安部发布了《道路交通安全法（修订建议稿）》并向全社会征求意见。其中新增的第一百五十五条提出，具有自动驾驶功能的汽车开展道路测试应当在封闭道路、场地内测试合格，取得临时行驶车号牌，并按规定在指定的时间、区域、路线进行。经测试合格的，依照相关法律规定准予生产、进口、销售，需要上道路通行的，应当申领机动车号牌。

这是中国首次在法律层面明确了具有自动驾驶功能的汽车进行道路测试和通行的相关要求，以及违法和事故责任分担规定。中国自动驾驶的立法已经迈出了一大步。

在此之前的 3 月 23 日，深圳市发布《深圳经济特区智能网联汽车管理条例（征求意见稿）》，其中也明确规定智能网联汽车经登记取得登记证书、号牌和行驶证后，方可上特区道路行驶。这意味着，无人驾驶汽车有望在深圳合法上路。

这两份文件的出台，清晰表明了在法律层面，中国已经在实质性地研究如何更好地促进自动驾驶在中国的落地和发展。按照立法程序，从征求意见结束、形成修订稿、经过全国人大常委会的多次审议到通过实施，法律规定的出台最快在两三年时间内就可以完成。

自动驾驶在中国发展的时间就不长，在法律规定层面出现得就更晚。2015 年，国务院发布了《关于积极推进"互联网＋"行动的指导意见》，其中提到"促进人工智能在智能家居、智能终端、智能汽车、机器人等领域的推广应用"，"推动汽车企业与互联网企业设立跨界交叉的创新平台，加快智能辅助驾驶、复杂环境感知、车载智能设备等技术产品的研发与应用"。这是中国第一次明确提出推进智能辅助驾驶的发展。

2016 年，国务院发布了《"十三五"国家科技创新规划》和《"十三五"国家战略性新兴产业发展规划》，提出"重点发展电动汽车智能化、网联化、轻量化技术及自动驾驶技术"，"加速电动汽车智能化技术应用创新，发展智能自动驾驶汽车"。这是第一次在政策里直接使用"自动驾驶"这个词，并且将"自动驾驶"作为国家发展战略。

自从"自动驾驶"被纳入国家层面的发展战略之后，这个词就开始频繁出现在政策文件中，特别是在 2020 年的一系列文件中都可以见到"自动驾驶"字眼。

2020 年 2 月 24 日，国家发改委、中央网信办、科技部、工业和信息化部、公安部、财政部、自然资源部、住房城乡建设部、交通运输部、商务部、市场监管总局共 11 个部门联合发布了《智能汽车创新发展战略》，提出："到 2025 年，中国标准智能汽车的技术创新、产业生态、基础设施、法规标准、产品监管和网络安全体系基本形成。实现有条件自动驾驶的智能汽车达到规模化生产，实现高度自动驾驶的智能汽车在特定环境下市场化应用……展望 2035 到 2050 年，中国标准智能汽车体系全面建成、更加完善。安全、高效、绿色、文明的智能汽车强国愿景逐步实现，智能汽车充分满足人民日益增长的美好生活需要。"

2020 年 7 月 15 日，国务院发布《关于进一步优化营商环境更好服务市场主体的实施意见》，提出"统一智能网联汽车自动驾驶功能测试标准，推动实现封闭场地测试结果全国通用互认，督促封闭场地向社会公开测试服务项目及收费标准，简化测试通知书申领及异地换发手续，对测试通知书到期但车辆状态未改变的无须重复测试、直接延长期限。降低导航电子地图制作测绘资质申请条件，压减资质延续和信息变更的办理时间"。

2020 年 8 月 3 日，交通运输部发布《关于推动交通运输领域新型基础设施建设的指导意见》，目标是："到 2035 年，交通运输领域新型基础设施建设取得显著成效。先进信息技术深度赋能交通基础设施，精准感知、精确分析、精细管理和精心服务能力全面提升，成为加快建设交通强国的有力支撑。基础设施建设运营能耗水平有效控制。泛在感知设施、先进传输网络、北斗时空信息服务在交通运输行业深度覆盖，行业数据中心和网络安全体系基本建立，智能列车、自动驾驶汽车、智能船舶等逐步应用。科技创新支撑能力显著提升，前瞻性技术应用水平居世界前列。"

2020 年 10 月 20 日，国务院发布《新能源汽车产业发展规划（2021—2035 年）》，提出："到 2025 年……高度自动驾驶汽车实现限定区域和特定场景商业化应用"，"到 2035 年……高度自动驾驶汽车实现规模化应用"。

2020 年 12 月 20 日，交通运输部发布《关于促进道路交通自动驾驶技术发展和应用的指导意见》，提出："到 2025 年，自动驾驶基础理论研究取得积极进展，道路基础设施智能化、车路协同等关键技术及产品研发和测试验证取得重要突破；出台一批自动驾驶方面的基础性、关键性标准；建成一批国家级自动驾驶测试基地和先导应用示范工程，在部分场景实现规模化应用，推动自动驾驶技术产业化落地。"

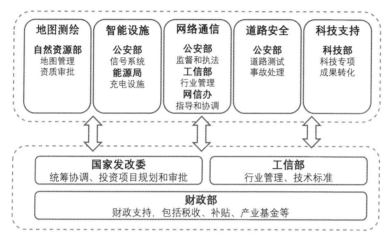

国家各部委在智能驾驶领域的管理职能

他山之石：美国的经验

美国交通局（Department of Transportation，DOT）是美国自动驾驶汽车发展的主要推动部门，是行业、学术界、政府的连接中心，致力于推动交通创新和安全，并确保美国继续保持自动化科技的领导地位。

2020年在拉斯维加斯举行的北美国际消费类电子产品展览会上发布了第四版自动驾驶汽车指南《确保美国在自动驾驶汽车技术中的领导地位：自动驾驶汽车4.0》（AV 4.0，以下简称《自动驾驶汽车4.0》）。该文件为自动驾驶汽车的开发和集成提供了联邦原则，旨在为那些开发和管理自动驾驶汽车的利益相关者提供指导。安全、促进创新和确保一致的监管方法是该指南的三个主要内容。

《自动驾驶汽车 4.0》建立在 2016 年、2017 年和 2018 年发布的自动驾驶汽车指南的基础上。2016 年 9 月，美国交通局出台了《联邦自动驾驶汽车政策指南》（AV1.0）。该指南对自动驾驶汽车的等级从 0 级到 5 级进行定义，并强调以安全性为第一准则，针对自动驾驶汽车的设计和研发提出了 15 项安全规范。由此，美国成为世界上第一个向公众发布自动驾驶汽车开发和应用指南的国家。

2017 年美国交通局发布了第二版自动驾驶汽车开发指南，称《自动驾驶系统 2.0：安全愿景》（AV2.0）。新指南进行了重大更改，包括汽车制造商的自愿合规指南以及美国各州政府的最佳做法，鼓励美国各州遵循联邦准则，而不是实施更严格的政策来监督自动驾驶，《自动驾驶系统 2.0：安全愿景》是美国交通局关于自动驾驶系统的基础自愿性指导文件。

2018 年 10 月，美国交通局发布了第三版自动驾驶汽车准则，即《为未来交通做准备：自动驾驶汽车 3.0》（AV3.0）。第三版增加了汽车集成准则，补充了《自动驾驶系统 2.0：安全愿景》的不足。

《自动驾驶汽车 4.0》确保美国政府对自动驾驶技术采取一致的方法，以便美国能够继续领导自动驾驶技术的研究、开发和集成。《自动驾驶汽车 4.0》提出了三大核心关切点，以实现美国交通局对自动驾驶系统的愿景，包括保护用户和社区、推进高效的市场、推动协调努力。

在本书即将出版之前，2022 年 3 月 10 日，NHTSA 发布了首个《无人驾驶汽车乘客保护规定》（Occupant Protection Safety Standards for Vehicles Without Driving Controls），不再要求自动驾驶汽车制造商为全自动驾驶汽车配备传统的方向盘、制动或油门踏板等手动控制装置，来达到碰撞中的乘员安全保护标准。

美国运输部部长皮特·布蒂吉格表示，未来 10 年内，美国运输部的一个重要任务就是确保机动车安全标准与自动驾驶和驾驶辅助系统的发展同步。这项新规定就是为配备了自动驾驶系统的车辆建立强有力的安全标准。

值得关注的是，这是美国首次将自动驾驶车辆与传统车辆进行区分，并出台相应的法规，这也从另一个侧面反映出，美国交通主管部门正在发展更有针对性的法律规定，以规范发展迅速的自动驾驶产业。

他山之石：德国的经验

2017 年 6 月，德国率先颁布了《道路交通法第八修正案》。该修正案规定，自动驾驶汽车应满足 6 个要求，比如：在任何情况下驾驶员都可以手动取代或关闭自动驾驶系统并接管车辆；自动驾驶系统应可以识别出需要驾驶员亲自操控的情形，并在移交接管前向驾驶员做出足够的提示。

此外，该修正案还明确了使用自动驾驶系统时驾驶员的权利和义务。在自动驾驶系统接管状态下，驾驶员可以不对交通状况和车辆进行监控，但是驾驶员仍需时刻保持清醒戒备状态准备随时接管。在自动驾驶系统向驾驶员发出接管请求以及当驾驶员发现自动驾驶系统不能正常工作时，驾驶员应立刻接管车辆。

2017 年 6 月，德国公布了全球第一部针对自动驾驶的道德准则。该道德准则在价值追求上确立了以下原则：道路安全优于出行便利；个人保护优于其他功利主义的考量；法律对技术的规制方式是在个人自由与他人自由及他人安全之间取得平衡；对人身权益的保护必须优先于对动物或财产权利的保护。该准则还要求：不得对必须在两个人的生命之间做出选择的极端情况进行标准化设定或编程；法律责任和审判制度必须对责任主体从传统的驾驶员扩大到技术系统的制造商和设计者等这一变化做出有效调整；自动驾驶汽车的软件和技术必须被设计成已经排除了突然需要驾驶员接管的紧急情况；在有效、可靠和安全的人机交互中，系统必须更适应人类的交流行为，而不是要人类提高适应它们的能力；驾驶系统需要政府许可和监督，公权力部门应确保公共道路上自动驾驶车辆的安全；等等。另外，在探讨上述道德准则时，道德委员会颇有前瞻性地特别考量了 L4 级和 L5 级的高度和完全自动驾驶汽车所存在的技术决策风险。

这部准则为自动驾驶的技术发展以及立法监督提出了方向、划定了边界，对于自动驾驶技术真正落地和实现产业化具有里程碑意义。

2021 年 2 月 10 日，德国联邦政府通过了一项有关自动驾驶的法律草案（《道路交通法 – 强制保险法》，又被称为德国第一部"自动驾驶法"），旨在通过补充现有的道路交通法规来创建合适的法律框架，以启动德国自动驾驶汽车的常规运营。该法律草案的目的是促使德国迅速应用自动驾驶技术、功能和服务，使未来的出行更加灵活、更安全、更环保、更面向用户。

与上一版自动驾驶的法律草案相比，这一版对数据处理的要求进行了重大修订。法律规定，车主有义务在操作车辆时存储以下数据：车辆识别号码，位置数据以及环境和天气条件，激活和停用自动驾驶功能的次数，系统监视数据（包括软件状态数据和网络参数，例如传输延迟和可用带宽），等等。

在自动驾驶时，制造商有义务准确、清晰且以通俗易懂的语言告知车主有关隐私设置和数据处理的信息。原则上只有官方机构才能访问存储在自动驾驶汽车中的数据。制造商应允许车主自己存储数据，并且不能在一般条款或销售合同中规定车主放弃数据权利。

德国联邦议院和参议院在 2021 年 5 月审议通过，2021 年 7 月正式颁布《自动驾驶法》。该法律于 2021 年 7 月 28 日生效，这使得德国成为世界上第一个在公共道路上无限制使用无人驾驶汽车的国家。该法律允许高度自动化的车辆（L4 级和 L5 级）上路，其涉及的范围包括：短途的乘客运输、物流中心之间的运输、交通高峰时期的农村地区运输，以及自动泊车等。

未完待续的问题

由于自动驾驶系统是一个软硬件集成的系统，而且在智慧城市的框架下，还需要通过通信与网络技术实现车与车、车与路等的信息交互，所以一旦出现事故，主体责任归属起来非常复杂。

即使按照自动驾驶是由人控制还是由机器控制来划分主体责任，依然面临记录的问题，即自动驾驶汽车在不同的自动驾驶等级之间切换的时候，必须保证有准确的记载，否则责任划分问题仍然无法解决。

此外，自动驾驶的运行过程中，大范围的个人数据将被收集，包括驾驶人的详细资料、位置、行驶方向、历史路线、平均速度和里程数等，其中特别需要注意的是历史地理位置数据和连续实时地理位置数据。第三方利用这些数据将不仅可以得知用户当前的位置和目的地，还能够知道用户曾经去过的每一个地方。这样的持续信息记录，令人担心个人信息会被用于有针对性的市场营销，甚至会对用户造成伤害。更进一步来说，如果大多数的自动驾驶汽车是由车队来运营，而不是由消费者单独所有，问题将会变得复杂化。

而且根据目前的文献信息来看，隐私问题伴随着自动驾驶的发展，已经被大家有意无意地忽视了。2015 年 7 月，美国两位民主党参议员提出了《2015 年你的车内安全与隐私法案》的议案。之后，谷歌、通用汽车和来福车等企业的高管参与了美国参议院关于该议案的讨论。高管们被问及对于隐私和网络安全是否应该有最低的标准，所有高管都拒绝明确表态。从那以后，该议案就没有被进一步讨论过。

伴随自动驾驶的发展，新的技术和商业模式在快速变化的市场上被不断应用，使得人们的行为方式随着技术和商业模式的变化而变化。发展和变化的超前性需要对法律规定及时地进行校准，但是法律规定一定会滞后于科技的发展。这是因为法律规定的是社会生活中人们的一般行为模式和标准，具有一定的稳定性和概括性，不可能与科技的发展同步。并且法律的稳定性是成文法和法律法典化主要追求的价值之一，是成文法本身存在的价值。

行文至此，我们发现，自动驾驶已经深度融入了社会的底层结构之中，并且成为其演化过程中的影响因素之一。

CODA ｜ 尾　声

那位老人告诉我的话

2021 年年末，上海淮海中路。

章教授走进那条弄堂，眼泪就开始一直流，一直流。我只好紧握着他的手，不断地递纸巾。他哽咽地说道，只有我一个人回家了。

我从同行人那里听过章教授的故事。他是上海滩大户人家的公子，后来留学海外，故乡经历沧海桑田，家族后来也分散多地。章教授滞留海外，后来把他乡当故乡，在高校任教多年。也听说章教授身体不好，他这几年一直在寻找机会回来，他想看一看家乡。

章教授在那栋房子前站了很久，很久……

很多时候我们似乎总是怀念上一代或是上几代人所处的时代，而我从章教授深邃的目光中，看到了他对于我们这个时代的羡慕。章教授告诉我，即使身处当时的巨大的变革时代，每天忙忙碌碌，也只是无力地应对出现的新难题，他根本没有意识到自己已经在时代浪潮的中心。

只有当多年以后，他蓦然回首，才发现跟着时代的列车曾经飞速地前进过，那些兴奋与茫然，都在夕阳西下的余晖中，成为他的脸上，新长出的那道淡淡的皱纹。

几天之后，我在那栋房子的周围，找了一家咖啡馆，想着章教授和我说的话，写下这篇尾声。

读过许多书籍和报告，走过许多城市，听过许多行业人士的分享，但是身处技术革命引起的产业变革的巨大浪潮中，也许在这本书的结尾，对智能驾驶未来的发展，做任何的预测抑或是畅想，都是苍白的。我可以想到的大概率的情形是，许多许多年之后，我们依然看不到，达到 L4 级及以上级别的自动驾驶汽车在我们眼前这些平凡的路上飞驰而过。甚至自动驾驶可能就是一个科技的"乌托邦"，它在遥远的未来也许会实现，但是在现在以及很长的时间内，只会是我们许多人心中的梦。

正如在《黑客帝国》的结尾，设计师对尼奥说的，人类最强大的力量与最大的缺陷，都来源于一个叫作"希望"的东西。

即使我们从理性推导的角度发现，智能驾驶我们还需要等待许多年，但这又怎样呢？从莫哈韦沙漠、硅谷、北京、上海和广州，还有巴黎和慕尼黑，我看到许多人都在为了这个梦想努力着，然后时光走过，灰白了头发。我们会在心神俱疲的时候，默默地想着，万一梦想在我们手中可以实现呢？然后笑着摇了摇头，继续前行。

而且，即使无法直线到达，在布满荆棘的旅途中，智能驾驶，这个曾经只是科技极客们自我挑战的智力游戏，现在已经真真正正地改变了汽车、改变了汽车行业，正在改变通信行业、科技行业，甚至我们居住的城市，以及人们的生活、文化和行为。

这番风景，已经足够我们珍藏，在许多年以后，一壶浊酒，都付笑谈中。

［1］Adams J L. Remote control with long transmission delays[M]. Palo Alto: Stanford University, 1961.

［2］Behringer R, Sundareswaran S, Gregory B, et al. The DARPA grand challenge–development of an autonomous vehicle[C]//IEEE. Proceedings of IEEE intelligent vehicles symposium. New York: IEEE, 2004: 226–231.

［3］Blank, S. The four steps to the epiphany: Successful strategies for products that win[M]. Morrisville, NC: Lulu Enterprises Incorporated, 2003.

［4］Chesbrough H. Open innovation: The new imperative for creating and profiting from technology[M]. Cambridge: Harvard Business Press, 2003.

［5］Chesbrough H, Vanhaverbeke W, West J. Open innovation: Researching a new paradigm[M]. Oxford : Oxford University Press, 2006.

［6］Deng J, Dong W, Socher R, et al. Imagenet: A large–scale hierarchical image database[C]//IEEE. Proceedings of 2009 IEEE conference on computer vision and pattern recognition. New York: IEEE, 2009: 248–255.

［7］Detjen H, Faltaous S, Pfleging B, et al. How to increase automated vehicles' acceptance through in–vehicle interaction design: A review[J].

International journal of human‐computer interaction, 2021, 37(4): 308–330.

［8］Jeffrey C. An introduction to GNSS: GPS, GLONASS, Galileo and other global navigation satellite systems[M]. Calgary: NovAtel, 2010.

［9］Levinson J, Askeland J, Becker J, et al. Towards fully autonomous driving: Systems and algorithms[C]//IEEE. Proceedings of 2011 IEEE intelligent vehicles symposium (IV). New York: IEEE, 2011: 163–168.

［10］Liu S, Peng J, Gaudiot J L. Computer, drive my car![J]. IEEE computer architecture letters, 2017, 50(1): 8–8.

［11］Thrun S, Montemerlo M, Dahlkamp H, et al. Stanley: The robot that won the DARPA Grand Challenge[J]. Journal of field robotics, 2006, 23(9): 661–692.

［12］阿瑟 . 技术的本质：技术是什么，它是如何进化的 [M]. 曹东溟，王健，译 . 杭州：浙江人民出版社，2018.

［13］边明远，李克强 . 高级别自动驾驶的技术特征和落地场景 [J]. 智能网联汽车，2019 (2): 23–27.

［14］伯恩斯，舒尔根 . 自动时代：无人驾驶重塑世界 [M]. 唐璐，谢炜烨，译 . 长沙：湖南科技出版社，2020.

［15］布拉德利，贺睦廷，斯密特 . 突破现实的困境：趋势、禀赋与企业家的大战略 [M]. 上海：上海交通大学出版社，2018.

［16］常博逸，刘文波 . 轻足迹管理：变革时代的领导力 [M]. 北京：中信出版集团，2014.

［17］陈劲 . 科技创新：中国未来 30 年强国之路 [M]. 北京：中国大百科全书出版社，2020.

［18］陈钰芬，陈劲 . 开放式创新：机理与模式 [M]. 北京：科学出版社，

2008.

［19］川原英司，北村昌英，矢野裕真.自动驾驶：出行方式和产业模式的大变革 [M].陈琳珊，译.杭州：浙江人民出版社，2021.

［20］杜曾宇，黄晓延，蒙锦珊.智能座舱的关键技术 [J].时代汽车，2021(5):143–144.

［21］赫尔曼，布伦纳，施泰德.无人驾驶：未来出行革命破局之道 [M].蒲永锋，译.北京：机械工业出版社，2021.

［22］赫拉利.未来简史：从智人到智神 [M].林俊宏，译.北京：中信出版集团，2017.

［23］黄震.开放式创新：中国式创新实践指南 [M].杭州：浙江大学出版社，2020.

［24］霍夫曼，叶嘉新.闪电式扩张：不确定环境下的急速增长策略 [M].路蒙佳，译.北京：中信出版集团，2019.

［25］科斯，王宁.变革中国：市场经济的中国之路 [M].徐尧，李哲民，译.北京：中信出版集团，2013.

［26］克里斯坦森.创新者的窘境 [M].胡建桥，译.北京：中信出版集团，2014.

［27］莱斯.精益创业：新创企业的成长思维 [M].吴彤，译.北京：中信出版集团，2012.

［28］李必军，张红娟，郑玲，等.现代测绘技术与智能驾驶 [M].北京：科学出版社，2021.

［29］李克强，戴一凡，李升波，等.智能网联汽车 (ICV) 技术的发展现状及趋势 [J].汽车安全与节能学报，2017，8(1): 1–14.

［30］李善友.第二曲线创新 [M].北京：人民邮电出版社，2019.

［31］李晓欢，杨晴虹，宋适宇，等.自动驾驶汽车定位技术 [M].北京：

清华大学出版社，2019.

［32］李彦芳."双积分"政策下的中国乘用车结构变化对碳排放的影响
研究 [D]. 上海：华东政法大学，2020.

［33］刘经南，董杨，詹骄，等 . 自动驾驶地图有关政策的思考和建议
[J]. 中国工程科学，2019，21（3）: 92–97.

［34］刘少山，李力耘，唐洁，等 . 无人驾驶：人工智能如何颠覆汽车
[M]. 北京：机械工业出版社，2018.

［35］刘宗巍，匡旭，赵福全 . V2X 关键技术应用与发展综述 [J]. 电讯
技术，2019，59(1):8.

［36］戚汝庆 . 技术进步促进经济增长的作用机制分析 [J]. 山东师范大
学学报，2007，52(1): 146–149.

［37］秦志媛，张怡凡，贾宁，等 . 我国智能汽车管理及政策法规体系
研究 [J]. 汽车工业研究，2019(2):16–21.

［38］泉田良辅 . 智能化未来：无人驾驶将如何改变我们的生活 [M]. 李
晨，译 . 杭州：浙江大学出版社，2015.

［39］芮明杰 . 中国新型产业体系构建与发展研究 [M]. 上海：上海财经
大学出版社，2017.

［40］施瓦茨，凯利 . 无人驾驶：重新思考未来交通 [M]. 李建华，杨志
华，译 . 北京：机械工业出版社，2021.

［41］施展 . 溢出：中国制造未来史 [M]. 北京：中信出版集团，2020.

［42］塔勒布 . 反脆弱：从不确定性中受益 [M]. 雨珂，译 . 北京：中信出
版集团，2014.

［43］王建，徐国艳，陈竞凯，等 . 自动驾驶技术概论 [M]. 北京：清华
大学出版社，2019.

［44］王韬 . 汽车智能座舱设计现状及发展趋势研究 [J]. 时代汽车，

2021(23):158–159.

［45］杨世春，曹耀光，陶吉，等 . 自动驾驶汽车决策与控制 [M]. 北京 : 清华大学出版社，2020.

［46］杨世春，肖赟，夏黎明，等 . 自动驾驶汽车平台技术基础 [M]. 北京 : 清华大学出版社，2020.

［47］叶恩华，马科恩 . 创新驱动中国 : 中国经济转型升级的新引擎 [M]. 陈召强，段莉，译 . 北京 : 中信出版集团，2016.

［48］章军辉，陈大鹏，李庆 . 自动驾驶技术研究现状及发展趋势 [J]. 科学技术与工程，2020，20(9): 3394–3403.

［49］中国汽车技术研究中心有限公司，中国智能交通协会 . 中国自动驾驶产业发展报告 (2020) [R]. 北京 : 社会科学文献出版社，2020.

［50］中金公司研究部，中金研究院 . 碳中和经济学 [M]. 北京 : 中信出版集团，2021.

此目录挂一漏万，乞请海涵。如有重要遗漏，谨致歉意。

一念既起，刹那天地宽

滑板底盘、元宇宙，是否会是智能驾驶发展过程中，正在萌芽的最强推动力？

2021 年 11 月 10 日，一家名为 Rivian 的电动汽车初创企业在美国纳斯达克上市。首个交易日，其市值就突破千亿美元，之后一度超过大众，位列全球车企市值第三，仅仅落后于特斯拉和丰田。虽然后续市值有所下滑，但依然超过通用、福特等老牌美国车企。要知道，Rivian 在一个月之前的 2021 年 10 月才交付了第一辆车，2021 年总共生产了 1015 辆电动车，包括纯电动皮卡 R1T 和纯电动 SUV R1S。

对于 Rivian 的一飞冲天，除了亚马逊创始人贝索斯对 Rivian 的加持之外，最为业内所津津乐道的，就是滑板底盘（Skateboard）的理念在 20 年之后被再次唤醒，而且其在智能驾驶的背景下，有了更多在产品层面的想象空间。

2002 年的北美国际车展（North American International Auto Show），通用汽车发布了名为"AUTOnomy"的氢燃料电池概念车，同时推出了滑板底盘的理念。这款概念车在当年被《时代周刊》授予 2002 年度"最酷发明奖"的荣誉。

好事多磨，伴随着 2009 年通用汽车破产重组，工程师相继出走，其中大部分来到了特斯拉。在特斯拉的 Model S 上，就体现了滑板底盘设计思路的延续。在之后的发展过程中，硅谷的 Rivian 和 Canoo，中国的 Upower（悠跑科技）和 PIX Moving 都在追求更纯粹的滑板底盘技术，实现上下分离式造车，并且实现产品的量产落地。

滑板底盘的核心在于非承载车身结构，以及全线控系统。

非承载车身结构是指车架承载着整个车体，利用固定车身的螺孔以及固定弹簧等连接点，与车身连接的一种底盘形式。受力的时候，车身本身不受力，车辆依靠底盘车架来受力。非承载式车身结构由于其独立车架以及上下分离的车体形式，在车身的舒适性、整车的刚度上都具有优势，而且易于改装。

随着电动汽车的发展，以往非承载式车身结构的缺点都被逐渐弱化。由于高度集成的电机和电控系统可以被放置在底盘上，加上电池组也被集成在底盘中央，而且为了保护电池包，两侧通常会配置高强度的加强梁，确保碰撞发生时电池包不变形。这一些变化使得非承载式车身结构的重心降低，由此使操控性能得到提升。目前许多传统汽车主机厂的电动化平台，多多少少都有滑板底盘的设计思路和结构在，例如大众的 MEB 平台、现代的 E-GMP 平台、丰田的 e-TNGA 等。

滑板底盘得以实现的更为重要的原因，在于全线控系统的发展。这一变化使得传统底盘和车身之间复杂的机械结构连接，实现了电信号替代；整车的动力、制动、转向、热管理和电池等模块都可以集成在底盘上，从而大大提升了车辆底盘的集成度和平整度；同时，底盘形成了独立的功能区，实现了上下车体解耦；底盘的高度集成化和电气化，也使得其在后期可以不断进行 OTA 升级。

由于滑板底盘的发展，车身的乘坐空间不再受到传统的机械结构的限制，得以极大地释放。车身，特别是座舱的研发与开发周期可以大幅缩短，并且在设计上可以有更大的自由度。特别是由于上下车体通过接口来实现连接，这使得其可以根据需求更换，进一步增大了汽车在智能驾驶背景下的想象空间。

如同在前面章节中所描述的那样，在智能座舱和自动驾驶的背景下，汽车的空间概念会得到进一步的彰显，出行将不仅仅是空间的移动，更是一种体验，一种在特定时间范围内生活和工作的延续。座舱的舒适性和多模态交互将进一步彰显，想象中的汽车作为"第三生活空间"，将得到真正落地。

2021年10月28日，全球最大的社交软件平台 Facebook 宣布将公司名称改为"Meta"，同时更换了公司的图标。创始人扎克伯格表示，元宇宙会是下一个互联网篇章，从现在开始，公司会以元宇宙优先。

"元宇宙"概念源自美国作家尼尔·斯蒂芬森于1992年出版的科幻小说《雪崩》。小说构建了一个真人可于其间生活、社交、与现实世界平行的共享虚拟世界，人们可以通过数字替身在一个叫作"元宇宙"的虚拟空间中工作、学习、娱乐、社交等。2018年史蒂文·斯皮尔伯格执导的电影《头号玩家》，也呈现出了元宇宙的形态。

关于元宇宙对汽车行业的影响，有观察者和研究者表示忧心忡忡，因为如果在虚拟空间内就可以完成工作、社交和娱乐等事项，那就不要出门，不要使用汽车了。

但我更感兴趣的是，如果自动驾驶可以伴随元宇宙的发展，那汽车将成为又一个登陆元宇宙的超级终端。在从事自动驾驶相关工作和研究的过程中，我们会思考说，当消费者双手离开方向盘，他可以做什么，从而衍生出对于目前座舱结构的思考。后来我思考认为，在智能座舱的逻辑下，需要使传统的座椅、内饰等进化为多模态交互的节点，这样可以增强舱内人们的交流，从而为自动驾驶增加内容和具有吸引力的元素。

而从元宇宙的视角去观察，我们可以欣喜地发现，车内的屏幕、音响、座椅等媒介，在智能座舱的框架下，可以提供比增强现实（AR）更具沉浸感的体验。并且元宇宙对于硬件的输出能力、芯片的算力、通信的稳定性等要求，也正好和自动驾驶对于汽车的要求非常吻合。

元宇宙是否可以成为自动驾驶发展路径上的助推器？抑或是两者在发展演化的过程中产生量子纠缠，进行组合进化，最后形成一个令我们惊讶的"新物种"？

凡此种种，皆为过往，一念既起，刹那天地宽。当汽车应用滑板底盘、智能座舱，加上元宇宙和自动驾驶，智能驾驶的未来，可以带给我们怎样的想象？

在工业革命的时代，人类一定无法想象今天我们探讨的智能驾驶的模样；同样，对于未来，我觉得我们可以多一些期待和从容。走进时间的溪流，缘溪行，忘路之远近，在时光隧道某个节点，充满忐忑而又欣喜地回头望，看看时间告诉我们的所有答案……

ACKNOWLEDGEMENT | 致　谢

　　呈现在各位读者面前的这本书，是我对于"智能驾驶"的阶段性思考和研究报告，也是我个人的一段"探索之旅"。

　　写下这些文字的时候，我百感交集。

　　一是感慨于这本书的写作，于我而言是一次充满挑战和探索的艰辛旅程。这本书的写作其实要早于我的第一本著作《开放式创新：中国式创新实践指南》，但是框架结构的搭建，写作过程中篇章结构的设计，一直无法让自己感到满意。所以写写停停，不知不觉已经过去了好几年。

　　但很幸运的是，在完成第一本著作的写作之后，我又在此基础上，继续进行了些许与科技创新相关的阅读和研究，在因缘际会之下，"科技创新引发的行业变革"这个角度开始逐渐浮现并且成形。我也基于这个视角重新去看待、去理解智能驾驶，并在此基础上重新搭建框架，补充和梳理文字，终于完成了这部我倾注了更多情感的著作，使之呈现在您的面前。

　　二是感慨于时代对于我们的垂青，让我们有机会在很短的时间内亲身经历巨大的变革。当我又一次经历不眠之夜，完成文字的梳理，终于可以写下我的这篇"致谢"，日历显示，时间的车轮已经来到2022年的1月29日。136年前的1886年的1月29日，德国曼海姆专利局批准了卡尔·本茨在1885年研制成功的三轮汽车的专利申请，汽车时代由此开启。

我翻看过去的照片，惊讶地发现，我在曼海姆大学商学院求学期间，在曼海姆大水塔的南侧发现卡尔·本茨以及三轮汽车的纪念碑的拍摄时间，竟然是2016年的1月29日。也是在那一年的1月，在曼海姆商学院完成创新模块的学习回到上海之后，因为工作的原因，我开始接触自动驾驶，也开始了对开放式创新的实践。也许这两本书的先后出版，都是我跟曼海姆商学院的缘分。

所谓"隔行如隔山"，在写作本书的过程中，对有些技术方面的内容，我努力去理解、去消化，但是刚刚理解了个大概，却发现已经有更新、更实用的技术开始应用。我也逐渐意识到，伴随着科技发展的日新月异，书中所涉及的内容，也许在本书印刷之时，已经发生了翻天覆地的变化。汽车行业的百年未有之大变局，让我常常困惑于行业和企业变化的速度之快。许多刚刚完成的文字，才过了几天，就发现需要新增和修订。

如此总总，使得有很长一段时间，我常常困扰于自己的内容，常常被动调整写作的节奏，也因此在一次次的不眠之夜之后，望着依然支离破碎的文字，叹息于快速变革之下，作为微小的个体，只能无奈地跟随浪潮，疲于奔命。

几次夜深人静、思维枯竭、叹息搁笔的时候，我总是会想起，在历史文献、中英文著作以及众多报道中读到的智能驾驶开拓者们的故事；我也时常会想起，在最近几年进行智能驾驶相关工作和研究的过程中认识的许多同行，他们的故事、他们的困惑，以及他们的破局努力，都在驱使我去描绘一些逐渐被遗忘的波澜壮阔，去记录我和同行们曾经经历的过往，一些我们曾经交流、讨论的问题，甚至是努力之后的遗憾和无可奈何。许多人的故事，被我散落在本书的各处。他们的名字在书中常被提及，但一定有遗漏之处，恕我无法一一列出，还望见谅。我希望，当他们看到这本书，翻到某些文字和段落的时候，可以会心一笑。

感谢我在求学和工作中遇到的老师们、同学们、领导们和同事们，他们来自复旦大学、曼海姆大学商学院、同济大学、英国石油、罗兰贝格、沃尔沃汽车、佛吉亚等。感谢你们的指导、批评、指正和帮助。书中的许多观点都来源于向你们学习，以及和你们一起学习、研讨和工作过程中的收获和感悟。

感谢 FT 中文网的诸位老师，包括张延老师、闫峰老师、闫曼老师等。感谢你们一直鼓励我用文字记录科技、创新与汽车产业的连接，以及由此产生的思考和对于未来发展的展望。非常感激从 2018 年开始，我可以受邀参与"未来驾驶""自动驾驶在中国"等专题的撰稿，并参与相关的讨论。许多书中的内容和观点都源于我在 FT 中文网的系列文章，以及在相关会议、座谈过程中，我和与会嘉宾的思想碰撞及由此延伸的所思所感。感谢你们的鼓励和支持，让我一直在思考、一直在写。

特别感谢我的几位老师、领导、前辈和好友，包括王晓明研究员、曹仰峰教授、方寅亮先生、李贸祥先生和苏清涛先生！曾经有幸向你们学习，和你们交流，我获益良多！感谢你们在百忙之中抽时间阅读我的书，为这本书写序、写推荐语，并对部分内容进行指正和点评。

还要感谢我的太太后歆桐！在写作本书期间，我们的女儿黄炯宁来到了这个美丽、精彩的世界，她在成长的过程中，一直给我们带来惊喜和欢乐。太太一直理解和鼓励我，让我有足够的精力来完成书稿。要感谢我的岳父岳母，他们甘于辛劳，一直支持和帮助我，这份亲情我着实难以为报。更要感谢我的父亲母亲，当我为人父之后，更加体会和感受到父母的不易，在我的成长路上你们的付出太厚重，我无以为报，唯有感谢。这本书献给你们，我亲爱的家人！

最后，感谢浙江大学出版社的顾翔老师。您的帮助使得本书可以以很好的面貌出现在各位读者的面前，费心了，谢谢！

要感谢的人实在太多，短短的致谢无法道尽。唯望此书可以对得起大家的期待和支持。

黄　震

2022 年 1 月 29 日于上海